JN437859

호남 정신의 뿌리를 찾아서 2

임진왜란과
호남 사람들

호남 정신의 뿌리를 찾아서 2

임진왜란과 호남 사람들

초판 발행 : 2011년 5월 18일
2판 발행 : 2011년 6월 27일

글 · 사진 : 김 세 곤
펴 낸 이 : 김 남 진
펴 낸 곳 : 온새미로
주 소 : 서울시 중구 신당2동 355-8 백석빌딩 신관 3층
출 판 신 고 : 제301-2009-241호

표지 · 본문 디자인 : 한 지 희

판 매 대 행 : (주)중앙경제
주 소 : 서울시 중구 신당2동 355-8 백석빌딩 신관 4층
홈 페 이 지 : www.elabor.co.kr
전 화 : 02-2231-7293
팩 스 : 02-2235-5344

정 가 : 18,000원

ISBN 978-89-7017-504-1 (03040)

호남 정신의 뿌리를 찾아서 2

임진왜란과 호남 사람들

글 · 사진 김세곤

※ 온새미로 : "가르거나, 쪼개지 않고, 생김새 그대로, 자연 그대로, 언제나 변함없이" 라는 뜻의 순우리말

호남의 역사와 문화를 사랑하는 사람들에게 이 책을 바친다.

제2판을 내면서

책을 발간한 지 한 달도 채 안되어 다시 제2판을 내게 되었습니다. 6월이 호국보훈의 달이라서 그런지, 호남에 대한 애정이 많아서 그런지 책에 대한 관심이 너무 뜨거웠습니다.

성원해 주신 애독자 여러분들에게 진심으로 감사를 드립니다.

5월부터 무등일보에 임진왜란과 호남 사람들 연재를 계속하고 있습니다.
임진왜란 7년 전쟁을 호남 입장에서 정리하자면 적어도 1년 이상은 걸릴 듯합니다.

약무호남 시무국가 若無湖南 是無國家
호남정신의 뿌리는 의義와 충忠입니다.

2011년 6월 15일
빛고을 광주, 무등산 자락에서
김세곤 삼가

추천사

호남의 문文, 사史, 철哲 연구에 매진해온 저자가 이번에는 임진왜란과 호남인에 대한 연구서를 내놓았다. 본격적인 〈전쟁사연구〉를 방불하게 군사, 지리, 경학 등에 걸쳐 폭넓으면서도 심도 있는 접근을 하고 있는 것이다. 이 책에서도 역시 저자의 다른 저서에서와 마찬가지로 발로 뛰어 사료를 발굴하면서 문헌고증을 더하고 있다.

전혀 다른 전문직에 종사하면서 재야 학자로서는 드물게 본격적인 연구서를 계속 펼쳐내고 있는 저자에 대해 경외의 생각을 금할 수 없다. 이 책으로 말미암아 국가누란의 위기 속에서 보인 호남인의 우국충정을 다시 발견할 수 있게 되어 기쁘다. 이 혼란의 시대에 나라에 대한 그 선인들의 뜨거운 사랑과 열정이 다시 한 번 불 지펴지기를 소망한다.

— 김병종 화가, 서울대 교수

인류의 역사를 헤아리면 아주 오랜 조상이 이룩한 강토疆土에 똬리를 틀어 오늘에 이른 국가는 실제로 몇 안 됩니다. 배달민족이 이 땅에 터 잡아 토기를 만든 신석기시대부터 헤아려도 1만년에 가까운 긴 역사입니다. 선진문화先進文化를 능동, 적극적으로 수용했으니 한반도는 결코 천애지각天涯地角이나 극동極東의 외딴 섬은 아닙니다. 지중해 반도국半島國 로마가 기독교를 받아들여 세계 종교로 성장시켰듯, 우리도 탄생지가 인도와 중국인 불교와 유교를 잘 키워 꽃과 결실을 맺었습니다.

마냥 어질고 착한 우리 민족은 고대국가의 성립 후 결코 다른 민족을 침공하지 않았습니다. 하지만 이민족인 한족漢族 · 몽골蒙古 · 만주滿洲 · 왜倭 등 간헐적 대규모 침입도 피할 수 없었으나 이를 의연히 물리쳤습니다. 시련은 일종의 성장통成長痛으로 민족의 성장도 마찬가지니 이를 극복하면서 아픔만큼 성숙합니다. 16세기 끝자락 일본이 초래한 7년간의 임진왜란壬辰倭亂은 한자문화권의 국제전으로 지각변동을 가져왔으니 중국은 명明에서 청淸으로 왕조교체가 이루어집니다.

역사에 방명芳名을 남긴 이들이건 그렇지 못한 이건 반면교사나 역 보살이란 단어가 시사하듯 존재엔 나름의 의미를 지닙니다. 모든 이는 예외 없이 단 한 번뿐, 찰나刹那의 삶이니 너나없이 평등하며 소중하고 귀한 존재들입니다. '소중한 내가 참 좋은 너를 만나 아름다운 우리가 됨' 이 삶의 지향처 아닌지요. 내가 오늘이라면, 너는 과거이며 우리는 미래이기도 합니다. 인생이란 무대에 각자는 역할을 지닙니다. 이는 온전히 자신만의 몫이니 '주연主演보다 빛나는 조연助演' 이 가능하며, 백수白手란 없습니다. 자신의 배역을 찾지 못했거나 모르고, 아직 자신이 등장할 시간이 아닐 뿐입니다.

시詩와 꽃 그리고 민족과 역사를 남 달리 사랑하는 김세곤님의 『임진왜란과 호남 사람』은 민족의 시련기, 그 공간과 시간에서 의義의 길을 걸은 분들의 삶이 얼마나 처연凄然한 아름다움이며, 향기로운지를 웅변雄辯합니다. 오늘 우리의 존재는 결코 우연일 수 없음을 천명闡明합니다. 나아가 임진왜란의 진정한 승리자가 누구인지를 알려줍니다. 임진왜란 전문박물관인 국립진주박물관에 반드시 갖춰야 할 저술로 사료됩니다.

— 이원복 국립광주박물관장

국난에 처하여 일신一身을 돌보지 않고 분연히 일어난 아름다운 사람들의 아름다운 정신을 만난다.

어지러운 세상이라며 자기가 지켜야 할 도리는 버리고 개인의 영달만을 쫓는 이들이 가득한 세상에서, 우리의 선조들을 찾아간 작가의 뜻을 생각하며 글을 읽는 내내 감동을 맛본다.

선비나 장군들만의 이야기가 아니다. 구름 낀 볕뉘도 쪼인 적이 없는 전라도 민초들이 호응하여 의기와 용기로 이 고장과 온 나라를 지켜낸 이야기를 만나면서 오늘 핍박받고 있는 사람들의 할 일을 생각해 본다.

전라도 곳곳을 누비며 찾아가서 만나고 그들의 숨결을 우리에게 전해주는 김세곤의 속 깊은 뜻이 무엇인가를 생각한다.

"사랑하라! 우리의 역사를, 우리의 삶터를. 그 터를 사람이 사는 자랑스런 터로 만드는 일이 무엇인지를 같이 생각하자."

— 강정채 전남대 교수, 전 前 전남대학교 총장

평생을 글쟁이로 살아도 글쓰기란 참 어렵다. 특히 역사를 재조명하는 글을 쓴다는 것은 전문가라 해도 망설이지 않을 수 없다. 그만큼 어렵고 힘들기 때문이다. 당장 몇 백 년 전의 역사를 어느 시각에서 바라보고 써야할 지, 새로운 사실을 밝혀 낼 수 있을 지, 또 그것을 어떻게 증명할 것인 지 등 등 수많은 난관이 기다린다.

그래서 역사에 관한 글은 누군들 함부로 쓰지 못하는 것이다. 그러나 김세곤님은 비전문가이면서도 과감하게 글을 쓰기 시작했고, 벌써 〈임진왜란과 호남사람들〉 1부를 마치고 한 권의 책을 출간하게 되었다. 그것도 올곧은 시각과 세밀한 고증을 거쳐서다. 가히 '춘추필법'이라 할 만하다.

한 평생 글을 써온 사람으로서, 또한 의병의 후손으로써 진심어린 존경과 찬사를 보내며 이 책을 통해 의병정신이 국민정신으로 승화되길 진심으로 기원해 본다.

아픈 역사를 기억하지 못하는 민족은 또 다시 그 아픔을 되풀이 할 수밖에 없다는 점에서도 이 책은 의미가 깊고 크다 하겠다.

— 김갑제 무등일보 주필, 광복회 광주 전남 지부장

"若無湖南 是無國家" (호남이 없다면, 이는 곧 국가가 없는 것이다.) 이는 충무공 이순신 제독의 말씀으로 〈이충무공전서〉 포함된 이항복李恒福의 '충민사기忠愍祠記' 와 작자 미상의 '소대년고昭代年考' 등 여러 곳에 나오는 문구이다. 알려진 바와 같이 이것은 임진왜란 초기 호남 지방이 보전되면서 전란을 극복한 동력을 이곳에서 얻었던 사실에 기인한다.

오늘날 이 말은 호남의 자랑인 동시에 호남정신의 근간을 보여주는 하나의 명제命題가 되었나. '고향 사랑, 나라 사랑' 의 정신이 호남정신의 근간이 된 것이다. 바로 이 정신은 호남뿐 아니라 현재의 우리 모두가 본받아야 할 정신이라 하겠다.

현재 전남지방노동위원회 위원장의 중임을 맡고 있는 김세곤님은 이미 이러한 호남정신에 대한 여러 권의 책을 출간한 바 있다. 이번에 또 〈임진왜란과 호남 사람들〉 이라는 제목으로 한 권을 더하게 되었다.

이 책은 한 마디로 호남정신인 '고향 사랑, 나라 사랑' 의 내용을 담은 훌륭한 책이다. 좀 더 부연하면 호남 출신 인사로 임진왜란 시기에 나라를 위해 충성을 바치셨던 위인들의 활약상과 재미있는 일화逸話 등을 소개하고, 독자들이 실제로 찾아 볼 수 있도록 안내해 주는 역할도 하고 있다. 역사적 교훈과 흥미가 함께 있는 이 책을 전국의 독자들께 추천해 드린다.

– 김일도 해군사관학교 교수부장

목차

3부. 다시 의병이 일어나다.

책을 내면서

'호남정신의 뿌리를 찾아서-의 義의 길을 가다' 책을 낸 이후, 곧바로 16세기 말 조선과 일본, 그리고 명나라의 국제 전쟁인 임진왜란(1592-1598)을 호남, 호남사람 입장에서 재조명하였습니다.

2010년 3월부터 금년 3월까지 1년간 무등일보에 '임진왜란과 호남 사람들' 을 33회 연재하여 고경명, 김천일등 호남의병 활동과 이순신 장군의 네 번에 걸친 해전, 그리고 1592년 7월 금산 전투이후 전라 좌 · 우 의병 발자취 등을 더듬었습니다. 이번에는 호남정신의 뿌리를 충 忠의 길에서 찾았습니다.

1592년 4월부터 10월초까지 임진왜란 초기 6개월간은, 일본이 파죽지세로 조선을 침략하여 서울에 무혈 입성하였고 선조가 압록강 의주까지 피난을 가는 상황이었습니다.

하늘이 도왔을 까요. 포개놓은 달걀 같이 나라가 위태로웠지만 전라도만은 무사하였습니다. 전라도는 육지에서는 의병의 저항으로, 바다에서는 이순신의 제해권 장악으로 온전히 보전될 수 있었고, 호남은 전쟁 수행에 필요한 병참기지로서의 역할을 톡톡히 수행하였으며 전라도 의병은 경기도 · 경상도 등지에서 왜적과 맞싸웠습니다.

임진왜란 초기 호남의 위치는 1593년 7월 16일 전라좌수사 이순신이 친구 현덕승에게 보낸 편지 한 구절로 함축됩니다.

호남국가지보장　　湖南國家之保障
약무호남 시무국가　　若無湖南 是無國家

호남은 나라의 울타리입니다.

만약 호남이 없으면 곧바로 나라가 없어질 것입니다.

이 말은 오늘날 호남정신의 근간이 되었고, 호남사람들은 국난에 처했을 때마다 몸을 아끼지 않고 싸웠습니다.

임진왜란 7년을 호남사람들 입장에서 살펴보는 것은 앞으로도 1년 이상의 작업이 더 필요하고 진주성 1차 싸움, 행주대첩, 진주성 2차 싸움, 명량해전과 노량해전, 정유재란의 피해, 일본에 끌려간 유학자등 많은 이야기가 남아 있지만, 기왕의 작업을 서둘러 책으로 낸 것은 지금이야말로 역사에 대한 관심이 정말 필요한 때라고 생각하였기 때문입니다.

역사란 무엇인가? 역사란 과거와 현재의 끊임없는 대화입니다. 과거를 통하여 현재를 바라보고 미래를 모색하는 작업입니다. 역사적 사실을 탐구하여 삶에 유익함을 주는 학문입니다.

그러면 왜 우리는 역사를 배워야 하는 것인가요? 몇 년 전에 폴란드 아우슈비츠 수용소 기념관 입구에서 읽은 글귀가 그 답을 준다고 생각합니다.

역사를 기억하지 못하는 자는 다시 한 번 그 역사에 얽매이게 된다.

The one who does not remember history is bound to live through it again.

한국사가 다시 고등학교 필수과목이 되었습니다. 늦었지만 다행입니다. 그런데 역사 공부는 그냥 책에서 배우는 것이 아닌 삶에서 깨닫고 역사 현장에서 느끼는 열린 공부이어야 합니다. 호남인은 역사 유적을 답사하면서 호남인의 정체성과 자긍심을 키워야 합니다. 그래야 진실로 '호남국가지보장, 약무호남 시무국가' 가 된다고 생각합니다.

이 책은 기존의 작업들로부터 여러 가지 도움을 받았습니다. 특히 호남절의록, 조선왕조실록, 연려실기술과 난중잡록 그리고 재조번방지는 크게 도움이 되었습니다. 또한 역사 현장 답사에 필요한 비용을 '전라남도 문예진흥기금' 으로 지원하여 주신 박준영 전라남도지사와 양복완 관광문화국장에게 감사를 드립니다.

정말 감사드릴 분은 바쁘신 중에도 추천사를 써 주신 김병종 서울대 교수, 이원복 국립광주박물관장, 강정채 전 전남대총장, 김갑제 무등일보 주필 그리고 김일도 해군사관학교 교수부장님 입니다. 아울러 책 표지와 약무호남 시무국가 글씨를 써 주신 서예가 금초 정광주님, 이 책을 만드는데 수고하신 온새미로 김희성 회장, 김남진 사장, 김태윤 상무 그리고 한지희님 대단히 고맙습니다.

2011년 5월 8일

빛 고을 광주, 무등산이 보이는

정부광주지방합동청사에서

김세곤 삼가

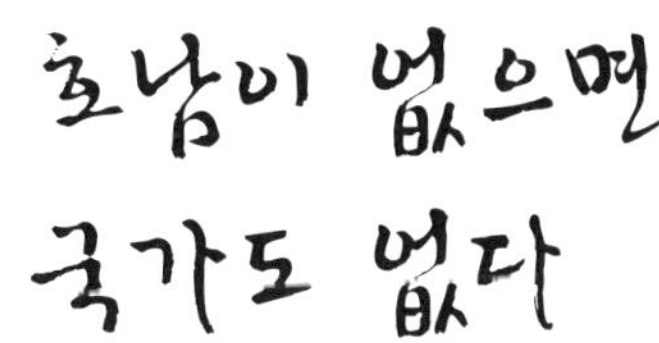

若無湖南 是無國家

다시 호남 정신의 뿌리를 찾아서 길을 떠난다. 이번 길은 충忠의 길이다. 시대 배경은 임진왜란 7년 전쟁이고 주제는 임진왜란과 호남 사람들이다. 임진왜란은 16세기 말엽 동북아시아를 뒤흔들어 놓은 큰 사건이다. 1592년부터 1598년까지 7년간에 걸친 조선 · 명나라 연합군과 일본과의 전쟁은 200년 동안 조용하였던 동북아시아를 일시에 격변과 혼란에 빠지게 하였다. 전쟁이 끝나자 일본과 명나라는 정권교체가 이루어졌고, 무엇보다도 전쟁터가 된 조선은 가장 큰 피해를 입었다.

임진왜란하면 가장 먼저 생각나는 인물이 누구일까. 이순신 장군이다. 그를 만나러 서울 광화문 네거리를 간다. 거기에는 충무공 이순신 장군 동상이 있다. 이순신 장군이 대한민국의 중심 세종로를 지키고 있다.

이순신 장군 동상을 보면서 여러 단어들이 생각난다. 거북선, 한산

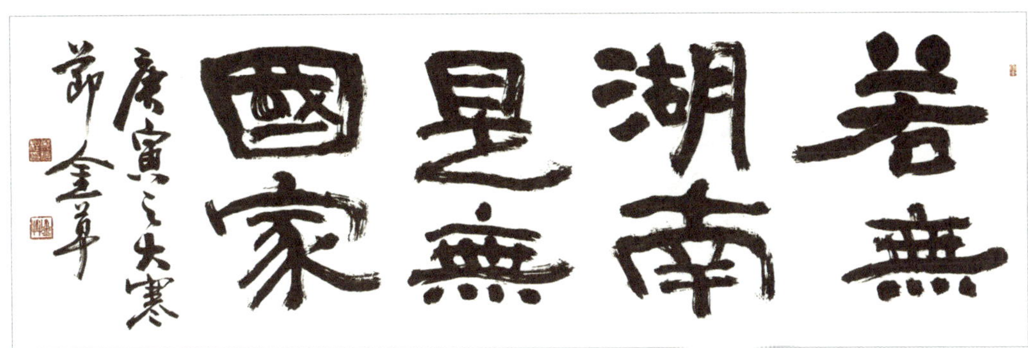

약무호남 시무국가(호남이 없으면 국가도 없다.) 서예가 금초 정광주의 글씨이다.

대첩, 명량대첩, 난중일기, 23전 23승, '나에게는 아직도 12척의 배가 있습니다' 등.

그런데 나의 머릿속에 가장 확연하게 떠오른 단어는 약무호남 시무국가 若無湖南 是無國家이다. 호남이 없으면 국가도 없다. 이 말은 1593년 7월 16일 이순신이 친구인 사헌부 지평 현덕승에게 쓴 편지에 나오는 말이다. 1593년 7월 16일, 이 시기는 전라좌수사 이순신이 전라좌수영의 본거지 여수를 떠나 한산도로 군진을 옮기는 시점이다. 이순신은 8월 중순에 삼도수군통제사가 된다.

그러면 이순신은 어떤 의미로 약무호남 시무국가란 말을 썼을까. 필자는 다음 두 가지 의미로 이 말을 썼으리라고 생각한다. 첫째는 전라좌수영에서 지낸 지난 2년간을 회고하면서 오늘의 이순신이 있기까지 도와준 호남, 호남 사람들에 대한 고마움의 표현으로 볼 수 있다. 두 번째는 국가존망의 위기에 그나마 조선이 이 정도라도 지탱할 수 있던 것은 호남이 있었

서울특별시 종로구 광화문 광장에 있는 충무공 이순신 장군 상 像

기 때문이라는 의미이다.

1593년 7월까지의 임진왜란 상황을 호남과 관련하여 살펴보자. 1592년 4월 13일 부산에 상륙한 일본군은 파죽지세로 조선을 쳐들어간다. 20일 만에 한양에 입성하고 2개월 만에 전라도와 평안도 일부를 제외한 조선 전역을 점령한다. 이런 국가존망의 위기를 극복하게 만든 것은 이순신 장군 휘하에 있는 전라도 수군이었다.

이순신은 1592년 5월 6일 옥포 해전을 승리로 이끈 이후 7월 8일에 한산도 해전, 9월 1일 부산 해전에서 승리한다. 이후 제해권을 완전히 장악하여 왜군들에게 병참 조달의 어려움을 겪게 한다. 당초 왜군의 목표는 호남을 점령하여 조선에서 양곡 조달을 할 계획이었으나 이것이 전라 수군의 활약으로 큰 차질이 생긴 것이다.

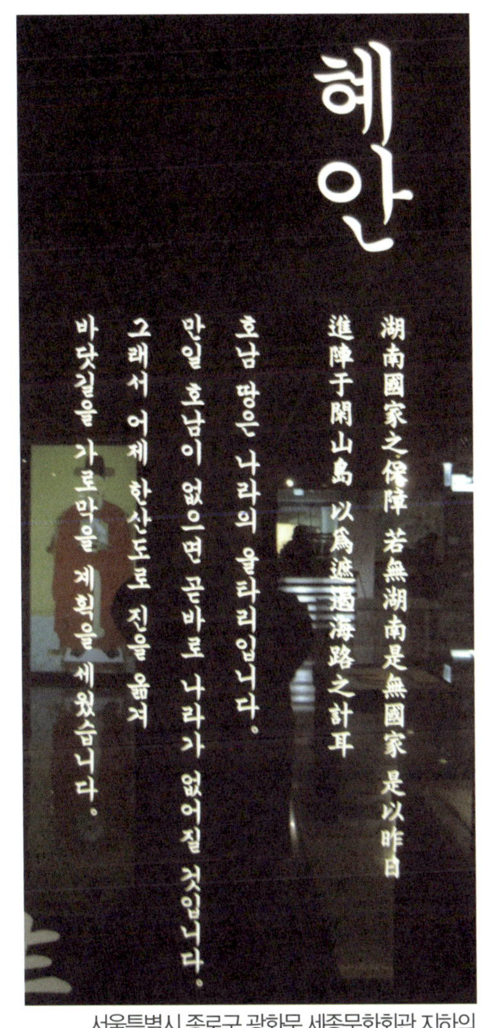

서울특별시 종로구 광화문 세종문화회관 지하의 〈충무공 이야기〉에 전시된 호남국가지보장, 약무호남 시무국가 글귀

한편 육지 전투에서도 의병들의 활약으로 호남은 무사히 지켜진다. 1592년 7월 초 웅치·이치 전투, 7월 10일 고경명의 금산 전투, 8월 조헌의 금산 전투 등으로 왜군은 조선 의병의 강력한 저항을 받게 되자 전라도 점령을 포기한다. 1593년 6월에도 왜군은 2차 진주성 전투에서 진주성을 함락시키고 전라도 진출을 꾀하였다.

10만 명의 왜군에 대항하여 김천일, 최경회, 황진 등이 이끄는 3천 8백 명 호남 의병은 관군과 명나라 군대의 지원 하나 없이 10일 동안이나 진주성을 사수하였으나 결국 모두 순절하고 만다. 조선이 비록 패하기는 하였지만 왜군 또한 상당한 병력

손실과 피로가 겹쳐 전라도를 침략하지 못한다.

이렇듯 호남은 임진왜란 초기에 온전하게 보전 될 수 있었다. 그리하여 호남은 양곡 생산지 · 병참기지로서, 군 병력 송출 기지로서 역할을 충분히 수행할 수 있었다. 호남은 조선의 유일한 희망이었다.

〈임진왜란과 호남사람들〉 글을 전개하기에 앞서 살펴보아야 할 것은 임진왜란 개요이다. 임진왜란은 1592년 4월부터 1598년 11월까지 7년간에 걸친 전쟁이다. 일본은 1592년과 1597년 두 차례에 걸쳐 조선을 침략하였다. 1592년의 전쟁을 임진왜란, 1597년의 전쟁을 정유재란이라고 구분지어 부르기도 하나 통칭하여 임진왜란으로 부른다. 그러면 임진왜란을 다음 연표에 의하여 설명하여 보자.

임진왜란 연표

- 1592년 4월 13일 일본군, 부산에 침략
- 4.15 동래성 함락 (송상현 전사)
- 4.27 충주전투 패배 (신립 전사)
- 4.30 선조, 한양을 떠나 피난
- 5.3 일본군, 한양 입성
- 5.8 전라좌수사 이순신, 옥포 해전 승리
- 6.22 선조, 의주로 피난
- 6.24 양대박, 임실 운암 전투에서 승리

- 7.8 – 7.9 웅치, 이치 전투 (권율, 황진– 이치 전투에서 승리)
- 7.8 이순신, 한산도 해전 승리
- 7.10 고경명, 금산전투에서 순절
- 8.18 조헌, 금산전투에서 순절
- 9.1 이순신, 부산해전 승리
- 10.5 – 10.10 김시민, 진주성 전투 승리
- 1593. 1.8 조신과 명나라 연합군 평양성 전투 승리
- 2.12 권율, 행주산성 전투에서 승리
- 4.18 일본군, 한양에서 철수
- 6.21 – 6.29 제2차 진주성 전투에서 패배, 김천일, 고종후, 최경회, 황진, 양산숙 등 순절
- 10.1 선조, 한양에 도착
- 1594년 – 1596년 전쟁이 소강상태에 이름
- 1597. 1.14 정유재란 일어남
- 1.27 이순신 구속됨
- 7.15 조선 수군 칠천량 전투에서 패배 (원균 · 이억기 전사)
- 8.18 남원성 함락됨 (만인의총)
- 9.16 이순신, 명량해전 승리
- 1598. 8.18 풍신수길 사망
- 11.19 노량해전 승리 (이순신 전사) – 전쟁 종료

전남 여수시 충민사에 있는 약무호남 시무국가 표석

1592년 4월 13일 일본 장군 소서행장은 전선 7백 척, 왜군 2만여 명을 이끌고 부산으로 쳐들어왔다. 귀신과 같은 신식무기 조총으로 무장한 왜군은 부산과 동래를 이틀 만에 함락시키고 아무런 장애도 없이 서울로 곧장 진격하였다. 이후 왜군은 조선에 가등청정의 2만 2천명, 흑전장정의 1만 1천명 등 22만 명의 왜군이 속속 상륙하였다.

조정은 발칵 뒤집혔다. 전쟁준비가 전혀 안 된 상태에서 전쟁을 하려니 군사 몇 백 명도 구하기 힘들었다. 조선은 맹장 신립을 충청도에서 싸우도록 한다.

그러나 가장 믿었던 장수 신립도 충주 탄금대에서 배수진을 치고 싸웠으나 왜군에게 패배한다. 이 소식을 들은 선조 임금은 한양을 버리고 피난을 간다. 전쟁이 일어난 지 20일도 채 안 된 때이었다. 선조는 개성도, 평양도 버리고 6.22에 압록강변 의주에 도착한다. 일본은 파죽지세로 5.3에 한양을 점령하고 평안도와 함경도도 쳐들어가서 조선 전역을 접수한다. 다만 전라도와 평안도 일부 지역만은 무사하였다.

이런 국가존망의 위기에서 나라를 구한 것은 전라수군과 각지에서 일어난 의병들이었다. 전라좌수사 이순신와 전라우수사 이억기는 옥포 해전, 한산도 해전, 부산 해전 등을 통하여 제해권을 장악하였고, 영남의 곽재우와 호남의 김천일, 고경명, 최경회 그리고 충청의 조헌 등은 죽음도 두려워 않고 왜적과 싸웠다. 1592년 10월에는 김시민과 곽재우, 최경회의 관군과 의병은 진주성을 잘 지키어 왜군의 호남진출을 막았다.

이어서 명나라 군대가 참전하자 전쟁은 새로운 국면에 이르렀고 1593년 1월 조선과 명나라 연합군은 마침내 평양성을 탈환하였다. 2월에는 권율이 행주산성에서 크게 승리하여 전쟁은 조선군이 승기를 잡았고 왜군은 4월에 서울을 떠난다. 이후 왜군은 주로 경상도 지역에 머무르면서 강화회담을 하기에 이르렀다.

그러나 강화회담이 실패로 돌아가자 왜군은 다시 1597년 1월에 정유재란을 일으킨다. 이 시기에 이순신이 모함을 받아 구속되었고 7월에는 원균이 이끈 조선 수군은 칠천량 해전에서 몰살된다. 8월에는 남원성이 함락되어 전라도가 노략질을 당한다. 왜군은 양민을 무자비하게 죽이고 부녀자들을 겁탈하였다. 9월에 이순신은 명량 해전에서 12척의 배로 133척의 왜적을 무찌른다. 1598년 8월에 풍신수길이 죽자 왜군은 철수하고, 11월 노량해전으로 전쟁은 끝나고 이순신은 전사한다. 호남정신

● 답사할 곳 ●

* 서울 광화문 광장의 충무공 이순신장군 상 像 : 서울특별시 종로구 세종로 광화문 광장
* 충무공 이야기 : 서울특별시 종로구 세종로 81-3 세종문화회관 지하 전시실

1부 호남 사람들, 의병을 일으키다.

01 김천일과 고경명, 의병으로 나서다

1592년 4월 13일 소서행장이 지휘하는 왜군 2만 명은 7백 척의 배를 타고 부산포에 상륙한다. 왜군은 다음날 부산성을 점령하고 4월 15일 동래성을 쳐들어갔다. 파죽지세였다.

1590년에 풍신수길은 약 100년 동안 계속 되었던 군웅할거의 전국시대를 마무리하고 일본을 천하 통일한다. 그는 대 아시아제국의 건설이라는 과대망상에 빠져 곧바로 명나라 정벌 계획을 세운다. 그리고 명나라로 가기 위하여 조선을 침략한다. 일본은 이미 육군 28 만 명, 수군 1만 명이 출동할 준비를 끝내었고 신식무기 조총으로 무장한 상태이었다. 조선은 '전쟁의 기미가 보이지 않는다' 는 조선통신사 김성일의 보고를 믿고 전쟁대비를 전혀 안 한 상태이었다.

동래성 전투는 왜군 2만 명과 조선군 2천명의 싸움이었다. 일본군은 싸우기에 앞서서 동래부사 송상현에게 나무 목판 하나를 전달했다.

거기에는 '싸우고 싶으면 싸우고戰則戰矣 싸우지 않으려면 길을 빌려달라 不戰則假道', 즉 명나라를 정벌하러 가는 길征明假道을 터주라는 것이었다.

이에 송상현은 전투의 의지를 다지는 답신을 보낸다. '싸우다 죽기는 쉬워도戰死易 길을 빌려주는 것은 어렵다假道難'. 조선의 참패는 시간문제 이었다. 하루도 못되어 동래성은 함락되고 송상현은 전사한다.

왜군 침략의 급보가 한양에 선해지자 조정은 발칵 뒤집혔다. 조정에서는 순변사 이일을 보내어 적을 막으라 했다. 그런데 이일은 한양에서 군사 300명도 구하지 못하여 혼자서 전쟁터로 향한다. 그 뒤에 조정은 맹장 신립에게 적을 막으라 했으나 4월 28일 충주 벌판 탄금대에서 배수진을 친채 전투를 벌이다 몰살하고 만다. 믿었던 신립 장군마저 패하였다는 소식을 들은 조정은 너무나 침통했다. 선조 임금은 4월 30일 비 오는 칠흑 같은 새벽에 한양을 버리고 피난을 간다. 선조 일행이 도성을 빠져 나가자 난리가 난다. 노비들은 노비문서가 있는 장예원을 불 지르고 경복궁, 창덕궁 등도 불태운다.

5월 3일 왜군이 한양을 점령하자 선조는 다시 평양으로 피난을 간다. 그리고 계속 몽진을 하여 6월 22일에 압록강 변 의주에 도착한다.

조선은 그야말로 공포와 혼란 그 자체였다. 백성들은 물론 관리와 군인들까지 왜군이 온다는 소문만 듣고도 도망가기에 바빴다. 무기 조총은 '귀신 병기' 라 하여 모두 무서워했다.

더욱이 5월 초에 정말 어이없는 사건이 터진다. 전라도 군대 8천명을 이끌고 서울로 북상 중이던 전라관찰사 이광은 선조임금이 피난을 가고 한양이 왜적의 손에 들어갔다는 소문을 듣자 충청도 공주에서 갑자기 군대를 해산시켜 버린 것이다. 그는 "임금의 행차가 서도로 가서 그 존망을 알 수 없으니 어찌할 도리가 없다"라며 군사를 전주로 되돌려 버린다. 이런 상황은 그렇지 않아도 흉흉한 민심을 더욱 흉흉하게 만들었다.

이 소식을 듣자 전 수원부사 김천일金千鎰 1537-1593은 분함을 참지 못한다. 그는 고경명高敬命 1533-1592에게 먼저 이광을 처벌하고 군사를 모아 북상하자고 편지를 보낸다. 김천일은 다시 고경명, 박광옥, 최경회, 정담에게 거병하자고 편지를 쓴다. 그리고 그는 5월 6일 고경명을 담양에서 만나서 이 일을 다시 의논한다.

당시에 김천일은 은퇴하여 나주의 시골집에 살았다. 그는 임금이 피난을 하였다는 말을 듣고 목 놓아 통곡하여 거의 기절하다가 다시 분연히 말하기를, "내가 울기만 하면 무엇 하겠는가? 나라에 환란이 있어 임금께서 파천하였는데, 나는 신하로서 어찌 새나 짐승처럼 도망하여 살기를 원해서야 되겠는가. 내 의거를 하여 전쟁에 나갔다가 싸움에서 이길 수 없으면 오직 죽음이 있을 따름이다. 이것이 나의 보답하는 길이다"하면서 창의 거병을 결심하였다.

5월 16일 김천일은 나주공관에서 뜻을 같이 한 선비들과 회합을 갖는다. 나주공관은 지금의 금성관 근처이다. 이 모임에는 송제민, 양산룡 · 양산숙 형제, 양산룡의 처가 사람인 유온 · 유경지, 김천일의 외가인 이광익과 이광주, 그리고 임환, 서정후 등이 참석했다. 이들은 주로 나주, 남평에 사는 사람들이었다.

6월 3일에 김천일은 드디어 나주에서 거병한다. 의병은 300명이었다. 김천일은 피를 입에 바르고 의병들과 함께 맹세했다. 56세의 김천일은 평소에 몸이 약하고 병들어 있었는데, 이때에 이르러 그는 사람들에게 "오늘 내가 칼을 차고 말을 타니 거뜬하여서 날 것 같다"고 말하고 북상 길에 오른다.

의병장 김천일의 영정과 신위를 모신 나주 정렬사

추성관. 담양 동초등학교에 있는데 의병장 고경명이 회맹한 곳이다.

한편 동래부사를 지냈던 고경명도 담양에서 의병을 일으킨다. 제봉 고경명은 이때 벼슬에서 물러나 광주 시골에 있었는데, 임금이 서쪽으로 파천하고 서울이 함락되었다는 소식을 듣고 밤낮으로 통곡하다가 전라감사 이광에게 글을 보내어 준절히 책망했다. 그는 박광옥, 유팽로 등과 함께 의병을 일으킬 것을 꾀하여 5월 29일 담양 추성관에서 모였다. 이 모임에는 고경명, 고종후 · 고인후 부자, 고경명의 조카 고성후, 사위인 노석령, 박회가 참여했으며, 옥과의 유팽로와 남원의 양대박, 양희적, 양정언, 안영, 이대윤, 이억수, 채희윤, 순창의 양사형, 장성의 강념, 영암의 박대기, 박승원 · 박장원 부자, 광주의 김덕홍(김덕령의 큰 형), 정귀세, 유사경, 박지효, 박대수, 신응화, 임실의 홍석방, 부안의 김영무, 김억일, 강진의 최우, 해남의 고몽룡, 동복의 정암수, 정유성, 능주의 고훈, 창평의 조효원, 함평의 박응수, 영광의 이인우, 남평의 정준일, 최후립 · 최홍립 형제 등 21개 읍 61명의 사림과 유생들이 대거 참여했다.

당초 고경명과 같이 참여한 박광옥은 병 때문에 향리에 머물면서 양곡과 군기조달의 임무를 맡기로 하고 그 대신 육촌 아우 박광조와 조카 박윤협 등을 참여시켰다.

이 날 고경명은 맹주에 추대되었다. 그는 단 위에 올라 늙고 병들었음에도 맹주가 되는 것을 사양하지 않았다. 이어서 그는 6월 11일을 거병할 날로 정하고 각 지역에 격문을 보내어 선비와 백성들이 많이 참여하도록 하였고 제주 목시 양대수에게 격문을 보내어 말(馬)을 수집했다.

이처럼 고경명의 의병 규모가 어느 한 지역에 머물지 않고 전라도 전역에 이르는 연합의병이 된 것은 고경명의 명망과 박광옥, 양대박, 양사형, 이대윤, 유팽로 등 지역 사림들의 도움이 컸기 때문이다.

그중에서도 특히 유팽로의 활약이 컸다. 성균관 학유인 유팽로는 임진왜란이 일어나자 한양에서 고향인 옥과로 돌아왔다. 그는 독자적으로 의병 모집 활동을 벌이고 있었는데 5월 15일 남원에서 이종 간인 양대박을 만나 함께 거병을 결의하였다. 5월 23일 유팽로와 양대박은 고경명을 찾아가 구체적인 거병 계획을 세운다. 또한 유팽로는 순창에서 부랑배 수백 명을 설득하여 의병에 참여하도록 하는 등 병력 모집에도 적극적이었다. 따라서 유팽로는 전라도에서 의병을 먼저 일으킨 김천일, 고경명과 더불어 호남의 삼창의三倡義로 불린다.

고경명 등이 회맹한 담양 추성관은 지금의 담양 동초등학교 자리이다. 이 근처는 담양부 공관이 있는 자리인데 아쉽게도 고경명의 호남 의병이 회맹한 자리라는 표석은 찾아볼 수 없다. 다만 담양 동 초등학교 체육관 이름이 추성관이어서 옛 이름을 확인할 뿐이다.

그런데 고경명은 6월 11일 거병을 앞두고 나쁜 소식을 듣는다. 6월 5일에 전라 관찰사 이광이 이끄는 2차 근왕군 3만 군사가 1천600명 왜군에게 용인 전투에서 참패하였다는 것이다. 이후 이광은 혼비백산하여 패잔병을 이끌고 전주로 돌아온다.

고경명은 이제 더 이상 관군을 믿을 수 없다는 생각으로 의연히 나선다. 서울 수복과 임금을 보위하기 위하여 전라도 각 지역에서 모인 6천명의 군사를 이끌고 담양 추성관을 출발하여 한양으로 향한다. 이 때 고경명의 나이는 60세였고, 유팽로가 좌부장, 양대박이 우부장, 안영이 종사관이었다.

1592년 6월 선조수정실록은 의병이 일어난 것과 관련하여 다음과 같이 기록하고 있다.

각 도에서 의병義兵이 일어났다. 당시 삼도三道의 관리와 장수들이 모두 인심을 잃은데다가 변란이 일어난 뒤에 군사와 식량을 징발하자 사람들이 모두 밉게 보아 적을 만나기만 하면 모두 패하여 달아났다. 그러다가 도내道內의 거족巨族과 명인名人이 유생儒生 등과 함께 조정의 명을 받들어 창의倡義하여 일어나자 듣는 사람들이 감동하여 원근에서 참여하였다. 크게 성취하지는 못했으나 인심을 얻었으므로 국가의 명맥이 그들 덕분에 유지되었다. 호남의 고경명·김천일, 영남의 곽재우·정인홍, 호서의 조헌이 가장 먼저 의병을 일으켰다. (후략)

● 답사할 곳 ●

* 담양 추성관 : 전남 담양군 담양읍 객사리 271 담양 동초등학교 내 강당

* 나주 정렬사 旌烈祠 : 전남 나주시 대호동 646 전화번호 (061) 330-8474

02 창의사 김천일의 길

나주 정렬사

창의사 김천일金千鎰 1537-1593을 만나러 나주 정렬사旌烈祠를 간다. 정렬사는 임진왜란 때 호남에서는 가장 먼저 의병을 일으킨 김천일의 충절을 기리기 위해 건립된 사우이다. 정렬사는 동신대학교 조금 지나서 있다. 홍살문을 지나면 왼편에 안내판과 관리사무소가 있고 오른편에 김천일 동상이 있다. 외삼문 이름은 창의문倡義文이다. 창의라는 뜻은 의를 널리 노래 부르는, 의를 외친다는 뜻이다. 선조 임금이 김천일에게 내린 칭호가 창의사倡義使이기에 창의문 이름도 이와 관련이 있다.

외삼문을 지나니 유물관이다. 유물관 입구에서 '건재 선생의 행장기와 진격로' 를 보았다. 건재 김천일은 1592년 6월초 한성수복을 위하여 거병하여 수원, 강화도, 양화진 등에서 싸웠고 1593년 6월 제2차 진주성싸움에서 순절한 의병장이다.

나주 정렬사 입구

그는 나주에서 태어났다. 원래 창평에 살았던 아버지는 어머니 이씨와 결혼하여 처가인 나주로 이사한다. 김천일은 외아들로서 어려서 고아가 된다. 2일 만에 어머니가 돌아가시고 7개월 후 아버지마저 세상을 뜬다. 그래서 그는 외조모 밑에서 자란다. 그는 어렸을 때부터 몸이 허약하고 체구도 왜소한 모습이었다.

김천일은 15세가 되어서야 창평에 사는 작은 아버지에게 공부를 배운다. 그리고 18세에 현감 김효량의 2녀인 김해김씨와 결혼을 하고 19세에 태인현 보림촌지금의 전북 정읍시 북면 보림리에 사는 일재 이항李沆 1499-1576을 찾아간다. 이항은 무예를 잘 하면서도 늦게야 학문에 전념하여 하서 김인후, 퇴계 이황, 남명 조식과 함께 성리학의 대가를 이룬 사람이다.

김천일은 이항 밑에서 성리학을 공부하면서도 무예도 게을리 하지 않았다. 한번은 남쪽 지방에 왜구가 출몰한다는 나쁜 소식이 들리었다. 일재는 국난이 일어날 수도 있으니 준비를 단단히 하여야 한다고 하면서 제자들에게 육도삼략을 공부하도록 하였다. 또한 5일씩이나 밥을 먹지 않고 견디는 훈련을 한다.

이 극기 훈련에 이항과 문하생 김천일, 김제민, 변사정 등이 참여하였는데 이항과 김천일은 무난히 5일 간을 견디었으나 나머지는 중도에 포기하고 말았다.

김천일은 37세인 1573년에 벼슬길에 오른다. 그는 조정으로부터 초야에 묻혀 있는 학행이 높은 선비로 추천을 받아 군기시 주부에 임명된다. 이어서 그는 용안현감, 임실현감, 순창군수, 담양부사 등을 역임한다. 김천일은 53세 때인 1589년에 한성부 서윤으로 근무하다가 수원부사를 하였는데, 이때 그는 수십 년간 탈세하던 수원 부호가들의 전답에 일반 백성과 균등하게 세금을 부과하였다. 왕족이나 재상들의 친척이고 부자인 권력층은 김천일의 이 처사에 분노하여 그를 무고한다. 결국 그는 탄핵을 받아 파직되고 만다.

이후 나주에 낙향하여 살던 그는 1592년 4월 임진왜란이 일어나자 6월 3일에 300명의 의병을 이끌고 한성 수복을 위하여 북상하였다. 이 때 같이 참여한 사람은 양산룡, 양산숙, 서정후, 송제민 등 주로 나주 지역의 거족과 그의 외가, 처가 사람들이었다. 외가는 이광익과 이광주가 참여하였고, 처가인 김해김씨 집안의 도움을 받았다.

특히 야담집 〈기문 총화〉에는 '아내 덕에 이름을 날린 의병장 김천일' 이라는 제목의 일화가 소개되어 있다. 이는 부인 김해 김씨에 관한 일화인데 그녀는 매우 현명하였던 것 같다. 그녀는 임진왜란을 미리 예견하여 가족을 무주 구천동 골짜기로 옮기게 하고, 김천일에게 장기를 가르쳐 주어 나주 부자와의 내기 장기에서 돈을 딴 다음 그 돈으로 가난한 사람과 노인들에게 나누어 주고 호걸을 사귀는데 썼다. 이렇게 그의 도움을 받은 이들은 의병에 많이 동참하였다.

한편 김씨 부인은 전술에도 뛰어 났다. 그녀는 텃밭에 키운 박에 시커먼 칠을 하여 의병들에게 나주어 주고 옆에 차게 하였다. 그리고 의병들이 퇴진할 때는 쇠로 만든 바가지를 버리게 하여 왜군들에게 의병들이 힘이 장사임을 알게 하는 위장전술도 썼다.

6월 중순에 김천일은 북상을 하다가 삼도의 근왕군이 용인전투에서 패배하였다는 소식을 듣는다. 이 소식에 의병들은 왜적과 싸우는 것을 너무나 두려워하여 도망가려 하였다.

10만 명의 관군도 왜적에게 무너졌는데 하물며 3백 명의 군사가 왜군을 어찌 이길 수 있을 것인가. 이에 김천일은 의병들에게 호소하였다.

우리 군은 의병이다. 의를 위하여 나선 사람들이다. 그대들이 만약 나를 따르기를 싫어한다면 강제로 따르라고 할 수는 없다. 다만 왜적을 토벌하지 못한다면 이 땅의 어느 곳에 간들 살 길은 없다. 하물며 임금이 욕을 당하면 신하들이 죽는 법인데 그대들은 이 나라 2백년 사직의 백성들이 아닌가. 진실로 죽기를 각오하면 살길이 있을 것이다.

이 말을 듣고 의병들은 모두 감동하고 분발하여 몰래 도망하는 자가 없었다. 뿐만 아니라 패잔병들이 계속 합세하여 충청도에 이르러서는 당초 3백 명의 의병이 1천 여 명이나 되었다.

6월 23일에 김천일은 수원에 도착한다. 수원은 그가 이전에 부사를 한 곳이라서 의병지원자가 많아 군세를 더욱 확대할 수 있었다. 이어서 김천일은 독성산성에서 기거하면서 전라병사 최원과 함께 금구전투에서 왜적 15급을 베고 병기와 군마 등을 노획하는 전과를 올렸다.

선조수정실록 1592년 6월 1일의 기사는 김천일의 전공을 이렇게 기록하고 있다.

'호남 의병장 김천일이 군사를 거느리고 북상하였다. 삼도三道의 군사가 무너진 뒤로부터 경기도가 완전히 살륙과 노략질을 당했는데, 적에게 붙좇아 도성에 들어간 자도 많았다. 김천일이 의병 수천 명을 규합하니, 임금이 장례원 판결사掌隷院判決事에 임명하는 동시에 창의사라는 칭호를 내렸다. 김천일의 군사가 수원에 이르러 독산(禿山)고성(古城)에 웅거하여 적에게 붙은 간민奸民을 찾아내어 목을 베니, 돌아와 따르는 경기도내의 사민(士民)이 많았다.'

양화도 도전 기록화. 정렬사 유물관 안에 있다.

7월에 김천일은 강화도로 군진을 옮긴다. 강화부사 윤담과 함께 성채와 전함을 보수하여 의주에 있는 행재소와 한강이남 지역의 통신로를 확보한다. 그런데 그는 8월에 전라병사 최원과 함께 3천여 군사를 이끌고 장단長湍에서 싸웠는데 크게 패한다. 이후 김천일은 유격전술로 왜적과 맞선다.

한편 유물관에는 김천일의 교지, 친필 글씨, 문집 건재집, 호남창의록 등과 함께 '양화도 도전'이라는 역사기록 그림이 있다. 이 그림은 1592년 겨울 김천일이 전라병사 최원, 경기수사 이빈, 충청수사 변양준, 경기의병

김천일 영정

장 우성전 등과 함께 전함 100여척을 이끌고 양화도 (현 양화대교)에 이르러 풍신수길의 죄상을 꾸짖는 격문을 붙이고 북치며 활 쏘며 도전하여 왜군의 활동을 봉쇄한 것을 그린 기록화이다.

다시 절의문을 지나 사당에 들어갔다. 거기에는 김천일의 영정과 신위가 있다. 영정은 '의병장 김천일 선생 상' 이라고 적혀 있는 인물화이다. 김천일은 관복을 입었는데 또렷한 눈에 흰 수염의 다소 수척한 모습이다. 신위에는 '문열공 건재 김선생' 이라고 쓰여 있다. 건재 선생의 신위 우측에는 그의 큰 아들 김상건의 신위, 왼쪽에는 양산숙의 신위가 배향되어 있다. 이들은 1593년 6월 진주성싸움에서 김천일과 같이 남강에 투신한 분들이다.

사당을 나오면서 정렬사비를 보았다. 이 비는 인조 4년(1626년)에 세운 것으로서 비문은 계곡 장유1587-1638가 지었다. 비 옆에는 번역문이 적혀 있다. 정렬사 비 옆에는 김천일 기직비가 또 하나 있고, 그 옆에 정렬사 유허비가 있다.

다시 창의문을 나와서 김천일 동상이 있는 곳으로 간다. 거기에는 한 손은 불끈 쥐고 한 손은 칼을 쥔 채 갑옷도 투구도 없이 나선 의병장 김천일의 동상이 있다. 동상 아래에는 '56세의 선비로 붓을 버리고 쾌자(맨 소매 옷)만을 걸치고 투구 없는 맨 머리로 앞장서니 선생의 충국에 큰 뜻을 따르는 의사가 많았다' 고 적혀 있다.

김천일. 그는 비록 몸이 야위어 옷의 무게도 이길 수 없을 정도 였으나 지기志氣가 단단하고, 충의가 크게 넘친 구국의 의병장이다.

● 답사할 곳 ●

* 나주 정렬사 旌烈祠 : 전남 나주시 대호동 646　전화번호 (061) 330-8474

김천일 동상

03 고경명의 창의격문

광주 포충사

1592년 5월 29일 고경명은 박광옥, 유팽로 등과 함께 담양 추성관에서 모인다. 이 모임에는 광주, 창평, 장성, 능주, 동복, 남원, 옥과, 순창, 임실, 부안, 강진, 영암, 해남, 함평, 영광 등 21개 읍 사림과 유생들이 참여했다.

이 날 고경명은 맹주에 추대됐다. 그는 단 위에 올라 늙고 병들었음에도 대장이 되는 것을 사양하지 않았다. 그는 6월 11일을 거병일로 정하고 각 지역에 창의격문을 보낸다.

지난번 본도의 근왕병이 금강에서 돌아오던 날에 처음으로 패하였고, 여러 군사를 초유하던 때에 두 번째로 패하였다. 이는 대체로 수비방법이 어긋나고 기율이 문란하며 유언비어가 비등하여 민심이 소요해졌던 까닭인 듯하다. 이제 비록 흩어진 병력을 수습한다 하더라도 사기가 꺾이고 정예는 없어졌으니 어떻게 응급책을

서울 용산 전쟁 기념관에 있는 의병장 고경명의 창의 그림

세워 늦게나마 실패를 만회 할 수 있겠는가?

항상 생각하노니 임금이 멀리 피난을 갔건만 관리들은 제 노릇을 제대로 못하고, 서울이 잿더미가 되었는데 관군은 아직도 왜군을 무찌르지 못하고 있다. 이에 대해 말을 하자니 통분이 뼛속까지 사무친다.

우리 전라도는 본래부터 군사와 말이 날래고 굳세다고 일컬어 왔다. 태조 임금께서 황산 싸움에서 왜구를 크게 무찔러 다시금 나라를 안정시켰고, 고려 때 낭주 싸움에서는 적의 배 한 척도 돌려보내지 않았다는 노래가 있다.

이런 옛이야기들은 지금도 사람들의 이목을 끈다. 그 당시 선봉대가 되어 적장을 무찌르고 적의 깃발을 뽑은 자가 바로 우리 전라도 사람이 아니었던가?

더구나 근래에는 유학이 흥성하여 사람들이 모두 힘써 배웠나니 임금 섬기는 큰 의리를 누가 세우려 하지 않겠는가?

그런데 유독 오늘에 이르러서 의로운 목소리가 작아지고 두려워한 나머지 어느 한 사람도 용기를 내어 싸움에 나서려고 하지 않는다. 제 몸만을 돌보고 처자를 보전할 계책에만 급급하여 가만히 도망칠 생각만 하고 있다. 이는 전라도 사람으로서 나라의 은혜를 저버릴 뿐 아니라 조상을 욕되게 하는 것이다.

지금은 왜적의 세력이 크게 꺾이고 나라의 기세가 날로 확장되고 있으니, 이때야말로 대장부가 공명을 세울 기회며 나라의 은혜에 보답할 때다.

나, 고경명은 문장이나 아는 졸렬한 선비로서 병법에는 문외한이지만, 이렇게 단에 올라 망령되이 맹주로 추대되니 사졸들의 산만해진 마음을 수습하지 못하여 여러 동지들에게 수치거리가 될까 두렵다.

그러나 오직 마땅히 피를 뿌리고 진군한다면 조금이나마 임금의 은혜를 보답할 수 있을 것 같기에 금월 11일 군사를 일으키기로 했다.

우리 전라도 사람들은 아버지는 그 아들을 깨우치고 형은 그 아우를 격려하여 의병 대열에 모두 함께 나서자! 원컨대 속히 결정하여 옳은 길을 따를 것이요, 주저하다가 스스로를 그르치지 말라.

이리하여 담양에는 전라도 각지에서 온 6천명의 의병이 모인다. 의기에 찬 호남 사람들이 모두 나선 것이다. 고경명은 연합의병을 이끌고 서울로 향한다. 이때 유팽로가 좌부장, 양대박이 우부장, 안영이 종사관이었다.

여기에서 고경명高敬命 1533-1592에 대하여 알아보자. 1592년 7월 선조 수정실록에는 이렇게 적혀 있다.

> 의병장 고경명이 금산의 적을 토벌하다가 패하여 순절하였다. (중략)
>
> 처음에 임금이 경명이 의병을 일으켰다는 소문을 듣고 공조참의 겸 초토사에 제수하도록 명하고 글을 내려 칭찬하고 위로하였다. (중략)
>
> 고경명의 자는 이순而順, 호는 제봉霽峯이다. 풍류와 문채는 세상에서 부러워하는 바였으며 중년에는 벼슬길이 막혔으나 조용한 생활을 하면서 마음이 변하지 않았다. 그러다가 난리에 임해서 절개를 드러냈으므로 조정에서는 그를 일찍 기용하지 못했음을 한스럽게 여겼다. 그는 시의 대가로 불리었으며 유고가 세상에 전한다.

그는 광주광역시 남구 압촌동에서 태어났다. 조부는 기묘명현 고운이고 부친은 대사간 고맹영, 장인은 김백균이다. 그는 어릴 적부터 시문에 능하여 임억령, 정철, 김성원과 더불어 식영정 사선으로 알려졌다. 식영정과 면앙정, 소쇄원에는 그가 지은 시가 걸려 있다.

고경명은 1558년 26세의 나이에 문과 갑과에 장원 급제한다. 이어서 호조좌랑, 사헌부 지평, 공조좌랑 등을 거쳐 명종의 총애를 받는다. 그는 시문으로 널리 조정에 이름을 날린다.

호사다마라 할까. 그는 1563년 이량 사건으로 울산군수에서 파직 당한다. 이량은 효령대군의 5세손이며 명종 비 심왕후의 외삼촌이다. 명종은 1559년에 어머니 문정왕후의 동생 윤원형을 견제하기 위하여 이량을 중용하였다. 그런데 이량 또한 전횡을 행사한다. 추종자들만 중용하고 아들

광주 포충사. 고경명의 영정과 신위를 모신 곳이다.

을 무리하게 과거에 장원 급제시켜 병조좌랑에 앉히었으며 이를 반대하는 기대승, 허엽, 윤두수 등 신진 사림을 숙청하려 하였다.

이에 기묘명현 기준의 아들 홍문관 부제학 기대항 등은 이량을 탄핵하는 글을 명종에게 올린다. 이 탄핵 논의 자리에 홍문관 교리 고경명도 참가하였다. 그런데 고경명은 이 사실을 장인 김백균에게 알리었고 김백균은 이량에게 말한다. (이 사실은 명종실록 1563년 8월 19일 기사에 나온다.)

한편 심의겸은 누나인 명종비 심 왕후을 통하여 이량의 비위를 명종에게 아뢰었고, 명종은 이량을 평안도 강계로 유배 보낸다. 이량의 당이었던 고경명의 장인 김백균과 아버지 고맹영도 파직이 된다. 고경명은 탄핵 논의 누설 혐의로 1563년 11월 울산군수에서 파직된다. 그리고 1581년까지 출사의 길이 막힌다.

이후 고경명은 초야에 묻힌 19년간을 자기 수양의 기회로 삼는다. 향리의 많은 선비, 인재들과 사귀었고, 무등산 유람기 〈유서석록〉도 남긴다. 1581년에 고경명은 영암군수로 임명된다. 그리고 종계변무사 김계휘의 종사관으로 중국에 가게 된다. 1590년에 그는 동래부사가 되었으나 송강 정철과 친하다고 하여 1591년에 파직을 당한다. 당시 정철은 세자 책봉 문제로 선조의 노여움을 사 귀양을 갔다.

● 답사할 곳 ●

* 광주 포충사 : 광주광역시 남구 원산동 947-4　전화번호 (062) 613-3471~4
* 전쟁기념관 : 서울특별시 용산구 용산동 1가 8번지　전화번호 02) 709-3139

04 고경명의 마상격문

1592년 6월 중순 고경명의 의병이 태인을 거쳐 전주에 이르렀을 때 그는 나쁜 소식을 듣는다. 관군이 임진강에서 참패하였다는 것이다. 이에 연합의병은 서울로 가려던 길을 멈추고 우부장 양대박에게 의병을 더 모으도록 하고, 전주에서 군사훈련에 임한다.

그러면서 고경명은 6월 24일 각 도의 수령과 백성, 군인들에게 격문을 보낸다. 이것이 바로 말 위에서 쓴 격문이라 일컫는 마상격문馬上檄文이다.

임진년 6월 모일에 전라도 의병장 절충장군 행 의흥위 부호군 지제교 고경명은 삼가 각 도 수령과 백성들과 군인들에게 급히 통고한다.

근자에 국운이 불길하여 섬 오랑캐가 불시에 침입하였다. 처음에는 우리나라와 약속한 맹세를 저버리더니 나중에는 통째로 집어삼킬 야망을 품었다. 우리의 국방이 튼튼치 못한 틈을 타서 기어들어 하늘도 무서워하지 않고 거침없이 북상하고 있다.

그런데 우리 장수들은 갈림길에서 헤매고 있고 수령들은 도주하여 산골로 숨어 버렸다. 적들의 포위 속에 부모를 버려둠이 이 어찌 차마 할 노릇이며, 임금에게 나라를 근심케 함이 그대들에게 편안하겠는가. 백 년 동안 교화된 백성들로서 어찌 한 명의 의기 있는 사나이도 없단 말인가?

의롭지 못한 군대를 끌고 남의 나라에 깊이 들어옴은 본래 병법에 어긋나는 일이지만 유구한 역사를 가진 이 나라 백성들로서 왜적의 침입에 아무런 대책이 없이 그대로 앉아서 보고만 있구나.

장강長江이 갑자기 천혜의 요새를 잃어버려서 흉악한 칼날이 이미 서울까지 기어들었다. 나라에 인재가 없다는 조롱도 진실로 가슴 아프거니와, 원수들이 제 마음대로 덤벼드는 모양도 못 볼 일이다.

아, 우리 임금은 서울을 버리고 북쪽으로 피난하였으나 이 또한 종묘사직을 위한 지극한 계획에서 나온 것이다. 지방 순시를 나간 것이라 생각하면 된다. 그런데 불

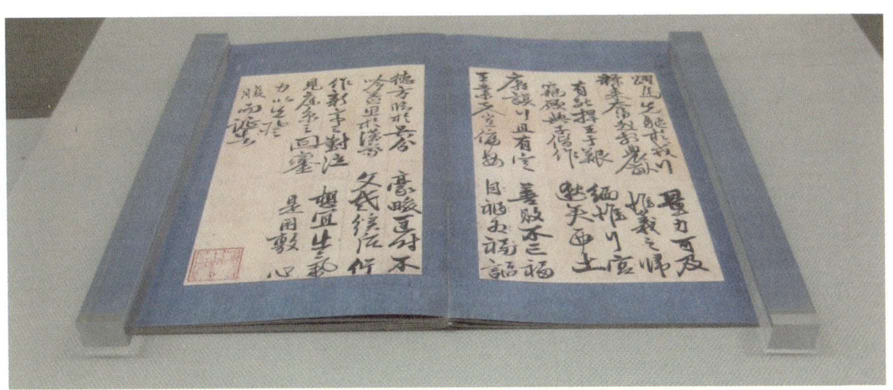

마상격문 친필 사본. 광주 포충사에 있다.

광주 포충사 옛 사당

길한 전방의 소식으로 인하여 임금의 얼굴에는 깊은 근심이 어렸고, 임금의 행차는 높은 산, 험한 고개 길을 가고 있다. 이제 하늘이 이 나라를 구할 원로를 보내오고, 우리들을 믿는 임금의 간곡한 교서가 오늘도 내려오고 있다. 무릇 혈기 있는 사람으로서 통분한 나머지 목숨을 바치려는 생각이 없겠느냐? 어쩌다가 일이 잘못되어 나라가 이 지경에 빠지게 되었는가?

피난 간 임금의 수레는 아직도 돌아오지 못했는데 용인으로 올라오던 우리 군사들은 패전하고 말았다. 저 땅벌과 같이 추한 왜적들을 들끓고 있는 데, 아직 그들을 죽이지 못한 탓으로 원수들이 서울 안에서 숨을 쉬고 있다. 성문에 임시로 쉬고 날아드는 것이 장막의 제비와 같고, 서울 근처에서 둥지를 틀고 있으니 울안에서 뛰노는 원숭이와도 같다. 비록 명나라 군대가 소탕할 날이 있을 것이나 흉악한 무리들을 한 놈도 살아가지 못하도록 하기는 어려울 것이다.

나, 고경명은 비록 늙은 선비지만 나라에 바치려는 일편단심만은 그대로 남아 있어 밤중에 닭의 소리를 듣고는 번민을 이기지 못하여 중류에 뜬 배의 노를 치면서 스스로 의로운 절개를 지키려 한다. 한갓 나라를 위하려는 성의만 품었을 뿐, 자기 힘이 너무나 보잘 것 없음을 모르는바 아니지만 이제 의병을 규합하여 곧장 서울로 진군하려 한다.

옷소매를 떨치고 단상에 올라 눈물을 뿌리고 군중과 맹세하니, 곰을 잡고 범을 넘어뜨릴 장사는 천둥 울리듯 바람 치듯 달려오고, 수레를 뛰어 오르고 관문을 넘어가는 무리는 구름 모이듯 비 쏟듯 한다. 이는 모두가 강요해서 왔거나 억지로 모여든 사람들이 아니다. 오직 신하로서 충의에 찬 마음이 지극한 본성에서 우러난 것이니, 국가 존망의 위기에 어찌 감히 하찮은 제 몸만을 아끼려고 하겠느냐!

의리를 위하여 떨쳐나선 군대이니 신분의 귀천과 직위의 고하에 상관될 바 없으며 군대는 곧은 것으로 말미암아 씩씩해지는 것이지 취약한지 견고한지를 논할 바가 아니다. 대소의 군대들이 모의하지 않고도 뜻을 같이 하였고, 원근의 장정들이 소식을 듣고 다 함께 분발하였다.

아, 각 고을 수령들과 각 지방의 인사들이여! 어찌 나라를 잊어버리랴? 마땅히 목숨을 저버릴 것이다. 혹은 무기를 제공하고 혹은 군량으로 도와주며 혹은 말을 달려 선봉에 나서고 혹은 쟁기를 버리고 논밭에서 떨쳐 일어서라! 힘닿는 대로 모두 다 정의를 위하여 나선다면 우리나라를 위험 속에서 구해 낼 것인바 나는 그대들과 함께 있는 힘을 다할 것이다.

임금이 피난 간 곳은 저 먼 북쪽 땅이나 국가는 곧 회복될 것이니 어찌 북쪽 땅에서 오래 머무를 것이냐. 초기에는 비록 불리했으나 나라의 형편은 바야흐로 좋아지고 있고, 이 나라를 수호하려는 백성들의 마음은 더욱 간절해지고 있다.

정기관. 광주 포충사 유물관이다.

호탕하고 용감한 사람들은 제때에 시국을 바로잡아야 하나니 부질없이 앉아서 한탄한들 무슨 소용이 있으랴! 우리 백성들은 이 나라의 회복을 손꼽아 기다리고 있다. 마땅히 의기와 힘을 내서 앞장서야 할 것이다. 나의 진심을 토로하여 널리 고한다.

얼마나 가슴 뭉클한 글인가. 사나이라면 의병으로 나서지 않고 숨을 사람이 어디 있으랴. 모두 나서리라. 고경명의 마상격문은 최치원의 '황소격문黃巢檄文', 제갈공명의 '출사표出師表'에 버금 갈 정노로 유명하다.

광주광역시 남구에 있는 포충사를 간다. 거기에는 고경명의 영정과 신위가 있다. 그 옆에는 아들 고종후와 고인후 그리고 종사관 유팽로, 안영의 신위가 있다. 정기관을 들렀다. 이곳에 고경명이 친필로 쓴 마상격문 복사본이 있다. 세독충정世篤忠貞! 대를 이어 독실하게 충성을 한 애국자, 고경명. 그의 애국 혼은 지금도 우리 가슴에 있다.

● 답사할 곳 ●

* 광주 포충사 : 광주광역시 남구 원산동 947-4 전화번호 (062) 613-3471~4

05 양대박의 호남의병, 임실 운암 전투에서 승리하다

1592년 6월 11일 담양 추성관에서 출진한 고경명이 이끄는 담양 회맹군이 태인, 금구를 거쳐 6월 14일에 전주에 이르렀을 때, 임진강을 지키고 있던 군사가 패전하였다는 소식을 접하였다. 진중은 한 동안 동요하기 시작하였다.

이 때 우부장 양대박은 추가 의병 모집을 제의한다. 6천명의 군사로 수만 명의 왜적을 대항한다는 것은 불가능한 일이니 의병을 더 모아 야 한다고 주장한다. 이에 고경명은 양대박을 '가모의병加募義兵'의 책임자로 정하여 그의 향리인 남원으로 파견하고, 본진은 전주에 주둔하면서 조련소를 설치하여 군사훈련에 들어갔다.

그러면 양대박梁大樸 1543-1592에 대하여 알아보자. 그의 호는 송암, 청계도인이고 서얼 출신으로 남원에 살았다. 우계 성혼의 문인으로 선조 초년에 천거에 의해 제용감 주부를 지냈다.

그는 문장에 능하여 박순, 정철, 임제, 백광훈, 이달 등과 교류하였다. 1578년 봄 백호 임제1549-1587가 제주도로 갔다가 서울로 가는 길에 남원에 들렀다. 당시 남원부사 손여성은 백광훈, 이달, 양대박 등을 초대하여 광한루에서 임제를 위한 전별연을 벌였다.

이들은 술을 거나하게 마시고 놀면서 시 한 수씩을 짓는다. 여기에서 임제와 양대박의 시를 감상하여 보자. 먼저 임제의 시이다.

앞개울에는 산들바람 저녁물결 일으키고
맑은 내음 낀 긴 버들은 푸르름 띤 채 하늘하늘
산이 나눈 신선 사는 집에는 다락 위치 좋을시고
길 입구의 너른 벌에는 들 빛이 짙었구나.

다음은 양대박의 시이다.

오작교 다리에선 봄 물결이 출렁대고
광한루 다락 밖에는 실버들이 살랑대네.
천고의 좋은 경치는 이 명승에 남아 있고
한 마당의 시와 술은 흥겨움에 거나해라.

그는 병법에도 능하여 일찍이 김천일, 변사정 등과도 진법과 병략을 강론하는 등 군사문제에 깊은 관심을 가지고 있었다. 뿐만 아니라 탄탄한 경제력을 기반으로 하여 5월초에 남원에 의병청을 설치하고 독자적인 모병 활동으로 폈다. 5월 23일에 그는 이종간인 유팽로와 함께 고경명을 찾아가 거병할 것을 권유하였고 5월 29일 추성관 담양 회맹의 주동자 역할을 하였다.

따라서 양대박이 추가 모병을 자청한 것도 그런 지지 기반이 있었기 때문으로 보인다. 그는 전주의 본진으로부터 남원에 돌아온 직후 남원, 순창, 임실 등 인근 지역을 돌며 열흘 만에 약 1천명의 의병을 모았다. 그가 이렇게 단시일에 병력을 모은 데는 남원 부사 윤안성의 도움이 컸다. 부사 윤안성은 군량 60석과 말 40필을 지원해주었을 뿐만 아니라 관군에 소속된 군사들이라 할지라도 의병이 되기를 희망하는 경우에는 이를 허락하여 양대박을 파격적으로 도와주었다.

6월 24일 1천명의 양대박 군대는 임실 관내 갈담역에 도착하였다. 다음날인 6월 25일 새벽에 율치를 넘어 전주로 향할 채비를 하였다. 그런데 앞서 가던 척후병들이 돌아와 운암에 적의 대군이 나타났다는 급보를 전하였다. 왜적은 운암천의 장곡, 용산 일대에 벌 떼처럼 엉켜 무질서하게 진을 치고 있었다. 이들은 무주, 진안 방면으로부터 전주로 향하던 고바야카와의 왜군이었다.

급보를 받은 양대박은 군사를 둘로 나누어 한 부대는 양대박 자신이 인솔하여 정면에서 적을 공격하고 나머지 한 부대는 차남 형우가 지휘하여 산중에 잠복하여 있다가 적진의 측방을 급습 협공한다는 작전계획을 세웠다. 양대박은 부하들에게 갑자기 허를 찌르는 기병책을 쓰지 않고서는 적을 이기기 어렵다는 점을 강조하였다.

양대박의 지시에 따라 둘째 아들 형우가 이끄는 부대는 율치의 산허리 서쪽을 따라 내려와 백운암 동편 골짜기에 잠복하여 적을 기다리고 있었다. 양대박 자신은 운암천변에서 아침식사 차비를 하고 있던 왜적에게 기습공격을 하였다. 양대박 부대가 왜적과 싸우는 가운데 다시 양형우 부대가 급습하여 왜적의 허리 부분을 끊음으로서 일시에 양면에서 적을 협공하였다.

마침내 급습을 당한 왜적은 궤멸상태에 빠지고 운암천의 냇물이 적의 피로 붉게 물들었을 정도로 큰 사상자를 내고 도망가고 말았다. 이 전투에서 양대박은 적병 천 여 명을 죽이고 각종 군기를 노획하였으며 조선 측 포로 1백 명을 구출하였다. 의병의 피해는 고작 40여명이었다.

이 전투가 바로 임진년 6월 25일에 호남의병이 최초로 승리한 전투이었다. 이 소식은 전주 본진에 곧 알려졌다. 의병장 고경명은 크게 기뻐하였고 의병들의 사기는 높아졌다. 이 기록은 양대박의 〈양대사마실기〉와 유팽로의 〈진중일기〉에 적혀 있다.

양대박 운암 승전비를 보러 전라북도 임실군을 간다. 승전비는 임실군 운암면 입석리 미암 마을에 있다. 광주에서 임실 가는 중간에 갈담역이 있다. 여기에서 10분 정도 더 가면 운암면 옥정호수이다. 옥정호수를 따라 오른 편으로 4-5분 정도 가면 운암정 휴게소가 나오고, 조금 더 가니 '충장공 양대박 장군 운암승전비' 가 있다.

이 비는 원래 임실군 운암면 벌정 마을에 세워져 있었는데 일제 시대에

충장공 양대박 장군 운암 승전비. 임실군 운암면 입석리에 있다.

파손 되었다 한다. 그런데 이 마을이 1965년에 섬진댐이 완공되면서 수몰 지역으로 호수가 되었고, 이 비 또한 물속에 묻히었다.

이것을 안타까워 한 임실군민들은 2006년 8월 15일에 이곳에 승전비를 세웠다. 승전비는 원임原任 윤행임이 지은 한문 비문과 한글 해설 비 두 개가 나란히 세워져 있다. 해설비문 일부를 읽어 보자.

> 산천이 험하고 저습지대라 말들은 서로 달리지 못하고, 군사들은 무술을 펴지 못한 곳에, 나는 가고 적은 와서, 적음으로 많음을 대적하고, 약함으로 강함을 항복받으니, 군병을 선용한 자 뜻을 얻은 땅이요, 제승의 기회를 운용한 곳이다. (중략)

임진년 왜노의 난에 의병을 일으키고 가산을 기울려 호남의 자제들을 규합하고 격문을 각 고을에 보내어 바람을 일으키니 군대의 소리 드디어 일어나다. 둘째 아들 형우와 함께 장사 천 여 명을 거느리고 남원으로부터 전주로 갈 적에 갈담 역에 이르러 앞서 간 자가 위급함을 아뢴지라, 당초에 장군에게는 오룡烏龍이란 말이 있어 능이 하루에 오백 리를 달리더라. 보건대 왜노 군사 만 여명이 운암 장곡 중에 진을 쳤으므로 장수들이 군을 멈추고 그 예봉을 피할 것을 청하니 장군이 칼을 만지며 웃어 말씀하시기를, 대열을 이루지 못할 적에 나아가 한 번 싸우면 공을 거둘 것이니라. 군을 2대로 나누어 일대는 형우를 장수로 산 서쪽에 복병하고, 일대는 장군이 직접 율치 아래로 다가가니 이때를 당하야 왜노가 취사도구를 벌려 놓고 밥을 지어 미처 먹지 못한지라. 장군이 칼을 빼들고 크게 호령하여 장사들을 지휘하며 사력을 다하여 싸우고 형우는 산 서쪽에서 바로 가운데를 뚫어 북을 치며 같이 공격하고 장군은 손수 오십 명의 적을 사로잡고 살상한 자 천명이 넘으니 왜노가 크게 패하여 달아났다.

장군이 대수大樹를 깎아 글을 쓰되 "만력 임진 6월 25일 장군 양대박이 왜노를 여기서 대파하다"하니 대박은 곧 장군의 이름이다. 세상에 전하기를 장군이 죽기 전 꿈에 하늘에 올라가 신병神兵으로 어려움을 구원할 것을 청하여 어려움을 이겨낸 고로 사람들이 신이라 하더라. 아! 구지지법손자병법을 밝히고 만부의 용맹을 사서, 마을의 농사꾼을 모아 바위 험하고 위급한 장소에 배치하여 적으로 하여금 앞뒤를 서로 구원치 못하게 하고, 위 아래를 서로 수습치 못하게 하여 예봉을 꺾고 정병 소멸하여 감히 다시는 완산을 엿보지 못하게 하고, 작은 한 몸으로 동남을 막아 호위하여 높게 군사상 중요지를 지키니, 나라가 의지하여 중히 여기고 백성이 믿고 두려움이 없게 한 것은 바다로 둘러싸인 우리 동토, 삼수백년에 오직 장군 한 사람이다. (후략)

부자 충의문. 양대박과 큰아들 양경우의 충의를 기리는
비각으로 남원시 주생면 상동리에 있다.

운암 파왜도, 양대박의 '양대사마실기'에 실려있다.

비문은 왜적을 물리친 양대박을 한껏 칭송한 글이다. 그런데 애석하게도 양대박은 고경명 부대에 합류하지 못한 채 7월 초 진중에서 병으로 죽는다. 그가 죽자 큰 아들 양경우와 차남 양형우가 그의 시신을 남원 교룡산에 묻는다. 그리고 왜적을 무찌른 전투장면을 그린 '운암 파왜도雲巖破倭圖'를 청계동 집에 걸어두었다 한다. 전라북도 남원시 주생면 상동리에는 양대박의 신위를 모신 용장서원과 그와 큰 아들 양경우의 충의를 기리는 '부자 충의문'이 있다.

● 답사할 곳 ●

* 충장공 양대박 장군 운암 승전비 : 전북 임실군 운암면 입석리 미암마을
* 양씨 부자 충의문 : 전북 남원시 주생면 상동리

06 왜군, 금산에서 전주성을 넘보다

웅치전투

충남 금산군으로 답사를 떠난다. 인삼으로 유명한 금산은 예전에는 전라도 금산이었는데 이제는 충청도 땅이 되었다. 임진왜란 때 금산은 왜군의 호남 침략과 관련하여 유서가 깊은 곳이다. 이곳에는 칠백의총과 고경명 순절지, 이치 전첩비 등 임진왜란 유적이 여러 군데 있다.

맨 먼저 가는 곳은 충남 금산군 금성면 의총리에 있는 칠백의총이다. 이곳은 충청도 의병장 조헌趙憲 1544-1592과 의승장 영규대사 그리고 700명의 의병들이 1592년 8월 금산 전투에서 순절한 것을 기념한 곳인데 7백명 의사의 무덤과 종용사 사당이 있다. 종용사 사당에는 조헌 · 영규대사의 신위뿐만 아니라 1592년 7월 10일 금산 전투에서 순절한 고경명과 유팽로, 안영, 고인후 등의 신위도 함께 모시어져 있다.

종용사와 칠백의총 무덤을 둘러본 뒤에 기념관을 구경한다. 기념관 건물위에는 의병장 고경명이 쓴 글씨 세독충정世篤忠貞 나라를 위하여 대를 이어 충성을

칠백의총. 금산전투에서 순절한 칠백의사의 무덤이다.

칠백의총 기념관. 현관에는 고경명이 쓴 친필, 세독충정 글씨가 붙어져 있다.

바친다편액이 붙어 있다. 노블레스 오블리주.

기념관에서 임진왜란 초기 전투 현황 지도와 금산 지역 전투 지도를 본다. 이 지도에는 웅치와 이치 전투, 고경명과 조헌의 전투 흔적이 표시되어 있다. 웅치 전투는 1592년 7월 7일과 7월 8일에 일어난 전투이고, 이치전투는 7월 8일에, 고경명의 눈벌 전투는 7월 10일에, 조헌의 연곤평 전투는 8월 18일에 일어난 전투이다.

금산지역 전투 지도

그러면 임진왜란이 일어난 지 3개월 째 되는 1592년 6월말의 전쟁 상황을 살펴보자. 한양을 떠난 선조는 개성, 평양으로 피난을 간 후에 6월 10

일경 정주에 도착한다. 이 때 선조는 이덕형을 명나라로 사신을 보내어 명군의 지원을 요청하였고, 세자 광해군을 임금권한 대행으로 임명하여 만약의 사태에 대비하였다.

함경도마저 왜군에게 짓밟히자, 6월 22일에 40명의 신하를 이끌고 초라한 모습으로 의주에 도착한 선조는 압록강을 건너 요동으로 망명할 결심을 한다. 유성룡이 눈물로 요동행을 말렸다. 윤근수도 압록강을 건너는 것이 불가함을 읍소하였다. 아직은 전라도가 온전하니 그곳으로 가자는 의견도 있었다.

대신들의 읍소에 짜증이 난 선조는 통군정에서 압록강을 바라보면서 오언시五言詩를 짓는다.

관산에 뜬 달 바라보며 통곡하노라
몰아치는 압록강 바람에 마음 쓰리도다.
조정신하들아! 이 날 이후에도 또 다시
서인이니 동인이니 나뉘어 싸울 것이냐

통 곡 관 산 월
痛哭關山月
상 심 압 수 풍
傷心鴨水風
조 신 금 일 후
朝臣今日後
영 복 각 서 동
寧復各西東

당쟁을 누가 조장하였는가? 임금 자신에 대한 반성은 없고 오직 이 모든 것이 당파 싸움 때문이라고 떠넘기는 선조 임금. 참으로 한심하다.

아무튼 조정은 명나라의 원군을 목이 빠지게 기다리고 있었으나 명군은 쉽게 오지 없었다. 명나라는 조선과 일본이 짜고 명나라를 치려는 것 아닌가 하는 의심도 가지고 있었다.

반면에 왜군은 이순신과 이억기가 이끄는 전라도 수군과 각지에서 일어난 의병 때문에 전쟁에 상당한 차질을 빚고 있었다. 경상도 바다에서 이순신에게 세 차례나 패배한 왜군은 감히 바다에서 싸울 생각을 못하였고, 곽재우와 정인홍, 김면 등이 이끄는 경상도 의병이 왜군을 괴롭혔다. 그리고 전라도의 김천일 의병은 수원에서 왜군와 대치중 이었고 , 고경명이 이끄는 의병도 북상 중이었다.

한편 한양을 점령한 왜군은 5월 8일, 9일경에 전군 지휘관 회의를 한다. 여기에서 그들은 조선 팔도를 나누어 통치하기로 하고 평안도는 소서행장, 함경도는 가등청정, 전라도는 고바야카와 다카카게소조천융경 小早川隆景가 이끄는 제6군이 지휘하도록 하였다. 그리고 5월 13일에 도요토미 히데요시는 왜장들에게 조선 8도를 각각 점령하도록 하고 군량을 할당하는 문서를 보내었다. 이 문서에 의하면 전라도에서 징수하여야 할 군량은 총227만석으로 경상도의 289만석 다음인 두 번째 이었다.

임진왜란 초기에 전라도는 중요한 지역이었다. 전라도는 조선 8도중에 아직 왜군에게 침략당하지 않은 유일한 지역이었고 곡창지대이었다. 또한 후방에서 전라도 의병들이 왜군을 위협하고 있었다. 따라서 왜군 입장에서는 전라도 점령이 무엇보다도 절실하였다.

고바야카와 군대 1만6천명은 당장에 전주 점령 계획을 세운다. 이 보다 앞서 왜군은 별군을 편성하여 안코쿠지 에케이안국사 安國寺 에케이에게 지휘를 맡겼다. 이 사람은 안국사를 창건한 승려인데 절 이름을 그의 성姓으로 삼았다. 그는 스스로 전라감사로 칭하면서 여러 고을에 격문을 뿌려댔다. 그는 창원에서 남원을 거쳐 전주를 점령한다는 계획을 세웠으나 중간 지점인 의령에서 곽재우 의병 부대의 저지를 받았다. 이어서 거창에서 김면에게, 합천에서 정인홍의 의병에게 저지당하여 안코쿠지는 결국 지례로 올라가서 무주로 들어갔다.

안코쿠지의 상사인 일본 제6군 사령관 고바야카와는 한양에서 안코쿠지의 진로에 차질이 생겼다는 보고를 받고 지례 · 무주를 경유해 금산을 거쳐서 안코쿠지와 합류하였다.

금산에서 전주로 가려면 진안에 있는 웅치를 넘어가거나, 금산의 이치를 넘어야 한다. 왜군은 군대를 둘로 나누어 남군은 진안의 웅치를 넘고 북군은 금산의 이치를 넘어 전주에서 합류하기로 하였다.

한편 조선군은 김제군수 정담, 나주판관 이복남, 의병장 황박이 웅치를 지키고 있었고, 광주목사 권율과 동복현감 황진이 이치를 지키고 있었다.

7월 7일에 안코쿠지 부대가 이끄는 왜군 남군 3천명이 웅치를 넘는다. 조선군은 3중으로 방어진을 쳤는데 제1진은 황박, 제2진은 이복남, 제3진은 정담이 맡았다. 수 천 명의 왜군이 조총과 칼을 휘두르면서 공격해 오자 조선군은 화살을 날려 적의 선봉을 잘 막아냈다.

다음날인 7월 8일 늦은 아침, 왜군은 전 병력을 동원하여 진격하였다. 깃발을 등에 지고 칼을 휘두르고 조총을 쏘며 쳐들어왔다. 제1진 의병장 황박의 군사 2백 명은 필사적으로 저지하였으나 밀려났다. 그러자 제2진 이복남 군이 나섰다. 그러나 왜적은 2진까지 밀고 올라와 정상에 이르렀다.

정상에는 제3진 정담 부대가 포진하고 있었다. 정담은 백마를 타고 올라오는 적의 장수를 쏘아 죽였으며, 적이 계속 밀어 붙이어도 물러나지 않고 싸웠다. 얼마 뒤에 정담은 홀로 포위당했는데 부하 장수가 정담에게 후퇴시키기를 권하니 정담이 말하기를 '차라리 적병 한 놈을 더 죽이고 죽을지언정 차마 내 몸을 위해 도망하여 적으로 하여금 기세를 부리게 할 수는 없다' 하고 꼿꼿이 서서 동요하지 않고 활을 쏘아 빠짐없이 적을 맞추었다. 이윽고 적병이 사방으로 포위하자 군사들이 모두 흩어져 버리고 정담 혼자서 힘이 다하여 전사하였다. 나중에 김제군수 정담의 시체는 옷섶에 성명이 적혀 있어 찾게 되었다.

전투 후에 웅치의 긴 고갯길은 조선군의 시체로 즐비하였다. 승려 출신 왜장 안코쿠지는 아군의 시체를 모아 길가에 묻어 몇 개의 무덤을 만들고 그 위에 '조선국 충신, 의사의 간담을 조의하노라弔朝鮮國忠肝義膽' 라고 쓴 나무 팻말을 세웠다. 피비린내 나는 전쟁 중에도 아름답게 피어난 이야기이다.

7월 9일 왜군은 웅치를 넘어서 전주성 밖까지 진출하자 전라감사 이광은 겁이나 도망쳐 버렸다. 정말 비겁하다. 그런데 왜군은 이광이 도망친 것을 그들의 배후를 공격하여 올 것으로 생각하여 감히 덤비지 못하였다.

한편 전 전적前典籍 이정란은 백성들과 함께 전주성을 사수할 것을 결심하고, 낮에는 전주성에 깃발을 잔뜩 세우고 밤에는 봉화를 올려 군사가 많은 것처럼 위장하였다. 왜적은 전주성 방위가 튼튼한 줄로 알고 감히 전주성을 공격하지 못하고 물러났다. 이정란의 기지가 호남을 살린 것이다.

그러면 금산성을 점령한 일본군의 북군은 어떠하였을까. 고바야카와가 이끄는 왜군 제6군 1만6천명은 이치梨峙, 배티재를 넘고 있었다. 그들은 이치를 넘어 전주에서 왜군 남군과 합류하려고 하였다. 이치는 금산에서 전주로 가려면 반드시 넘어야 하는 고개로서 경사가 70도 정도에 달하는 고개이다. 이곳은 지금의 충남 금산과 전북 완주의 경계 고갯길로서 근처에 대둔산이 있다.

이치에는 광주목사 권율, 동복 현감 황진, 부장 위대기와 공시억 등 약 1천 5백 명의 전라도 군사들이 진을 치고 있었다. 권율은 이미 왜군이 이치를 넘을 것으로 생각하고 전투 준비에 만전을 기하였다. 그는 험한 지형을 이용하여 고갯길의 양편에 진지를 구축하였다.

권율의 대비는 철저했다. 복병은 물론이고 길 가운데와 길가 요소요소에 목책을 쌓고 함정을 파서 위장하였으며 마름쇠도 깔아놓았다. 화살과 돌멩이도 많이 준비하였다. 정상에는 5색 깃발을 세워 기세를 높이었고 검은 연기를 피워서 적이 우리의 병력을 알지 못하게 하였고 꽹과리, 북, 징, 세납 등 각종 악기를 울려 기세를 높이었다.

● 답사할 곳 ●

* 칠백의총 : 충남 금산군 금성면 의총리 216

* 종용사 : 충남 금산군 금성면 의총리 216

칠백의총내 종용사 사당(위), 종용사 안에 있는 조헌과 고경명 신위(아래)

07 현율과 황진, 이치전투에서 승리하다 (상)

금산 이치

금산 이치에서 싸운 조선군의 지휘관은 권율權慄 1537-1599이다. 도원수 권율장군. 그는 해군제독 이순신과 함께 임진왜란 7년 전쟁을 이끈 육군 원수이다. 특히 우리는 그를 1593년 2월 행주대첩에서 승리한 노장老莊으로 기억하고 있다. 그런데 정작 권율 장군이 1천500명의 호남 의병을 이끌고 이치 전투에서 승리한 장군임을 우리는 잘 모른다. 더구나 그가 임진왜란 초기에 광주목사였다는 사실을 아는 사람은 드물다.

권율은 영의정 권철의 막내아들다섯째 아들로서 경기도 강화에서 태어났다. 그는 마흔이 넘도록 벼슬을 못하였다. 권율은 아버지가 영의정이었으니 아버지 빽으로 벼슬을 할 수도 있었으나, 그는 그러하지 않았다.

권율은 '옛날 중국의 강태공은 현명하여도 나이 80세에 출사를 하였는데, 하물며 나는 아직 나이가 마흔 밖에 안 되었고 재덕 또한 그에 비하여 반의 반절에도 미치지 못하는데 어찌 공명을 바랄 것인가' 하며 벼슬하는 것을 조급해 하지 않았다.

그는 방에 들어앉아 글공부를 하는 것보다 영남, 호남, 호서, 관동 지방을 여행하면서 지리 공부에 푹 빠졌다. 금강산을 오랫동안 유람하면서 산수를 즐긴 적도 있었다.

그러다가 권율이 벼슬에 뜻을 둔 것은 그의 나이 46세 때인 선조 15년(1582년). 이 해에 그는 식년 문과에 합격하여 비로소 승문원 정자가 된다. 이후 그는 예조좌랑, 전라도 도사, 호조정랑 등을 역임하였다.

그는 임진왜란 때 병조판서를 다섯 번이나 한 백사 이항복李恒福 1556-1618의 장인이기도 하다. 오성부원군 이항복은 한음 이덕형과 함께 오성과 한음으로 잘 알려진 기지와 해학의 대표 인물로서 두 사람은 유성룡등과 함께 임진왜란 때 국난 극복에 앞장 선 젊은 관료이다.

이항복이 태어 날 때 그의 아버지는 58세이었다. 그는 아홉 살 때 형조판서를 한 아버지를 여의었고 16세에 어머니마저 돌아가시어 천애고아가 되었다. 한때 그는 골목대장으로 장난꾸러기였으나 열아홉에 권율의 사위가 된 이후 학문에 전념하여 나이 25세에 문과에 합격하였다. 그리고 1592년 4월 임진왜란이 일어났을 때는 36살의 젊은 도승지지금으로 말하면 청와대 비서실장였다. 그는 선조임금을 서울에서 의주까지 모시고 피난을 나선 인물이었다.

이항복이 권율의 사위가 된 일에 관하여는 재미있는 일화가 여러 개 전해 내려온다. 이항복이 아홉 살 때 일이다. 어린 이항복의 집에는 오래 된

감나무가 한 그루 있었는데, 커다란 가지가 담을 넘어 옆 집 안으로 휘어져 있었다. 가을이 되자 노란 감들이 열리면 옆집 노비들이 담을 넘어온 가지에 달린 감을 따먹었다. 그런데도 그 옆집은 권세가의 집이라 가세가 기운 이항복 집은 아무 소리도 못하고 지내었다. 그러던 어느 날 늦은 밤, 어린 이항복은 옆집 담을 넘어 권세가 대감의 사랑방으로 찾아갔다. 그리고 창호지 문을 뚫고 주먹을 쑥 집어넣었다. 그러면서 “이 손이 누구의 손입니까?”라고 대감에게 물었다. 갑자기 웬 주먹이 방안으로 들어오고, 철부지 어린아이의 소리에 다시 한 번 놀란 대감은 “이 손이 네 손이지 내 손이냐” 하였다. 이항복은 “아닙니다. 이 손은 대감님의 방안에 들어 왔으니 대감님 손이지요” 하는 것이었다. 그제야 감나무 사건의 사정을 알게 된 대감은 이항복에게 사과를 하였다. 그 옆집 대감이 바로 권율이었다. 이후 권율은 이항복의 똘똘함에 반하여 사위로 삼았다 한다.

그런데 백사 이항복의 행장에 의하면 이항복을 사위로 삼은 이는 권율이 아니라 권율의 아버지 권철이라는 것이다. 평안도 민담에는 이항복이 장가 간 이야기가 전해 내려오는데 여기에 권철이 등장한다. 이야기의 전말은 이렇다.

영의정 권철이 손녀의 사위 감을 선 보기위해 이항복의 집으로 갔다. 당시 이항복의 집안은 부모도 없이 가세가 기울었다 한다. 가족들은 바짝 긴장하고 권철을 맞이하였다. 허둥지둥 인사를 끝내고 권철이 떠나려던 순간 갑자기 이항복이 일어섰다. “선을 보러 오셨으면 진짜를 보셔야 하지 않습니까?”그리고는 이항복은 허리띠를 풀고 바지를 훽 내렸단다. 이 장면을 본 가족들은 너무나 놀랐다. 한편으로는 무안하기도 하고. 하지만 권철은 매우 흡족해 하며 이항복의 배포가 맘에 들어 그를 손녀 사윗감으로 낙점하였다 한다. 이항복은 열아홉 살에 권율의 무남독녀 외동딸의 사위가 된다. 이러하니 권율과 이항복은 단순한 장인과 사위 관계가 아니라 아버지와 아들 이상의 관계가 되었다.

1591년, 55세의 권율은 유성룡의 천거에 의해 의주목사로 특진한다. 이 때 이순신도 유성룡의 추천으로 정읍현감에서 전라좌수사가 되었다. 1592년 4월 14일 임진왜란이 일어나자 선조는 권율을 광주목사로 발령낸다. 전라도와 경상도는 적진이었다. 당직 중인 도승지 이항복은 권율과 작별의 정을 나누면서 "장인어른, 왜 그리 급하게 가시려 합니까"하였다. 이에 권율은 "국가의 일이 급하니, 이제 신하로서 죽음을 바쳐야 할 때이다. 어찌 잠시라도 지체하여 아녀자처럼 슬피 우는 모습을 보일 것인가"라고 하였다.

이후 광주목사 권율은 선조임금이 서울을 떠나 평안도로 피신하였다는 소식을 듣고 전라관찰사 이광과 함께 군사를 모아 서울로 향하였다. 그는 중위장으로 참전하였는데, 6월 5일과 6일에 전라 · 경상 · 충청 3도 연합군 5만 명이 경기도 용인 전투에서 2천명도 안 되는 와키자카의 왜군에게 힘없이 무너지고 말았다. 선봉장 이지시, 백광언이 전사하는 등 어이없이 패배를 당한 것이다.

다행히 광주로 돌아온 권율은 먼저 민심을 수습하고 후방을 안정시키는

데 주력하였다. 그는 우선에 약법約法 10조를 제정 공포하였다. 이를 몇 가지 소개하면 '농사일을 게을리 하지 말고 세금을 잘 낼 것, 무예를 닦고 자제를 군에 응소케 할 것, 유언비어에 현혹되지 말 것, 피난민이 오면 힘써 위로 할 것, 관리와 백성이 서로 도와 한 집안과 같이 할 것' 등이다.

이어서 권율은 전라관찰사 이광에게 군사를 일으킬 것을 건의하였다. 그러나 무능하고 비겁한 이광이 전혀 움직이지 않자, 권율은 스스로 의병을 모집하는 격문을 발표하고 군사를 모으기 시작하였다. 당시 관군은 군사도 몇 명 안 되고 허울뿐이어서 의병을 모집하게 된 것이다.

격문의 내용은 다음과 같다.

천운이 막히고 나라가 암흑의 운을 당하여 섬나라 왜놈이 틈을 만들어 백성들이 위급한 때를 당하게 되었다. 늑대의 어금니와 독사의 독이 전국에 깊게 퍼져서 닭소리나 개소리를 사방에서 들을 수가 없으니 삼천리강산의 위급함이 조석에 달렸노라. 슬프도다. 2백년 국가 기초가 공고함을 믿을 수 없어 임금은 평안도로 서천하였으니 그 누가 통분하지 않으리오. 단신으로 이곳에 와서 나 또한 조국에 몸을 바칠 뜻이 있으니 임금의 원수를 어찌 잠깐 동안이라도 잊으랴. 신하된 도리로서 함께 물불에라도 뛰어들 각오이다.

호남은 국가를 보위하는 근본이며 왕업이 창건된 곳이다. 도순찰사는 군사를 거두어 움직이지 않으니 국가에 봉사하지 못한 죄를 피할 길이 없다. 백성들은 적을 만나 피해를 입었으니 어찌 어진 사람이 있는 나라라고 하겠는가. 아! 슬프다. 각 고을의 남아들은 모두 나서 나라에 충성을 다하라.

나는 언제나 나랏일을 생각하면 피를 토하고 눈물을 지으며 한 몸을 돌보지 않고 두려움이 전혀 없으나 이리떼와 같은 적의 세력이 더욱 방자하고 광폭하는 이 때 오합지졸로는 적을 간단히 무찌르기 어렵다.

의병을 모집하여 피로써 맹세하고 왜적의 무리를 소탕하는 데 있는 힘을 다하여 함께 무찌를 것이다. 우리들의 성심을 다하고 우리 선조 대대로 물려온 산천을 맑게 하여 다시 반석위에 사직을 안정케 함으로서 우리의 공명을 길이 역사에 남기자. 나를 따라 왜적을 토벌할 사람은 속히 지정한 날짜에 모여 주기 바란다.

광주광역시 광주공원에 있는 권율장군 창의비

이러한 권율의 호소에 1천500명의 의병이 모였다. 광주 관내에서 500명, 전라도 인근에서 1천명이 모인 것이다.

광주공원에서 광주향교로 가는 길 오른편 기슭을 보면 철제 계단이 있고, 이 계단을 오르면 비석들이 스무 개 정도 있다. 이 비들은 역대 관찰사와 광주목사들에 관한 비석이다. 그런데 맨 앞줄 은행나무 바로 옆에 광주목사 권율과 관련된 비가 하나 있다. 도원수충장권공 창의비都元帥忠莊權公倡義碑가 그

것이다.

이 비 옆면 두 곳에는 권율과 같이 전투에 참여한 제공 명단이 적혀 있고 뒷면은 권율 장군의 업적이 한자로 간략하게 적혀 있다. 얼핏 읽어 보니 광주목사 시절에 약법 10조와 의병모집, 이치 전투에서 승리, 그리고 행주대첩 등이 적혀 있다.

경기도 고양시 행주 산성에 있는 권율 장군의 영정

뒷면의 비문 글씨는 권율의 11세 후손이 썼고 비문은 의금부 도사 송병순1839-1912이 지었다. 송병순이면 우암 송시열의 9대손으로서 1905년 을사보호조약 때 자결한 유학자 송병선의 동생이고, 그 역시 1910년 한일 강제병합에 실의하다가 1912년에 자결한 사람이다. 비문을 지은 해는 임인년이다. 서기로 환산하니 1902년이다. 1902년이면 우리나라가 외세에 무척 시달린 때이고 청일 전쟁에서 이긴 일본이 우리나라에서 주도권을 잡아가는 시기이다. 이 때 권율장군의 창의비를 세운 것은 일본의 침략을 막아보고자 하는 일념이 작용하였으리라.

비 양면에 새긴 참좌 제공의 이름을 일일이 읽어본다. 권승경, 이완근, 박희수, 고인후, 이충립, 김치원, 김극추, 박천용, 정사준, 김제민, 선거이, 표헌, 정사현, 송제민, 정귀세, 권동현, 정지영, 정충신, 이세환, 김경립, 박대수, 김덕령, 박종정, 고성후, 유사경, 정빈 모두 26명이다.

● 답사할 곳 ●

* 도원수충장권공창의비(권율장군) : 광주광역시 남구 구동 광주공원에서 광주향교 가는 길 근처
* 행주산성 : 경기도 고양시 덕양구 행주 내동 산26 전화번호 (031) 8075-4640

08 권율과 황진, 이치전투에서 승리하다 (중)

이렇게 1천5백 명의 호남 의병을 모은 광주목사 권율은 1592년 7월초에 전주에서 전라도 관찰사 이광을 만난다. 그는 이 자리에서 전라도 도절제사로 임명된다. 그리고 금산에서 전주로 넘어오는 이치를 방어선으로 정하고 동복현감 황진의 부대와 합세한다. 황진 부대에는 황박, 공시억, 위대기, 소제, 소황, 노홍, 양응원 등 무인들이 많았다.

권율은 황진 부대와 함께 이치 전투부대를 편성한다. 대장은 권율, 선봉장은 황진, 후군장은 황박, 기병장은 권승경, 편비장은 위대기와 공시억, 경계부대장은 노인, 병참 담당 운량사에는 소황과 소제가 임명됐다.

권율 장군과 함께 이치에서 싸운 인물은 황진黃進 1550-1593 장군이다. 황진은 남원 출신으로 세종 임금 시절에 청백리요 영의정을 지낸 황희 정승의 5대손이다. 그는 용맹하고 활을 잘 쏘았으며 기절氣節이 남보다 뛰어났다. 황진은 27세이던 1576년에 무과에 급제하여 1590년에 그의 삼촌인 조선통신사 정사 황윤길의 무관이 되어 일본에 들어갔다. 왜인들은 통신사 일행을 겁주고 깔보는 행위를 서슴치 않았고 그들의 무술 실력을 한껏 뽐내었다.

어느 날, 왜인들은 통신사 일행 앞에서 과녁을 세워놓고 그들의 활쏘기 실력을 보여주려 하였다. 그러자 황진은 그 과녁 곁에 작은 과녁을 세워놓고 화살을 쏘아 작은 과녁을 명중시키었다. 또한 연달아 두 발의 화살을 쏘아 새 두 마리를 한꺼번에 떨어뜨렸다. 왜인들은 감탄 하였다. 조신에 이런 무사가 있다니. 황진은 조선으로 귀국하면서 주머니를 털어 보검 두 자루를 샀다. 그리고 "머지않아 왜적이 반드시 쳐들어 올 것이니 그때 내 이 칼을 쓰리라" 하였다.

1591년에 황진은 동복 현감지금 화순군 동복면 일대으로 근무하였다. 이때에 그는 소금 수레를 끄는 여윈 말 한필을 샀다. 이 말은 마르기는 하였지만 여포의 천리마처럼 명마였다. 황진은 일과가 끝나면 갑옷을 입고 말을 달리면서 혹은 뛰어넘기도 하고 위로 솟구치기도 하며 용맹을 익혔다. 왜적과의 전쟁에 대비한 훈련이었다. 과연 무인다운 모습이었다.

임진왜란이 일어나자 그는 용인전투에 참여하였는데 그의 부대만 온전하게 살아서 전주로 돌아왔다. 그리고 황박, 공시억, 위대기, 처남인 소제, 소황 형제와 함께 권율의 부대에 합류한 것이다.

권율의 이치 전투 대비는 철저했다. 복병은 물론이고 길 가운데와 길가 요소요소에 목책을 쌓고 함정을 파 놓았으며 마름쇠도 깔아놓았다. 화살과 돌멩이도 많이 준비하였다. 산 정상에는 청 · 백 · 홍 · 황 · 흑 등 5색 깃발을 세워 기세를 높이었고 검은 연기를 피워서 적이 우리의 병력을 알지 못하게 하였다. 꽹과리, 북, 징, 납새 등 각종 악기를 울려 병사들의 사기도 높이었다.

마침내 1592년 7월 8일 새벽에 고바야카와가 이끄는 왜군 제6군 수 천명이 공격을 개시하였다. 적의 공세는 그 어느 때 보다도 거셌다. 왜적은 북을 치고 호루라기를 불면서 조총을 쏘아대고 칼과 창을 번쩍이며 정상으로 기어 올라왔다. 많은 산새와 짐승들이 놀라서 도망을 쳤다.

적이 산위를 집중 공격하자 아군 또한 용맹을 다하여 적을 막았다. 왜적이 낭떠러지를 타고 기어오르자 황진 장군은 나무에 기대어 총탄을 막으면서 활을 쏘았다. 모두 백발백중이었다. 전투는 계속되었는데 왜적은 크게 패하였다. 왜적의 시체가 쌓이고 피가 흘러 초목까지 피비린내가 났다. 황진의 부장 위대기도 복병으로 적을 급습하였고, 공시억 또한 최전선에서 활을 쏘고 돌을 던지며 왜적을 막았다.

그런데 선봉장 황진이 물러나는 왜적의 탄환에 맞았다. 이마에 피가 흐르고 황진은 쓰러졌다. 순간 왜적들의 사기가 높아졌다. 왜적이 다시 정상으로 기어올랐다. 그러자 총사령관 권율이 군사들을 직접 독려하여 싸웠다. 전투는 정말 치열하였다. 밀고 밀리는 일이 여러 번 있었으나 왜적은 아군의 사기를 꺾지는 못하였다. 마침내 왜적은 무기를 버리고 갑옷을 벗어던지고 금산 쪽으로 후퇴하였다. 적이 버리고 간 무기와 시체는 이치 골짜기에 가득하였다. 조선군의 압승이었다. 한편 죽음을 면한 황진은 다시 동복으로 돌아갔는데 도중에 전주에서 사람들이 길을 막고서 "황진장군이 아니면 전주가 어찌 무사 하였을 것인가"하면서 황진의 공을 칭송하였다.

일본은 임진왜란 3대 전투를 일컬을 때에 이치의 전투를 첫째로 친다. 권율도 행주대첩보다 이치전투를 더 의미 있는 전투로 회고하고 있다. 이치 싸움으로 말미암아 권율은 광주목사에서 나주목사로 영전하였고, 나주목사로 부임하기도 전에 전라도 관찰사로 승진하였다. 황진도 동복현감에서 익산군수 겸 전라도 조방장으로 승진하였다.

'권율장군 이치대첩비' 를 보러 이치 고갯길을 넘는다. 권율 장군 이치대첩비의 주소는 금산군 진산면 묵산리 산 79-34이다. 충남 금산에서 전북 완주로 가는 고갯길은 경사가 상당히 가파르다. 이치대첩비를 찾아가기는 그리 어렵지 않았다. 길 중간 중간에 권율장군이치대첩지 표시가 있다.

금산 이치대첩문. 권율장군 이치대첩비 입구 문이다.

한참을 가니 길 오른편에 주차장이 마련되어 있고 안내판이 하나 있다. 차에서 내려 안내판을 본다. 바로 금산이치대첩지 안내판이다. 이 안내판을 자세히 읽어 본다.

이치대첩은 대둔산 중허리를 넘어 전북 완주군으로 통하는 교통의 요지이며 전략상 중요한 곳이다. 임진년 7월 경상도와 충청도를 휩쓴 왜적이 군량미의 현지 보급을 피하여 이 배티재를 넘어 호남평야로 진출하려고 적장 고바야가와가 거느린 이만 병력을 이끌고 이 재를 넘으려 했다.

이보다 앞서 권율 장군은 동복현감 황진과 1천500여명의 군사를 거느리고 이 재를 지켜 왜적의 호남 진출을 막으려고 만반의 준비를 하고 있었다. 왜적은 수의 우세함과 승승장구한 힘을 믿고 단숨에 이 재를 넘으려고 덤벼드는 것을 장군은 전 병역을 독려하여 결사전을 벌려서 적을 섬멸하여 대첩을 올리니 왜적은 다시는 호남에 진출할 엄두도 못 내게 되었다.

이치대첩은 행주대첩, 진주대첩보다 앞서는 임진왜란 최초의 육전승전지로 국가 사적지로 지정 추진 중이며 그에 앞서 도 기념물 154호로 지정, 성역화 사업을 통하여 새롭게 단장할 전망이다.

안내판 위 언덕에는 사당이 하나 있다. 위쪽으로 올라가니 출입구가 있다. 문 이름은 이치 대첩문이다. 이 대문을 지나 대첩비각을 보았다.

그리고 권율 장군의 시호를 딴 충장사도 있다. 충장사 사당에는 문이 잠겨 있었다. 영정을 보지 못한 것이 아쉽다. 다시 대첩비각으로 내려왔다. 거기에도 권율장군 이치대첩비 안내판이 있다. 안내판을 읽었다. 비는 송병선이 지은 비문을 새겨 1902년에 금곡사에 건립되었다 한다. 이치대첩 당시 싸울 때 나던 쇠소리가 이치에서 약 10km 정도 떨어진 금성면 상가리 금곡까지 들렸다고 한다. 그런데 1940년 일본 경찰의 만행으로 금곡에 건립되었던 비와 사우가 파괴되었고, 현재 비는 1964년에 다시 이곳에 세웠다 한다.

송병선宋秉璿 1836-1905은 우암 송시열의 9대손으로 1905년 을사조약이 체결되자 시정 개혁과 일본에 대한 경계를 건의하여 왕의 동의를 얻었다. 뒤에 다시 대궐에서 왕에게 상소하려다가 일본 헌병대에 의해 고향인 대전 회덕 석촌 마을로 강제 이송 당하자 망국의 울분을 참지 못하고 자결한 애국지사이다.

금산 충장사

금산 대첩비각

대첩비각 안에는 비가 세 개 있다. '도원수권공이치대첩비' 라고 적힌 비와 '원수권공이치대첩비' 라고 적혀 있는 비 위부분만 있고 나머지는 없는 비, 그리고 '대첩비지址 기적비紀績碑' 가 그것이다. '원수권공이치대첩비' 는 일제시대에 일본 경찰에 의하여 부서진 비 같다.

새로 만든 '도원수권공이치대첩비' 는 앞면에 비 이름이 적혀 있고, 뒷면에는 이치대첩 기록이 적혀 있으며, 양면에는 권율 장군과 함께 싸운 여러 사람들의 명단이 적혀 있다. 한 면 맨 앞에는 황진, 권승경, 노인 이름이 적혀 있고, 다른 한 면 맨 앞에는 정충신, 황박, 김제민의 이름이 쓰여 있다. 이 명단을 모두 세어보니 147명이다. 이 중에는 이치전투와 행주대첩 등에서 싸운 사람들이 섞여 있는 듯하다. 이치 대첩에서 같이 싸운 자는 황진, 권승경, 노인, 노홍, 소제, 소황, 양응원. 신여국, 최희열, 김율, 박흥남, 박기수, 김엽, 김두남, 정사준, 양재현, 정충신, 황박, 김제민, 위대기, 공시억, 정봉수, 정홍수, 양대박, 나덕명, 최호, 김익수, 김경립, 김율, 김여숙 등이다.

도원수 권공 이치대첩비

이들에 대한 이력을 〈호남절의록〉과 최영희 등이 쓴 〈임진왜란과 이치대첩〉책에서 찾았다. 호남절의록은 1799년정조 23년에 간행된 책으로서 임진왜란과 병자호란 등 국난을 당해 절의한 호남출신 1천460명의 의사義士를 수록한 책이다. 다행히 최근에 한글로 번역이 되어 이치대첩비에 적힌 분들의 흔적을 찾기가 쉬웠다.

이치대첩비에 새겨진 권율장군과
함께 싸운 사람들 명단

대첩비지 기적비(대첩비각 안에 있다.)

● 답사할 곳 ●

* 권율 장군 이치대첩비 : 충남 금산군 진산면 묵산리 산 79-34
* 금산 충장사 : 충남 금산군 진산면 묵산리 산 79-34

09 권율과 황진, 이치전투에서 승리하다 (하)

'도원수 권율 장군 이치대첩비' 에 적혀 있는 여러 장수들의 내역을 살펴보자. 권승경1574-1625은 권율의 조카인데 바로 넷째 형 권준의 막내 아들이다. 그는 광주의 창의비에도 적혀 있는 인물이고 이치전투에서 기병장을 하였다. 노인魯認 1566-1622은 나주 출신으로 권율의 모병에 응한 의병장이다. 당시 27세였던 그는 100여명의 가솔을 이끌고 권율의 진영에 들어갔다. 이후 그는 1597년 남원 전투에 참여하다가 왜적에게 붙잡히어 포로가 되었다. 그리하여 일본에 끌려가서 지내다가 중국을 경유하여 귀국하였고, 문집으로 '금계집' 이 있다.

노홍은 장흥 사람으로 황진, 위대기와 함께 이치에서 싸웠다. 소제와 소황은 황진의 처남으로서 남원사람이다. 소황은 동생 소제와 함께 의병으로 참전하여 100석의 군량을 모아 황진 진영에 들어갔다. 양응원은 곡성 사람으로서 의병 수십명을 모아 황진 휘하에 들어가서 이치전투에 참여하였다.

정충신鄭忠信 1576-1636은 17살에 권율의 모병에 응모하여 그의 휘하에서 종군하였으며, 이치전투에 참전하였다. 그는 이치전투의 승리를 알리는 권율 장군의 장계를 가지고 의주로 향하였다. 그는 산을 넘고 강을 건너는 등 적진을 뚫고 선조 임금이 계시는 평안도 의주의 행재소에 장계를 전하였다.

당시에 도승지인 이항복이 장인인 권율이 보낸 장계를 보고 크게 기뻐하여 선조 임금에게 희소식을 알리었다. 그리고 이항복은 정충신을 예쁘게 보아 자신 밑에서 일하게 하였으며 이후 정충신은 승승장구 하였다. 그는 1624년에 이괄의 난을 평정한 공을 인정받아 금남군에 봉하여졌고 인조 임금의 사랑의 받았다. 광주의 금남로는 그의 이름을 기리는 도로 이름이다.

황박은 전북 함열 사람으로 의병 200명을 모아 웅치전투에 참가한 의병장으로서 황진과 같이 이치전투에도 참여하여 전사하였다. 김제민은 고부 출신으로 일재 이항의 문인이다. 그는 1573년 문과에 급제하여 화순, 순창, 함양군수를 하였다. 임진왜란이 일어나자 그는 격문을 돌리고 의병을 일으켜 대장에 추대되었다. 당시 호남의병은 3운運 즉, 세사람의 큰 인물 중심으로 결집하였는데, 일운이 나주의 김천일, 2운이 담양의 고경명, 3운이 고부의 김제민이었다. 김제민은 세아들 김흔과 김엽, 김안과 함께 거병하여 웅치전투에도 참여하였고 아들 김안은 웅치전투에서 김제군수 정담과 함께 전사하였다. 이어서 김제민은 두 아들 김흔, 김엽과 함께 이치전투에 참가하여 공의 세웠다. 이후 그는 1592년 11월 장성 남문에서 김경수 등과 함께 다시 창의하여 의병과 양곡을 모아 의병활동을 지속하였다.

위대기는 장흥 출신으로서 체구가 크고 용맹이 뛰어났다. 창검을 잘 썼고 800 근의 활을 잡아당길 수 있는 정도의 장사였다. 그는 황진과 함께 가장 무공을 많이 세운 장수였다.

공시억은 화순 동복 출신으로 용력이 뛰어 났으며 황진, 위대기와 함께 무공을 한껏 보인 장수이다. 박흥남은 남원출신으로 동생 박기수와 함께 황진 진영에 합류하여 전공을 세웠고, 정봉수는 무안출신으로 고향 사람 정현보와 같이 창의하여 수백명의 의병을 모았으며 이치전투에 참전하였다.

김율은 장흥 사람으로서 양곡과 병사를 모아서 아들 김여숙 조카 김여건, 김여홍과 함께 권율의 휘하에 들어가 참전하였다. 양대박은 광주 출신으로서 1590년에 진사가 되었고 임진왜란 때 아들 팽으로 하여금 의병 수백 명을 모아 권율을 종사케 하였다. 그런데 아들이 용인 전투에서 전사했다는 소식을 듣고 그는 "아비가 살고 아들이 죽는 것은 천지의 역리逆理이다"라 하고 사람들을 모아 이치전투에 참가하였다.

양재현1567-1592은 광주 출신으로서 임진년에 무과에 합격하여 방답진 첨사가 되었는데 임진왜란이 일어나자 권율과 함께 이치에서 싸우다가 이 전투에서 전사하였다.

그리고 보니 이치를 지킨 이들, 전주를 지킨 이들, 전라도를 온전하게 보전한 사람들은 호남 의병들이 대부분이다. 부모 형제가 함께 의병에 나선 사람들도 있고. 일가 친척, 노비가 모두 합심하여 왜적과 싸웠다. 관군이라고는 권율, 황진 등 지휘부 몇 명 정도이다. 호남 의병, 정말 자랑스럽다.

이제 충남 금산을 넘어서 전북 완주 땅으로 들어선다. '인삼 약초산업의 고장 금산' 이라고 써진 아치를 지나니 전북 완주 땅이다. 이곳의 주소는 전라북도 완주군 운주면 산북리이다. 완주로 들어서자마자 휴게소가 있다. 휴게소 주변은 상당히 넓은 공간이다. 마치 소공원 같다. 잔디밭을 걸으면서 자세히 살펴보니 황진 장군의 흔적이 있다.

'이치전적지', '이치대첩유허비', 그리고 '무민공 황진장군 이현대첩비'가 세워져 있다. 이치전적지는 1993년에 세워진 비이다. 이 비에는 전라도 도절제사 권율의 치밀한 방어진 구축과 주장 황진, 비장 위대기, 공시억 등이 이끄는 호남의병 1천500명이 이치에서 적을 궤멸하는 대첩을 이루었다고 적혀 있다. 이치대첩 유허비는 잔디밭 한쪽 끝에 세워져 있는데 매우 오래 전에 세워진 비 같다. 유허비 글씨가 잘 안보인다.

황진장군 이치대첩비. 멀리 대둔산이 보인다.

'무민공 황진장군 이현대첩비' 는 1999년에 사단법인 전라북도 향토문화연구회에서 세운 것인데, 비문은 송준호가 썼다. 비문 전문이 적혀있는 안내판도 별도로 있다. 여기가 전라도 완주 땅이고 황진 장군이 전라도 남원사람이니 그를 기념하는 비를 크게 세운 것 같다. 비문에는 황진장군의 일대기가 임진왜란과 연관하여 적혀 있다. 황진의 출생과 성장 그리고 이치 전투의 공훈과 1593년 6월 하순 진주성 싸움에서의 순절이 적혀 있다. 비문을 읽으니 조선왕조실록에서 읽은 황진의 졸기가 생각난다.

황진黃進은 황희 정승의 5대손으로서 용맹 건장하고 활을 잘 쏘았으며 엄중하고 충신하여 기절氣節이 남보다 뛰어났다. 통신사通信使를 따라 일본에 들어갔을 때 적의 상황이 반드시 전쟁을 일으키리라는 것을 살피고는 주머니 돈을 털어 보검 한 쌍을 사가지고 돌아와 말하기를, "머지않아 적이 올 것인데 이 칼을 써야 하겠다" 하였다.

동복 현감同福縣監으로 있을 적에 집무가 파하고 나면 갑옷을 입고 말을 달리면서 혹은 뛰어넘기도 하고 위로 솟구치기도 하며 용맹을 익혔다. 용인龍仁의 패전에서는 황진이 별부別部의 장수였는데 그의 부대만 군사를 온전하게 해서 돌아왔고, 이치의 승첩에서는 공이 제일이었다.

당초 진주에 이르러서는 나아가 밖에서 지원하려고 하였는데, 김천일이 특별히 머물게 하였다. 어떤 사람이 말하기를, "충청 병사忠淸兵使는 진주성 수비와 직접 관계가 없으니 밖에서 싸우는 것이 옳겠다"하니, 황진이 말하기를, "나는 이미 창의사倡義使와 더불어 공약을 하였으니 저버릴 수 없다"하였다. 왜란이 있는 이후로 모든 장수 가운데 행군에 법도가 있고 사졸에 솔선하여 옛날 명장名將의 풍도가 있는 자로는 모두가 황진을 추중하여 으뜸으로 꼽았는데, 재주를 다 발휘하지 못하고 죽었으므로 조야朝野에서 애석하게 여기지 않는 이가 없었다. 우찬성右贊成에 추증되었다.

참고로 황진 장군의 흔적은 더 찾으려면 전북 남원군 주생면 정송리에 정충사를 가면 된다. 이곳에 황진의 묘소와 신위가 모시어져 있다. 경남 진주시 진주성 안에 있는 창렬사 사당에도 황진의 신위가 모시어져 있다.

황진 장군의 이치 대첩비를 구경하고 나서 대둔산으로 향한다. 케이블카를 타고 정상까지 올라간다. 케이블카에서 이치 재를 본다. 재는 뱀처럼

이치전적지(우) 및 이치대첩유허비(좌)

대둔산에서 바라본 이치재

굽이굽이이다. 가파른 모습이 그대로 보인다.

대둔산 정상에서 이치 재를 내려다보며 권율과 황진이 이끈 이치전투를 생각한다. 호남 의병에 대하여 생각한다. 의를 지켜온 호남 사람들. 그 의리 정신이 국난을 맞아서 호국 정신으로 승화되었다. 그리고 호남사람들은 나이, 신분에 관계없이 목숨을 아끼지 않고 의병으로 참전하였다. 그래서 1천500명의 호남의병이 2만여명의 왜군을 막았다. 전라도를 지키고 임

뒤에서 바라본 황진 장군 묘소. 앞에 보이는 사당이 정충사이다.

진왜란의 전쟁 양상을 바꾸었다. 호남지방을 장악하여 병참기지화 하고자 하는 일본의 야욕을 막았다.

1592년 7월 8일이란 임진왜란 전쟁사에 있어 매우 의미 있는 날이다. 바다에서는 이순신이 한산대첩으로, 육지에서는 권율과 황진이 이치대첩으로 왜군을 물리쳤다. 그리하여 전라도가 온전하게 보존되었다. 호남국가지보장湖南國家之保障.

● 답사할 곳 ●

* 이치전적지, 이치대첩 유허비, 무민공 황진장군 이현대첩비 : 전북 완주군 운주면 산북리 대둔산
* 정충사 : 전북 남원군 주생면 정송리
* 창렬사 : 경남 진주시 남성동 진주성 내

2부 이순신, 네 번 싸워서 바다를 장악하다.

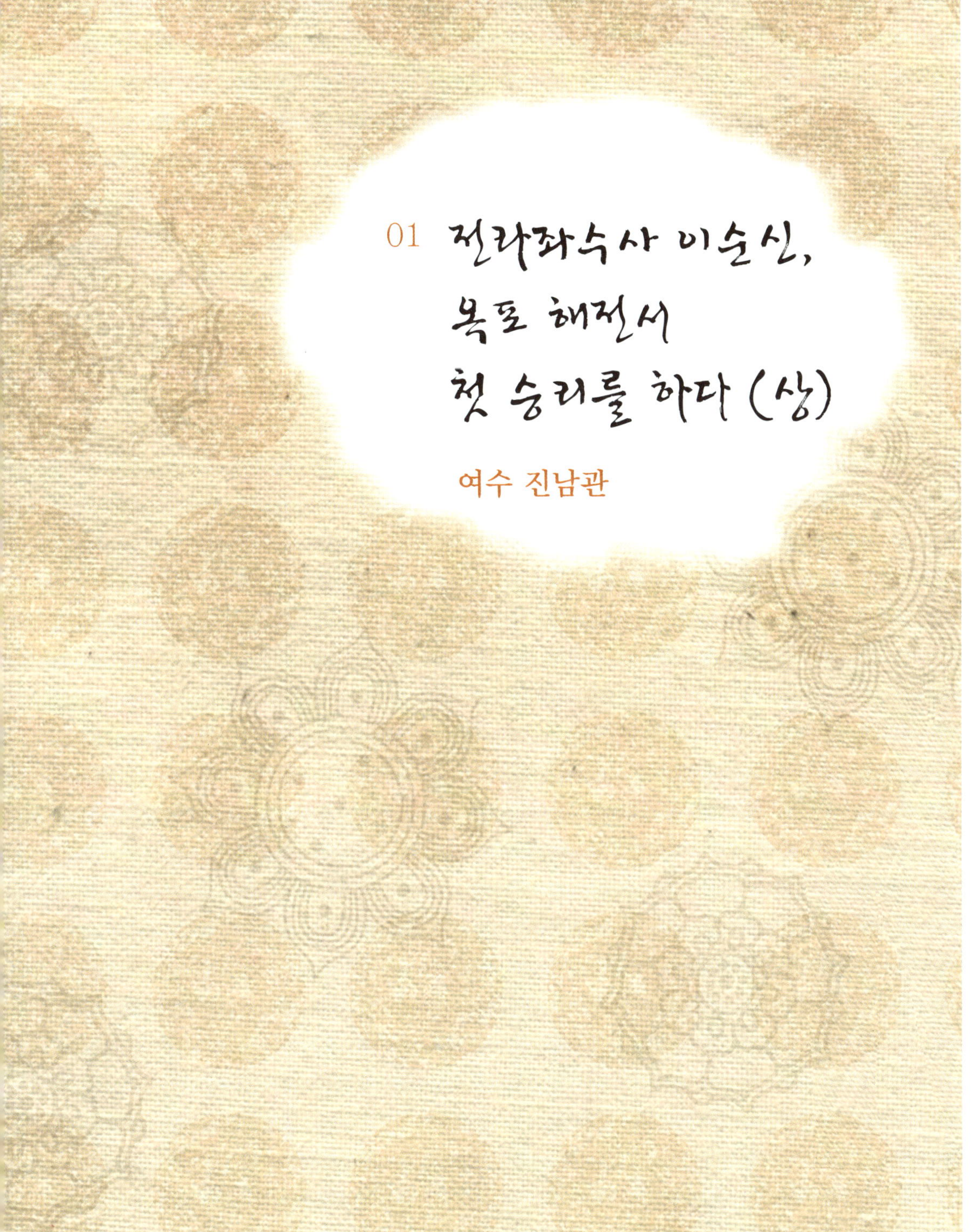

01 전라좌수사 이순신, 옥포 해전서 첫 승리를 하다 (상)

여수 진남관

1592년 4월 15일 임진왜란이 일어난 지 3일 후, 전라좌수사 이순신은 경상우수사 원균으로부터 연락을 받았다. 왜적 90여척이 부산 앞바다 절영도에 정박하였다는 것이다. 다음날 원균은 이순신에게 부산진이 함락되었다는 소식을, 4월 18일에는 동래성도 함락되었고 양산, 울산도 무너졌다는 소식을 또 보냈다. 이 소식을 들은 이순신은 분함을 참을 길이 없었다.

여해 이순신李舜臣 1545-1598. 그는 정읍현감으로 있다가 1591년 2월에 좌의정 유성룡의 추천을 받아 전라좌수사로 파격적으로 두 단계 승진하였다. 전라좌수사는 '전라좌도 수군절도사'의 줄임말인데 정3품 벼슬로서 전라좌수영 본영 여수 아래에 5관 5포를 관할하고 있었다.

5관 5포는 순천도호부순천시, 보성군, 낙안군순천시 통합 전의 승주군, 흥양현고흥군, 광양현광양시 등 오관과 방답진여수시 돌산읍, 사도진고흥군 영남면 금사리, 여도

여수 진남관

진고흥군 점암면 여호리, 녹도진고흥군 도양읍 봉암리, 발포진고흥군 도화면 내발리 등 5포를 말한다.

이순신은 젊은 시절인 1580년부터 1년 6개월 동안 발포만호로 고흥에서 근무한 적이 있었다. 그래서 전라좌수영은 그리 생소하지 않았다.

그는 부임하자마자 전란이 일어날 것을 예견하고 전쟁준비에 만전을 기하였다. 수군들을 훈련시키고 병기를 점검하고 배를 만들고 각 포구에 방어 철책 등을 구축하였다.

전라좌수영 본진 수군들은 여수 오동도에서 훈련을 하였고, 이순신을 비롯한 장수들은 전술 훈련과 활쏘기 등을 하였다.

고흥출신 조방장 정걸로 하여금 판옥선을 만들고 나주출신 군관 나대용으로 하여금 거북선을 만들도록 하였다. 특히 조방장 정걸은 이순신보다 30살이나 많은 장수인데도 이순신을 도와 개량된 판옥선을 만들었다. 거북선도 임진왜란이 일어나기 하루 전인 4월 12일에 지 · 현자 총통 시험발사 연습을 마친 상태이었다. 이순신은 관내 5관5포도 수시 순시하여 군대를 점검하였다. '난중일기' 에도 1592년 2월 19일부터 26일까지 관내를 순시한 기록이 나온다.

한편 이순신이 원균의 편지를 받은 며칠 후. 원균의 부하 이영남이 이순신을 찾아와서 원균을 요청한다. 선조수정실록 1592년 5월 1일 기록을 읽어 보자

진남관 입구의 통제문

경상 우수사 원균元均은 왜적들이 침입하여 오자 그 기세에 눌려서 도저히 싸울 수 없다고 생각하였다. 그래서 전함 100여척과 무기들을 모두 바다에 침몰시키고 수군 1만여 명도 해산시켜 버렸다. 그런 다음에 그는 홀로 옥포만호 이운룡과 영등포만호 우치적을 데리고 남해현 앞 바다에 정박하고 있다가 적을 피하여 상륙하려 하였다.

그러자 이운룡이 반대하여 말하기를 "사또에게 나라의 중책을 맡겼으니 의리상 관할 지역에서 목숨이 다할 때까지 싸우는 것이 도리일 것입니다. 이곳은 바로 전라도, 충청도 지방에 이르는 요새지이니, 만일 이곳을 잃게 되면 곧바로 전라충청 지방이 위태로워질 것입니다. 지금 우리 수군이 흩어져 있기는 하나 그래도 다시 모아 영내를 지킬 수 있을 것이니 전라도 수군에게 구원을 요청하도록 하십시오."

이 말을 듣고 원균은 그 의견에 따라 율포만호 이영남을 보내 이순신에게 구원을 요청하였다. (후략)

그런데 이순신은 "우리가 각자 책임을 맡은 구역이 있는 데 조정의 명령도 없이 마음대로 경상도로 출전할 수는 없다"고 하면서 원균의 원군 요청을 거절하였다.

이순신은 전쟁이 너무나 급박하게 돌아가는 상황을 예의주시하고 척후병들을 경상도 바다에 파견하여 정세를 파악하는 한편 조정에 관할 지역이 아닌 경상도에서 싸우겠다고 장계를 올린다. 마침내 4월 26일과 27일에 이순신은 조정으로부터 원균과 합세하여 적과 싸우라는 명령서를 받는다.

"네가 원균과 합세하여 적선을 격파한다면 적은 파멸에 이를 것이니, 너는 각 포구의 병선들을 독촉하여 급히 출전하여 기회를 잃지 않도록 하라."

4월 27일 이순신은 임금에게 '경상도를 구원 나가는 장계' 를 올리고 휘하 장수와 군사들을 4월 29일 까지 모두 좌수영으로 모이도록 하고 전라우수사 이억기 수군도 합류할 것을 요청하였다.

5월 1일 이순신 휘하의 모든 장수와 군사들이 여수에 집결하였다. 이순신은 좌수영 진해루에서 군사회의를 소집했다. 그는 여러 장수들에게 지금까지의 전황을 설명하고 경상도로 싸우러가는 문제에 대하여 의견을 말하도록 하였다. 중대한 문제에 대하여 난상 토론을 하게 함으로서 결집된 의견을 모아 전쟁에 한 치의 흔들림이 없도록 하기 위함이었다.

이 날 낙안 군수 신호를 비롯한 여러 장수들은 출전에 반대하였다. '전라도만 수비하면 되지, 관할구역이 아닌 경상도까지 가서 전투하는 것은 우리의 책임이 아니라' 는 신중론을 폈다.

그러자 군관 송희립이 나서서 출전을 주장하였다.

"대적이 침범하여 그 형세가 마구 뻗치었는데 앉아서 외로운 성을 지킨다하여 그 성이 보존될 수가 없으니 마땅히 출전하여야 합니다. 출전하여 다행히 이기면 적의 기세를 꺾을 수 있을 것이고 만약 죽는 다 하더라도 신하된 도리로서 부끄러운 일이 아닙니다. "

녹도만호 정운도 경상도 출전에 찬성하였다.

"평소에 나라의 은혜를 입고 국록을 먹는 신하로서 어찌 이럴 때에 죽지 않고 그냥 앉아서 바라볼 수만 있겠습니까? 왜적을 치는 데 전라도, 경상도가 어디 있습니까? 영남이 무너지고 나면 우리는 어찌 할 것입니까. 적이 울타리 밖에 있을 때는 막기가 쉽지만 울타리 안에 들어오고 나면 막기가 어려운 법입니다. 영남은 호남의 울타리인데 울타리가 무너지면 여

여수 석인(위), 진남관 앞 전경(아래)

기도 보전하기가 어렵습니다. 군병을 이끌고 나가 쳐서 영남을 돕고 한편으로는 호남을 지킬 생각을 안 하고, 그저 바라만 보고 눈 앞의 편안함만 찾으려 한다면 그야말로 적을 울타리 안으로 끌어들이는 격입니다."

여러 장수들의 토론을 듣고 있던 이순신이 마침내 입을 열었다.

"내가 그대들의 의견을 다 들었소. 이제 결심이 굳어졌소. 경상도로 출전하는 것이요. 이렇게 결정한 이상 차후에 다른 말을 하는 자가 있다면 용서 없이 군율에 처할 것이요."

여기에서 군관 송희립과 녹도만호 정운에 대하여 알아보자. 송희립宋希立 1553-1623은 임진왜란 이전부터 마지막 싸움 노량해전까지 이순신의 곁을 한 번도 떠나지 않은 이순신의 심복중의 심복이다. 그는 고흥출신으로 형 대립, 아우 정립과 함께 3형제가 모두 이순신 휘하에서 싸웠다.

정운鄭運 1543-1592은 해남 출신으로 28세에 무과에 급제하여 웅천현감 등을 지내다가 유성룡의 천거로 녹도만호가 되었다. 그는 항상 전투에서 앞장 설 만큼 용감하고 정의감 강한 사람이었다. 아깝게도 그는 1592년 9월 부산포 해전에서 전사하고 만다. 그의 유적으로는 순천 충무사, 고흥 쌍충사, 부산 동래 물운대 순절비 등이 있다.

5월 2일, 경상도 남해에 정탐을 보냈던 군관 송한련이 돌아왔다. 그는 남해현령과 상주포 · 곡포 · 평산포 만호 등이 모두 도망하고 무기등도 모두 흩어져서 남은 것이 없다고 보고하였다. 상황이 너무 나쁘게 돌아가고 있었다. 출동을 빨리 하여야 하는데 기다리던 전라우수영의 함대는 아직도 오지 않았다.

이순신은 조바심이 났다. 다음날 녹도만호 정운이 이순신에게 간청하였다.

"전라우수사 이억기는 기다려도 오지 않는데 적은 이미 서울까지 박두하였으니 더없이 통분함을 참을 수가 없습니다. 출전을 더 늦추다가 기회를 잃게 되면 뒷날 후회해도 돌이 킬 수 없을 것입니다."

드디어 이순신은 5월 4일에 출전하기로 명령을 내린다. 그런데 출전을 하루 앞둔 5월 3일 여도 수군 황옥천이 집으로 도망가는 사건이 일어났다. 출전이 두려운 일부 군사들의 심정을 바로 황옥천이 행동으로 옮긴 것이다. 이순신은 군법을 엄격하게 시행한다는 본보기로 그를 잡아다가 목을 베어 고소대에 높이 매달았다. 일벌백계로 군율을 확립한 것이다. 이 사실은 '난중일기' 에 나온다.

5월 4일 새벽2시 전라좌수군은 여수를 출발하여 경상도로 향한다. 왜군 스파이들이 눈치 못 채도록 한 밤중에 작전을 개시한 것이다. 출진한 배는 판옥선 24척, 협선 15척, 포작선 46척으로 모두 도합 85척 이었다.

그런데 실제로 전투가 가능한 배는 판옥선 24척이었다. 협선은 소형 배로서 수색 작전용 배이고 포작선은 어선으로서 수송및 연락선이었다. 그럼에도 그가 85척의 배를 동원한 것은 왜적과 대등하게 전투함으로서 처음 출전한 수군들의 사기를 진작시키고, 왜적에 대한 두려움을 줄이기 위함이었다.

5월 5일 어린이날에 충무공 이순신의 얼이 서린 여수를 간다. 여수는 마침 진남제 축제중이다. 옥포해전 출발일인 5월 4일에 시작되는 진남제는 세계 불꽃놀이 행사로 분위기가 무르익고 있다.

이순신의 유적을 찾았다. 전라좌수영 본영인 진남관, 고소동에 있는 이충무공 대첩비와 타루비, 이순신의 영정을 모신 충민사, 새로 조성된 이순신 광장, 거북선을 만든 선소, 그리고 이순신의 모친 변씨 부인 기거지, 오충사 등 여수는 가는 곳 마다 충무공 이순신의 흔적이 서려 있다.

이충무공 대첩비(우) 및 타루비(좌)

● 답사할 곳 ●

* 여수 진남관 : 전남 여수시 군자동 472
* 이충무공 대첩비 · 타루비 : 전남 여수시 고소동 620
* 여수 충민사 : 전남 여수시 덕충동 1260
* 여천 선소 유적 : 전남 여수시 시전동 708
* 오충사 : 전남 여수시 웅천동 631

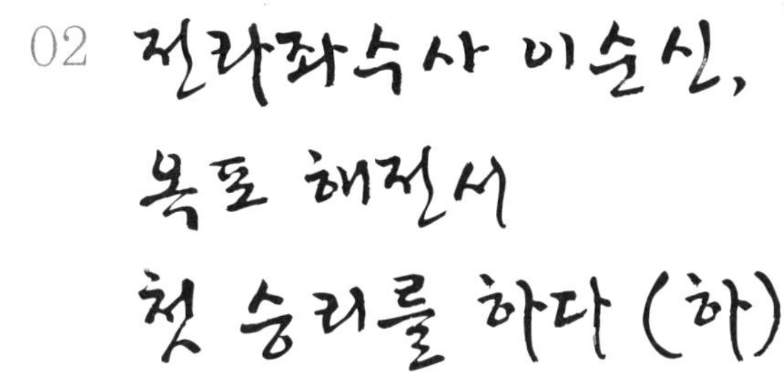

02 전라좌수사 이순신, 옥포 해전서 첫 승리를 하다 (하)

이순신 함대는 5월 4일 새벽 2시에 여수를 출발하였다. 왜군 스파이의 눈을 피하기 위하여 모든 사람이 잠 든 한 밤중에 작전을 개시하였다.

경상도 바다에 대한 물길 안내는 광양현감 어영담이 맡았다. 어영담은 무과에 급제하여 영·호남의 여러 진을 두루 다녀 물길의 험하고 순탄한 것과 멀고 가까움을 마치 자기 집 안마당 드나들듯이 훤히 꿰뚫고 있었다.

이순신 함대는 하루 종일 항해하여 날이 저물 무렵 경상우도의 소비포 앞바다에 이르러 정박하고 첫 날 밤을 보냈다. 5월 5일 새벽, 이순신 함대는 경상우도 수군과 합류하기로 한 당포에 도착하였으나 경상우수사 원균은 나타나지 않았다. 이순신은 쾌속정으로 당포로 빨리 나오라고 독촉하였다.

다음날 오전 8시쯤에야 원균은 한산도 근처에서 배 한 척을 몰고 왔다. 이윽고 남해현령 기효근, 미조항 첨사 김승룡, 소비포권관 이영남, 영등포만호 우치적, 옥포만호 이운룡 등 경상우도 소속 장수들이 전선 4척과 협선 2척에 나누어 타고 합류하였다.

이로써 조선 수군의 전력은 판옥선 28척, 협선 17척, 포작선 46척 도합 91척이 되었다. 이 날 전라좌도와 경상우도 수군 장수들은 작전회의를 거듭하고 그 날 밤은 거제도 송미포 앞 바다에서 보냈다.

5월 7일 새벽, 조선 수군은 다시 출발하여 왜군의 배가 있다는 천성, 가덕도 쪽으로 향하다가 정오 경 옥포 앞바다에 이르렀다. 이 때 우척후장 사도첨사 김완과 좌척후장 여도권관 김인영 등이 신기전神機箭 : 적이 있음을 알리는 화살로서 신호탄 역할을 함. 화살 끝에 편지 또는 불 주머니를 달아서 쏨을 쏘아 올려 황급히 적선 발견을 보고했다.

이로써 전라좌수영을 떠나 온지 4일 만에 첫 해전이 시작되었다. 왜선의 규모는 30여척 이었고 왜군들은 육지에 올라 약탈에 여념이 없었다.

이순신은 즉각 공격 명령을 내렸다. 하지만 첫 싸움이니 만큼 반드시 이겨야 한다는 부담감이 있었다. 1년 2개월간 전쟁 준비를 한 전라좌수군 이지만 실제 전투 경험은 전혀 없었다. 이순신은 전투에 앞서서 이렇게 명령했다.

"명령 없이 함부로 가볍게 움직이지 말라. 침착하게 태산같이 신중히 행동하라(물령망동勿令妄動 정중여산靜重如山)."

육지에 올라 노략질을 하던 왜군들은 조선 수군을 보자 겁도 없이 배에 올라 응전하기 시작하였다. 먼저 적선 6척이 덤벼들었다. 조선 수군은 동쪽과 서쪽으로 나누어 포위해 들어갔으나 막상 왜적의 공격에 주춤거리었다. 왜군에 대한 공포심이 아직도 남아 있었다. 그러자 녹도만호 정운이 나서서 전의를 북돋우었다. 요란하게 북을 치며 적을 추격하였다. 나머지 배들도 앞 다투어 세차게 화포를 쏘고 화살을 퍼부었다. 왜군들은 조총으로 맞섰으나 전세는 이미 막강한 화력을 가진 조선수군 편으로 기울었다.

이순신 함대는 이 해전에서 왜적의 배 26척을 격침하는 큰 승리를 거두었다. 이 싸움이 바로 옥포해전이다. 옥포해전은 임진왜란 중 육전과 해전을 망라하여 조선군이 최초로 승리한 전투이다. 옥포는 지금의 경상남도 거제시 옥포동에 있는 해안이다.

옥포해전에서 첫 승리를 거두자 조선 수군은 자신감을 가지게 되었다. 왜군에 대한 공포감도 사라졌다. 그래서 처음 승리란 이렇게 중요한 것이다.

5월 7일 이순신 함대는 거제도의 북단에 위치한 영등포 앞바다로 이동하여 하룻밤을 새우려고 했다. 그런데 오후 4시경에 척후병으로부터 급보가 날라 왔다. 왜선 5척이 지나간다는 첩보였다. 이에 조선 수군은 곧바로 추격을 시작하여 지금의 진해시인 웅천 합포 바다에서 적의 배를 포착하였다. 왜군은 배를 버리고 육지로 올라가 조총을 쏘아대기 시작했다. 이순신 함대는 사정거리 밖에서 정세를 살피다가, 배를 몰아 포구 안으로 들어가 일제히 급습했다. 이 전투에서 우척후장 김완, 중위장 이순신李純信, 중부장 어영담 등이 일본군의 대형선 4척과 소형선 1척을 모두 불태워버리는 승리를 거두었다. 이것이 두 번째 승리인 합포 해전이다.

이튿날인 5월 8일 새벽에 이순신은 지금의 진해시인 웅천 고리량에 왜군의 배들이 있다는 첩보를 받았다. 91척의 이순신 함대는 즉시 출발하여 주변을 수색하면서 돼지섬저도猪島을 지나 적진포에 이르렀다. 여기에서 왜군의 배 13척이 정박하여 있는 것을 발견하였다. 이들은 민가들을 습격하며 노략질을 하고 있었다. 조선수군은 도망가는 적을 추격하여 대선 9척과 중선 2척을 파괴하는 성과를 거두었다. 옥포 · 합포 해전 승리에 이은 세 번째 승리였다.

이렇게 이순신 함대는 제1차 출전에서 3전 3승을 거두며 적선 42척을 격침시키고 왜군들을 사살하였다. 아군의 피해는 부상자 단 1명이었다.

한편 해전을 마치고 아침식사를 하는 도중에 전라도사 최철견으로부터 선조 임금이 평안도로 피난을 갔다는 나쁜 소식을 접하였다. 이순신 함대는 서둘러 뱃머리를 돌려 전라좌수영 본영 여수로 출발하였다.

5월 9일에 여수로 돌아온 이순신은 임금에게 올릴 장계를 썼다. 그는 '옥포파왜병장' 이라고 이름 붙인 장계에 세 번 전투의 경과 및 같이 싸운 부하들의 전공, 인근 백성들의 동태와 앞으로 싸움의 방책을 상세하게 적었다. 그리고 5월 10일 부하 송한련과 김대수에게 선조 임금이 계시는 행재소로 가서 올리도록 하였다.

선조 임금은 이 장계를 5월 23일 평양에서 읽었다. 선조는 크게 기뻐하였다. 그날의 선조실록 기록을 보자.

> '전라좌수사 이순신은 수군을 동원하여 타도까지 깊숙이 들어가 적선 40여척을 격파하고 왜적의 목을 베었으며 빼앗겼던 물건을 도로 찾은 것이 매우 많았다. 비변사에서 표창을 하자고 청하니, 임금이 품계를 올려 주라고 지시하였다.'

이리하여 이순신은 한 계급 승진하여 가선대부종2품가 된다.

옥포해전은 임진왜란사중에서 아주 중요한 의미를 가지는 해전이다. 해전과 육전을 통하여 조선군이 거둔 첫 승리라는 점에서 그렇기도 하지만, 이 해전으로 바람 앞의 촛불 같은 위기에 놓인 조선이 실낱같은 희망의 불씨를 살릴 수 있게 되었다는 점이 더 큰 의미가 있다. 그리고 조선수군이 제해권을 장악할 수 있는 기틀을 마련함과 동시에 왜군의 바닷길을 막음으로서 전라도가 온전하게 보전 될 수 있었다.

후세에 전쟁사가들은 이순신 장군이 옥포해전에서 승리할 수 있는 요인으로 왜군의 준비 부족 및 상대적 열세, 우수한 배 판옥선과 화력이 앞선 대포총통, 이순신의 탁월한 지도력과 전술 등 3가지 요소를 꼽고 있다.

먼저 당시의 왜군 상황을 보면 왜군은 조선 수군이 쳐들어 올 것이라는 생각을 못하고 있었다. 그들은 인근 육지에서 노략질에 급급하였고 왜선들도 여러 곳에 분산되어 있었다. 군함 숫자로 보아도 조선수군은 91척이었으나 왜군의 배는 옥포해전에서 30척, 합포는 5척, 적진포는 13척으로 왜군이 상당히 열세이었다.

두 번째 조선수군의 승리 요소는 판옥선과 대포이다. 판옥선은 두꺼운 소나무 판자로 만든 배라는 의미로 백병전에 능한 왜적들이 쉽게 배에 오

바다에서 바라 본 여수시 전경

를 수 없도록 2층으로 만들었다. 그리하여 1층에서는 노를 젓고 2층에서는 군사들이 대포와 활을 쏠 수 있었다.

또한 조선 수군의 주력무기는 대포총통였다. 대포는 사정거리가 500보 정도로서 그 위력이 대단하였다. 그런데 일본의 배는 얇은 나무로 만들어져서 속도는 빠르나 대포를 장착하기에는 어려움이 있었다. 더구나 왜군의 전술은 백병전인 만큼 조총이 주무기였다. 조총은 사정거리가 100보정도이어서 근접 전투에는 유효하였다.

그래서 이순신은 해전에 근접 전투는 피하고 원거리에서 포격전으로 적을 격파한다는 작전을 구사한 것이다.

또한 이순신은 이번 전투를 위하여 적의 정세를 소상하게 파악하는 한편 군사들을 독려하여 신중하게 싸웠다. 이런 작전이 옥포해전을 승리로 이끈 것이다.

그러나 무엇보다도 옥포해전의 가장 큰 승전 요인은 전라좌도 수군들의 단합된 힘이다. 몸을 아끼지 않고 싸운 여수, 순천, 보성, 고흥, 광양 등 5관 5포 지역 수군들이 없었다면 쉽게 이기기 힘들었을 것이다.

전라좌수영의 본영이 있는 여수 진남관鎭南館은 국보 제304호로 기둥이 66개나 되는 우리나라 최대의 단층 목조건물이다. 남쪽을 진압하는 건물이란 의미의 진남관을 자세히 풀이하면 남쪽의 왜적을 진압하여 백성을 평안하게 하는 공관이란 뜻이다.

이순신의 난중일기에는 진해루鎭海樓에서 공무를 보았다는 기록이 나오고 바다를 제압한다는 의미의 진해鎭海에 해군사령부가 있다. 또한 전라좌수영의 본영 여수는 옥포해전을 시작으로 2차 당포해전, 3차 한산도 해전,

4차 부산포 해전의 출발지이다.

한편 경상남도 거제도의 옥포는 지금은 대우조선해양, 삼성중공업 등 우리나라 최고의 조선업체가 있는 곳이다. 임진왜란 때 국난 극복을 한 전승지 옥포는 이제 한국을 세계 1위의 조선강국으로 만든 조선소가 들어섰다.

여수 진남관

● 답사할 곳 ●

* 여수 진남관 : 전남 여수시 군자동 472

* 옥포대첩기념관 : 경남 거제시 옥포2동 1 전화번호 (055) 639-8129

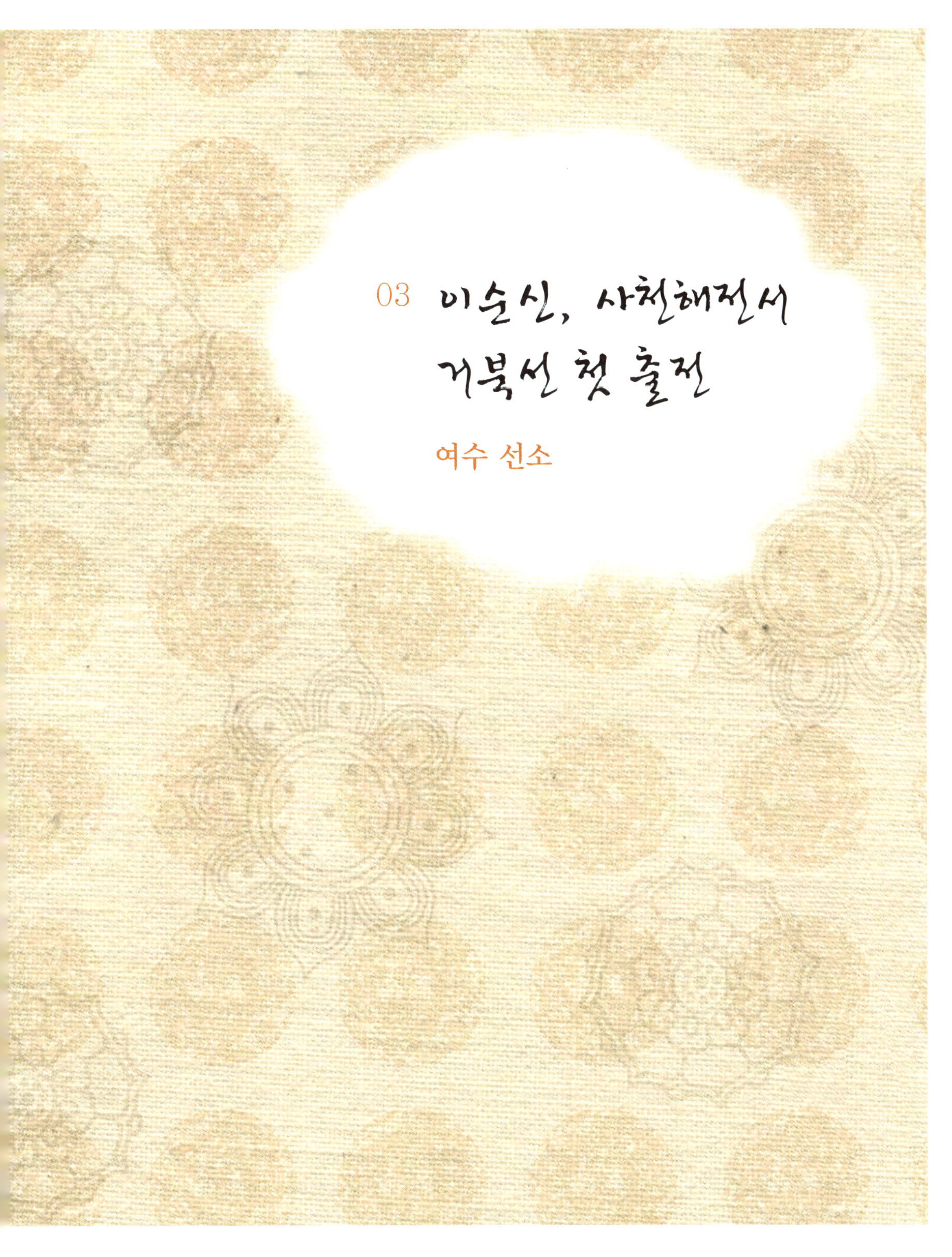

03 이순신, 사천해전서 거북선 첫 출전

여수 선소

1592년 5월 8일 전라좌수군은 옥포해전을 승리로 이끌고 여수로 돌아왔다. 그들은 잠시 휴식을 한 후 다시 출전 준비에 들어갔다. 이번에는 왜군 수군 심장부인 부산포 일대에 나가 왜선을 공격하기로 하였다. 수군들은 왜군의 백병전에 대비하여 실전 훈련을 더욱 빡세게 하였고, 신예함선 거북선 출동 준비도 철저히 하였다.

5월 27일에 이순신은 전라우수사 이억기에게 6월 3일에 여수에서 모여 함께 출전하자고 연락을 한다. 그런데 그 날 경상우수사 원균으로부터 급한 전갈이 왔다. 왜선 10여 척이 사천, 곤양까지 쳐들어 왔고, 자신은 경상도와 전라도의 접경인 노량까지 밀려 났으니 급히 출동하여 달라는 것이었다.

이순신은 이 급보를 받고 크게 당황한다. 사천은 여수에서 불과 50㎞ 밖에 안 떨어진 거리이다. 만약 왜군이 사천에 수군 진지를 구축하고 전라도로 쳐들어온다면 더욱 낭패이다. 이순신은 전라우수군을 약속날짜인 6월 3일까지 기다릴 수가 없었다.

5월 29일, 이순신은 전라우수사 이억기에게 이런 급보를 전하면서 곧장 따라 오라고 전갈을 하고 전선을 이끌고 출전하였다.

한편 출전하기 전 날 밤, 이순신은 이상한 꿈을 꾸었다. 꿈에 백발노인이 나타나 그를 발로 차면서, "일어나라. 일어나라. 적이 왔다"라고 고함을 쳤다. 이순신은 깜짝 놀라 일어났다. 그리고 노량으로 출진하였다.

2차 출전에는 순천부사 권준이 중위장을 맡았다. 권준은 1차 출전 때는 전라감영에 파견 나가 있었으나 이번에는 작전 사령관 역할을 맡은 것이다. 또한 구선돌격장이라는 새로운 직책에 이기남과 이언량이 임명되었다. 구선 돌격장이란 바로 거북선 함장을 말하는데 두 사람이 임명된 것은 두 척의 거북선이 이번 해전에 출동한다는 의미이다.

이순신은 전선 23척과 2척의 거북선을 이끌고 노량 앞바다에 이르렀다. 이윽고 전선 3척을 거느린 원균이 하동 선창에 있다가 이순신 일행을 맞았다. 이순신은 원균에게 왜적의 상황을 물었다. "적이 지금 어디 있소." "사천 등지에 이르고 있소."

이 이야기를 하자마자, 조선수군은 곤양 쪽에서 나와 사천 쪽으로 향하는 왜선 한 척을 발견하였다. 조선수군은 왜선을 쫓아서 사천으로 향하였다. 사천 선창 쪽을 바라보니 뒷산 험준한 곳에 일본군 400여 명이 길게 진을 치고 현란한 깃발을 꽂아놓았다.

제일 높은 봉우리에는 지휘소처럼 보이는 장막이 설치되어 있었으며 사람들이 분주히 오르내렸다. 언덕아래에는 12척의 왜선이 있었는데 지휘소의 장수가 칼을 빼들고 지휘하고 있었다.

전세는 왜적이 위에서 아래를 내려다보고 조선수군은 아래에서 위를 올려다보는 형국이어서 아군에게 불리하였다. 이순신은 활을 쏘아야 왜선에 미치지 못한다고 판단하였다. 접근해서 왜선에 불을 지르려 해도 썰물 때라 연안에서 싸우는 것 역시 불리했다. 더욱이 날도 저물고 있었다.

이순신은 후퇴하는 척하면서 적을 바다 가운데로 유인하는 전술을 쓰기로 했다. 이순신은 함대를 이끌고 도망가는 체 하였다. 아니나 다를까, 조선 함대가 배를 돌려 채 1마장400여 미터도 나가기 전에 왜적 200여명이 왜선을 타고 총을 쏘면서 공격하여 왔다. 그들은 산 위, 언덕위에서도 길길이 날뛰며 조총을 퍼부어댔다.

사천만 한 가운데로 왜적이 쫓아오자 이순신은 급히 뱃머리를 돌려 거북선을 앞세우고 적선 속으로 돌진하였다. 마침 조류도 밀물로 바뀌어서 조선 수군에게 유리하였다. 가장 선두에서 거북선이 쏜살같이 돌격하였다. 거북선 앞 용머리에서는 시뻘건 불이 나오고 연달아 대포알이 날았다. 대포알은 천天자, 지地자, 현玄자, 황黃자의 이름을 붙인 갖가지 총통에서 튀어나온 것들이다. 왜적들도 거북선에 맞서 조총과 화살을 쏘아댔다. 옥포해전과는 전혀 다르게 조선 수군과 왜군 사이에 전투다운 전투가 벌어졌다.

대장선에 탄 이순신이 맨 먼저 앞장서서 돌격하자 다른 장수들도 따라나섰다. 조선 수군은 철환과 총통 등 각종 중화기를 한꺼번에 쏘아 부으며 적진 가운데로 돌진했다. 이로 인하여 많은 왜적들이 죽고 상하고 도망치는 등 아수라장이 되었다. 왜적은 조선수군의 공격에 제대로 대항하지 못

서울 용산 전쟁기념관에 있는 거북선

하고 너도나도 배를 버리고 언덕으로 올라갔다. 아군은 닥치는 대로 적의 배를 부수고 불을 질렀다. 불태운 배는 모두 13척이었다. 왜적은 언덕 위에 올라가 불타는 배를 바라보고는 통곡을 해댔다. 조선수군은 왜적을 추격하려 하였으나 산에 수풀이 무성하고 날도 저물어 퇴각하였다.

이순신 함대는 사천 땅 모자랑포로 물러나와 캄캄한 그믐날 밤을 보냈다. 군사들을 점검하여 보니 상당수 장졸들이 부상을 입었다. 군관 나대용과 이설도 부상을 당하였다. 이순신은 부상자들을 일일이 챙기고 위로하였다.

사실 이순신 자신도 왼쪽 어깨에 총알이 박히는 상처를 입었다. 피가 발꿈치까지 흘러내렸으나 이순신은 활을 쏘면서 전투를 독려하였다. 그는 전투가 끝난 다음에야 통증을 느끼었다. 칼끝으로 살을 쪼개고 탄환을 꺼내었는데 깊이가 두 치나 되었다. 그는 태연하게 웃고 부하들과 이야기 하는 등 주위를 안심시켰다. 그렇지만 이순신은 이 부상으로 상당히 오랫동안 고생한 것으로 보인다. 1593년 3월에 이순신이 가장 친한 친구 유성룡에게 보낸 편지를 보자.

'비록 죽음에 이를 만큼 다치지는 않았습니다만 연일 갑옷을 입고 있는데다 다친 곳에 구멍이 넓게 헐어 고름이 줄줄 흘러 아직도 옷을 제대로 입을 수 없습니다. 밤낮을 잊고서 혹 뽕나무 잿물로 혹 바닷물로 씻어 보지만 아직 별로 차도가 없어서 민망합니다.'

여기에서 눈여겨 볼 것은 사천해전의 일등공신은 바로 거북선이라는 점이다. 거북선이 적의 진중을 헤집고 다니면서 총통을 쏘고 왜적을 혼란스럽게 만들어 승리한 것이다. 이순신이 임금에게 올린 장계에는 거북선의 활약 이야기가 나온다. 이를 읽어보자.

'그런데 신이 일찍이 왜적이 쳐들어 올 것을 염려하여 특별히 거북선이란 것을 만들었는데, 앞에는 용머리를 설치하고 그 입으로 대포를 쏘고, 등에는 쇠못을 꽂았으며, 안에서는 밖을 내다볼 수 있으나 밖에서는 안을 볼 수 없게 했습니다. 그래서 비록 수백 척의 적선 속이라 하더라도 돌진해 들어가서 대포를 쏠 수 있게 했는데, 이번 전투에는 돌격장이 타고 왔습니다.

그래서 먼저 거북선으로 하여금 적선들 속으로 돌진해 들어가서 천 · 지 · 현 · 황 등 각종 대포를 쏘도록 지시했습니다.' (1592.6.14 당포파왜병장 장계에서)

거북선. 거북이 모양처럼 생긴 돌격선. 백병전에 약한 조선 수군의 취약점을 보완하고 적선에 근접하여 적을 교란시키기 위하여 만든 신예 전투함. 이 배는 판옥선에다 덮개를 씌우고 등에는 쇠못을 꼽았다. 선체를 시커멓게 칠하고 거북이 모양으로 만들었다. 검은 거북은 동양의 전설에서 불로장생으로 알려진 바다의 영물이다. 절대로 죽지 않은 불멸의 바다신이다. 이런 거북선이 사천해전 왜선에 바로 근접하여 포를 쏘면서 적을 교란시키고 지휘부를 괴멸시켰으니 왜적들이 크게 놀라지 않을 수 없있으리라.

다행히도 거북선은 임진왜란이 일어나기 직전에 이미 만들어져 있었다. 이순신이 전쟁 중에 쓴 일기 '난중일기'를 보면 1592년 3월 27일과 4월 12일에 거북선에서 대포 시험 발사를 한 기록이 있다.

'3월 27일 날씨가 맑고 바람조차 없었다. 거북선에서 대포 쏘는 것도

여수 거북선 축제 때 사용한 거북선

시험해 보았다. 4월 12일 맑다. 아침밥을 먹은 뒤 배를 타고 거북선에서 지자포, 현자포를 쏘아 보았다.'

거북선이 언제부터 만들었는지는 알 수 없다. 한 가지 확실한 것은 이순신이 1591년 2월 전라 좌수사로 부임한 후에 전라좌수영에서 거북선을 만들었다는 점이다.

원래 거북선은 태종 임금 때 왜구의 침략에 대비하기 위하여 만든 배이었다. 태종실록1413년 2월 5일을 보면 '임금이 임진나루를 지나면서 거북선과 왜선이 서로 싸우는 훈련 모습을 구경하였다' 하였고, 태종 15년1415년 7월 16일에는 탁신이란 병조의 관리가 '거북선은 많은 적선들을 들이받지만 적선들은 거북선을 해칠 수 없으니 승리를 보장하는 좋은 계책이라 할 수 있습니다. 다시 견고하고 정교한 전함을 만들기를 건의합니다' 라는 기록도 있다.

태종은 왜구 정벌을 위하여 수군 전력 강화에 힘썼고 그 무렵 전선의 수가 500여척에 달하였다. 이후 세종이 집권하자 대마도 정벌에 나선다. 과학을 중흥시킨 세종은 화포 개량에도 힘썼는데 무려 28년의 세월이 걸리었다. '총통등록' 이라는 책자에는 화포 제조 기술이 수록되어 있는데 당시에 조선의 주물 기술은 가히 동양 최고였다.

조선의 전선戰船 건조 역사를 살펴보면 세종 때에 이미 백병전에 능한 왜구들이 쉽게 배에 기어오르지 못하도록 높이가 높은 배를 만들었고, 세조 때 신숙주는 전선 개량에 힘썼다. 이후 1555년 명종 때에 을묘왜변이 일어나자 조정은 소나무 판자로 만든 함포실겸 노꾼실을 갖춘 2층 배를 만들

었는데 이 배가 판옥선이다. 그리고 판옥선을 개조한 돌격선이 바로 거북선이다. 호남정신

여수 선소 유적

● 답사할 곳 ●

* 여천 선소 유적 : 전남 여수시 시전동 708

여수 충민사 유물관에 있는 부조. 군관민승이 함께 국난을 극복하였다.

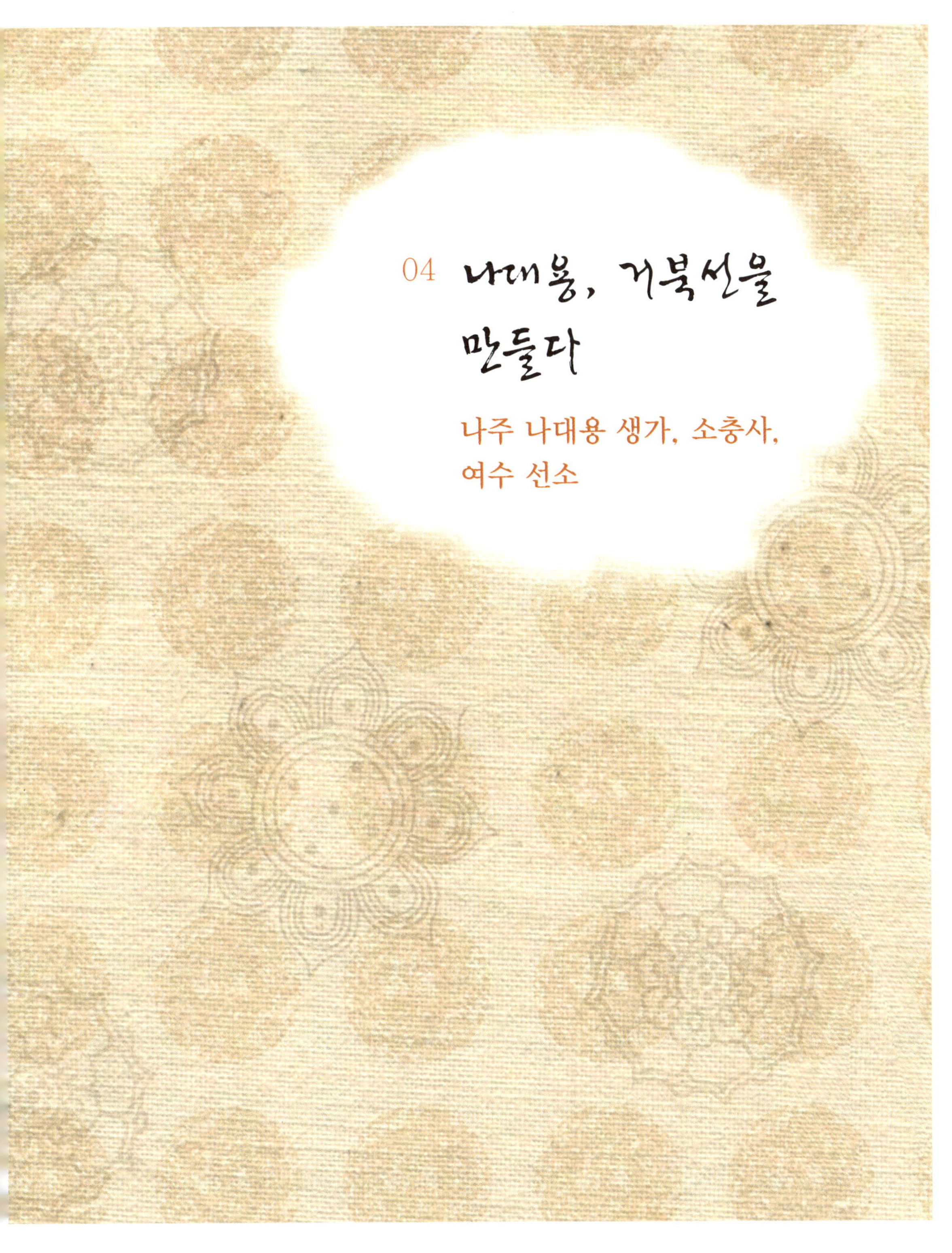

04 나대용, 거북선을 만들다

나주 나대용 생가, 소충사, 여수 선소

첨단 전투함 거북선을 제작한 실무 책임자는 군관 나대용羅大用 1556-1612이다. 나대용은 나주 출신으로 1583년 28세 때 무과에 합격하여 훈련원 봉사 등 무관을 하다가 1589년에 벼슬을 그만두고 고향 나주에 낙향하여 거북선 연구에 몰두하였다. 1591년에 그는 장차 왜구가 대대적으로 침입하리라는 소문과 이순신이 전라좌수사로 부임하였다는 소식에 사촌동생 나치용과 함께 거북선 설계도를 가지고 여수로 간다. 1591년 3월 나대용은 이순신에게 거북선 설계도를 보이면서 신예 전투함 제작의 필요성을 역설한다.

2004년 9월부터 1년간 방영된 KBS 인기 역사 드라마 '불멸의 이순신'에는 나대용이 이순신에게 덮개가 있는 거북선을 만들 수 있다는 말을 하는 장면이 나온다.

"덮개만 씌우면 되는 것입니까. 마치 초가지붕이 둥글어서 물이 미끄러져 내리듯 이 배에 둥근 모양의 덮개를 만들면 적들이 배에 접근하기가 어려울 것입니다. 또한 덮개가 있는 배를 만들면 적들은 우리를 보지 못하고 우리는 적들을 볼 수 있어서 대포로 깨뜨리고 불화살로 태워버릴 수 있습니다. 어떠한 공격에도 끄떡없는 돌격선을 만들어 빠르게 가까이 접근하면 적이 쉽게 무너질 것입니다."

이 얼마나 창의적인 발상인가? 자字가 '때를 기다리는 사람' 이라는 의미의 '시망時望' 인 나대용은 이렇게 이순신에게 말한다. 이 말을 듣고 이순신은 크게 탄복하여 즉각 그를 거북선을 만드는 최고책임자인 전선 감조 군관으로 임명한다.

이후 나대용은 1년여 동안 거북선 건조에 온 힘을 기울인다. 드디어 1592년 3월에 거북이 건조된다. 그리고 임진왜란이 일어나기 하루 전인 4월 12일 포격실험을 마친다.

사실 전라좌수영 거북선에 대하여는 제대로 알려진 것이 별로 없다. 거북선이 몇 척이었는지, 그 원형이 어떠했는지 확실하지가 않다.

기록에 의하면 임진왜란 초기에 전라좌수영에서 만들어진 거북선은 3척이었다 한다. 여수 망마산 아래 선소에서 만들어진 '본영 거북선', 고흥 방답진에서 만든 '방답 거북선' 그리고 순천에서 만든 '순천 거북선' 이 그것이다. 그리고 1595년 초에는 거북선은 5척이었고, 1597년 정유재란 때는 7~8척 이었다고 한다.

임진왜란 때 만들어진 거북선의 원형도 알 수가 없다. 거북선에 관한 기록이 이순신의 장계와 그의 조카 이분의 일기 등에 적혀 있는 정도이고 구체적인 설계도는 아직 발견되지 않았다. 임진왜란이 일어난 지 200년이 지난 정조 19년1795년, 정조임금은 이충무공에 대한 전집인 '이충무공 전서'를 편찬하였는데 여기에 거북선 설계도가 나온다.

그런데 이충무공 전서의 기록은 임진왜란 당시와는 사뭇 다르다. 이를테면 임진왜란 때는 거북선의 포문수가 14문인데 전서에는 36문에서 72문, 덮개위의 쇠못은 없어지고 그 대신 거북무늬를 덮었고, 포를 쏘는 용머리도 거북 머리로 둔갑되어 있다. 지금까지 거북선은 선체가 2층으로 알고 있지만 최근 어느 대학 연구소는 3층이라는 주장을 하기도 하였다.

한 가지 분명히 밝혀둘 것은 거북선은 철갑선이 아니라는 점이다. 거북선이 철갑선이라는 것은, 먼저 왜적들이 검은 칠을 한 덮개에 철제 송곳이 박혀 있는 목재 거북선을 철갑선으로 오해를 하였고, 일본 사람들의 이 이야기가 영국인에게 전하여지자 영국 브리태니커 백과사전에서 거북선을 '세계 최초의 철갑선'으로 기록한 데서 비롯되었다. 그리고 박정희 대통령 시절에 거북선을 철갑선이라고 과대 포장한 것이다.

거북선은 단지 판옥선 위에다 덮개를 씌운 배이다. 아무리 뛰어난 과학기술을 가진 조선이라도 16세기에 철로 만든 배, 철갑선을 만들지는 못하였으리라. 역사는 사실을 왜곡하여서는 안 된다. 역사학자는 국수주의에 빠져서도 안 된다.

과학자 나대용을 만나러 나주를 간다. 나대용 생가는 나주시 문평면 요룡리 오륜마을에 있다. 오륜마을의 노인정에서 차를 세웠다. 그리고 생가

나대용 생가. 나주시 문평면 오룡리 오륜길에 있다.

를 찾았다. 생가는 노인정 바로 뒤편에 있다. 오륜길 28-5라고 표시된 방 네 칸의 초가집이다. 오룡리五龍里라는 이름이 다섯 마리 용을 말하는 듯 한데 용이 들어가는 지명은 터가 좋은 길지인 것 같다.

초가집에는 경모당이라고 한문으로 적혀 있고 생가 입구에는 '나대용 장군생가 및 묘소' 안내판이 있다. 안내판에는 나대용 장군이 거북선에 대한 설계도와 제작과정을 연구하고 마을 앞 방죽골에서 첫 시험을 끝내고 1591년에 이순신 장군을 찾아가 거북선 제작을 건의하여 거북선 3척이 만들어졌다고 적혀 있다. 그의 묘소는 생가에서 약 3km 떨어진 문평면 대도리 산기슭에 있단다.

소충사 입구. 나대용 장군의 영정과 신위를 모신 곳이다.

이윽고 나대용 장군의 영정과 위패가 모신 소충사昭忠祠를 찾았다. 외삼문에는 '체암 나대용 장군 제398주기 추모식. 2010.4.21 주최: (사) 체암 나대용 장군 기념사업회' 라고 적힌 플래카드가 붙어 있다. 4월 21일은 과학의 날이다. 나대용이 돌아가신 날은 1월 29일이나 과학자 나대용의 업적을 더욱 기리기 위해 과학의 날에 제향을 모시는 것이리라. 외삼문인 충용문을 지나 안으로 들어가니 앞에 소충사 사당이 있고 오른편에 묘정비가 있다. 사당 안은 열려 있었다. 가운데에 영정과 위패가 놓여 있다. 영정은 나대용 장군이 호피 방석에 앉아 있는 모습이다. 위패는 '체암 나선생'이라고 적혀 있다. 목례를 하고 잠시 창의적 과학자 나대용 선생을 기렸다.

호남인인 그가 거북선을 만든 것이 정말 자랑스럽다. 행주대첩으로 유명한 도원수 권율은 "이순신은 나대용이 없었던들 그와 같은 무공을 세울 수 없었을 것이고, 나대용은 이순신이 아니었더라면 큰 이름을 이룰 수 없었을 것이다"라고 말하였다 한다. 그만큼 나대용의 업직을 높이 평가 한 것이다. 이어서 나주시 문평면 서원마을에 있는 송재사를 찾았다. 이곳에는 체암 나대용의 위패가 모시어져 있다. 그의 대 선배 송재 나세찬, 금호

소충사 사당

임형수와 함께.

며칠 후 여수시 시전동에 있는 선소를 찾았다. 선소는 거북선을 만든 곳이다. 이곳에서 거북선 제조 책임자 나대용이 거북선을 만들었으리라. 선소에는 인위적으로 축성한 굴강이 있다. 굴강은 배를 수리하고 건조하기 위하여 만든 도크이다. 근처에는 세검정과 풀뭇간 그리고 군기고가 있다.

해군충무공리더십센터에서 만든 책자에 의하면 1895년 삼도수군통제영이 혁파되면서 거북선도 자취를 감추었다 한다. 1910년 한일병합때 자결한 우리 시대의 마지막 선비요, '매천야록' 의 저자 매천 황현黃玹 1855-1910이 지은 한시 중에 '충무공 거북선 노래' 가 있다. 이 한시를 읽어 보면 구례에 살고 있는 황현이 여수에 놀러와서 거북선을 보고 한시를 지었으리라는 생각이 든다.

(전략)

좌수영의 남쪽 문이 활짝 열리고
북소리 둥둥 울리며 거북선 나타나네.
거북 같으나 거북이 아니며 배 같으나 배도 아니고
판옥 둥근 것이 고래 거품 뿜듯 헤쳐 나가누나.
네 개 발은 쉴 새 없이 차바퀴 마냥 돌아가고
비늘 돋친 양 겨드랑이엔 창구멍이 뚫렸어라

스물 네 개의 긴 노는 물속에서 춤추는 듯
밀창에서 노꾼들이 앉았다 누웠다 노를 젓네.
코로는 검은 연기 내뿜고 두 눈은 불길 마냥 붉게 타며
길게 펴면 용이 헤엄치는 것 같고 움츠리면 자라 같구나.

(중략)

2백년이 지난 오늘, 땅이 다시 허물어져
연기 뿜으며 증기선이 동쪽 바다를 달리는 구나.
불길 타오르는 조국 강토에는 범 같은 서양 사람들 몰려들고
하늘에 사무쳤어라. 도살하는 총탄이 울리는 소리

나주 송재사. 나대용의 신위가 나세찬, 임형수와 함께 모시어져 있다.

이충무공 같은 애국 명장이 있다면

나라 살릴 방책을 생각해 내리라.

거북선 만들어 이긴 그 묘한 지혜로 적과 맞선다면

왜놈들도 무릎 꿇게 할 것이고 서양 사람들도 멸할 것이다.

● 답사할 곳 ●

* 나대용 생가 : 전남 나주시 문평면 오룡리
* 나주 소충사 昭忠祠 : 전남 나주시 문평면
* 나주 송재사 : 전남 나주시 문평면 서원마을
* 여천 선소 유적 : 전남 여수시 시전동 708

05 이순신 장군, 당포 · 당항포 · 율포 해전에서 승리

사천해전에서 승리한 이순신 수군은 6월 1일에 함대를 이동하여 고성 땅 사량도 뒤쪽 바다에 진을 치고 밤을 지냈다. 이튿날 아침 8시경에 '왜선들이 당포 선창에 정박하고 있다' 는 정보를 입수하였다.

곧 함대를 이동하여 10시쯤 도착하였다. 그곳에는 약 300여 명의 왜적이 있었다. 그 중 절반은 성안에서 분탕질하고 있었고, 나머지 반은 성 밖의 험한 지대에 기대어 있었다.

정박하여 있는 왜선은 판옥선만한 대선 9척과 중간 배와 작은 배 12척으로 모두 21척이었다. 그 중에 대선 한 척은 높이가 6~7미터 정도 되는 누각이 있었는데, 밖으로는 붉은 비단 휘장을 둘렀고, 휘장 사면에는 '황黃' 자를 크게 써 놓았다.

그 속에 있는 왜장은 금관에 비단 옷을 입고 손에 금부채를 가지고서 왜군들을 지휘하고 있었고 조금도 겁을 내지 않는 모습이었다.

이순신 함대는 먼저 거북선으로 층루선 밑을 들이받으면서 용머리의 입으로 현자 철환을 쏘고, 또 천 · 지자총통과 대장군전을 쏘아 그 배를 깨뜨렸다.

이어서 이번 해전에 처음 동참한 중위장 순천부사 권준이 활로 일본 장수를 맞히었다. 작전 참모 권준은 원래 명사수였다. 곧 우척후장 김완과 군관 김무성이 달려들어 왜장의 목을 베었다. 이어 조선 수군은 한꺼번에 달려들어 포탄과 화살을 쏘아대니 왜적들은 도망가기에 바빴다. 이리하여 왜선 21척이 모두 격침되었다.

그러자 부산 쪽에서 몰려오던 왜선 20여 척이 도주하였다. 조선수군은 이 왜선들을 추격하였으나 날이 저물어 더 이상 쫓을 수 없었다. 조선함대는 진주땅 창신도에 정박하여 그 날 밤을 보내었다.

6월 3일 새벽부터 조선함대는 왜선을 찾기 위해 추도楸島 통영군 산양면 근처의 섬들을 수색하였지만 발견하지 못하고, 날이 저물자 고성땅 고둔포에 정박하였다.

6월 4일에 조선 함대의 사기를 진작시키는 좋은 일이 일어났다. 이억기 장군이 이끄는 전라우수군이 합류한 것이다. 원래 전라우수군은 6월 3일에 이순신 수군을 전라좌수영에서 만나기로 하였는데 이순신이 먼저 출발하자 신속하게 전라좌수군 뒤를 좇아 온 것이다. 이순신은 이억기를 보자 너무 반가워서 추궁하는 어조로 말하였다. "왜적들이 극성을 부려 나라가 위급한데 영공에서는 왜 이리 늦게 오시나이까?" 이로써 조선함대는 전라우수군의 전선 25척이 추가되어 전체 함선이 51척이 되었다.

여수 충민사. 이순신 · 이억기 · 안홍국의 영정과 신위를 모시고 있다.

전라우수사 이억기李億祺 1561-1597는 젊은 장군이었다. 왕실의 후손인 그는 나이 17세에 무과에 합격하여 21세에 종3품 경흥부사, 26세에 온성부사를 하였고 1592년에는 순천부사를 거쳐 전라우수사가 되었다. 이때 그의 나이는 32세이었는데 이순신보다 16살이나 아래였다. 의민공 이억기는 1597년 7월 원균이 이끈 조선수군이 왜군에게 모두 몰살한 칠천량 해전에서 순절하였는데 그의 신위는 여수 충민사에 이순신과 함께 배향되어 있다.

그날 이순신과 이억기는 함께 왜적을 쳐부술 계책을 의논하였다. 날이 저물었으므로 거제와 고성 사이의 땅 착량 앞바다로 가서 진을 쳤다. 5일에는 아침 안개가 사방에 끼어 조선함대는 늦게까지 움직이지 못했다. 그 때 왜적으로부터 도망쳐 나온 7·8명이 '당포에서 쫓긴 왜선들이 고성땅 당항포지금의 고성군 회화면 당항리에 머물고 있다'는 소식을 알려주었다.

이에 급히 함대를 당항포로 이동하였다. 거기에는 대선 9척, 중선 4척, 소선 13척 등 모두 26척의 왜선이 정박하고 있었다. 그 가운데 가장 큰 배 하나는 뱃머리에 판자로 된 3층 누각을 별도로 설치하여 놓았는데 전면에는 푸른 일산日傘을 세우고 누각 아래에는 흰 꽃무늬를 그린 검은 휘장을 쳤

여수 충민사에 있는 전라우수사 이억기 영정과 신위

다. 또 포구 밖으로 나오는 적의 대선 4척은 모두 검은 기를 꽂았으며, 각 깃발 마다 흰 글씨로 나무묘법연화경南無妙法蓮化經이란 일곱 글자가 씌어 있었다. 왜군들은 조선 함대를 보자 조총을 콩 볶듯이 쏘아 댔다. 이순신은 이 적선 4척을 포위 공격토록 하고 거북선에게 돌격명령을 내렸다. 거북선은 포를 쏘며 날쌔게 돌격하였다.

그런데 이순신은 왜적이 전세가 불리하면 또다시 배를 버린 채 육지로 올라가 노략질을 하는 것이 걱정되었다. 그래서 그는 적선들을 모두 넓은 바다로 끌어내서 섬멸하고자 유인 작전을 폈다. 조선함대는 일시 도망을 갔다.

과연 조선함대가 퇴각하는 체 하자 왜군들은 대장선인 3층 배를 호위하며 모든 배들이 바다로 나왔다. 조금 후에, 때가 무르익었다고 판단한 이순신은 마침내 총공격명령을 내렸다. 먼저 거북선이 왜장이 탄층각선 밑에 접근하여 대장선을 깨트리고, 다른 아군 배들이 불화살을 적선의 비단 장막과 돛에 쏘아 맞히었다. 마침내 대장선의 왜장이 화살에 맞아 아래로 굴러 떨어졌다.

왜장이 죽자 다른 왜선들은 도망가기에 바빴다. 이순신과 이억기 수군은 달아나는 왜선들을 포위하여 적을 사살하니 왜적의 머리를 벤 것이 43개이고 왜선은 1대만 빼고 전부 불태워졌다.

이튿날 새벽에 방답첨사 이순신李純信은 전날 도망간 왜선이 바다로 나올 것을 예상해 길목을 지키고 있다가 100여 명이 탄 왜선을 급습하여 50명 이상의 왜군 목을 베었다. 특히 이날 획득한 수급은 그들의 대장을 비롯한 장수만 8명에 달하는 큰 전과였는데, 이것은 전날 육지로 피신했던 일본군 지휘부가 한꺼번에 잡혔기 때문이다.

이 날은 짓궂게도 종일 비가 내렸다. 조선 수군은 더 이상 진군하지 못하고 저녁 무렵에 고성땅 마을간장丁乙干場에서 정박하였다.

6월 7일 새벽에 조선함대는 다시 출항하여 웅천땅 시루섬에 이르러 주변을 탐색하고, 정오경에는 영등포 앞바다에 이르렀다. 이때 율포에서 부산 쪽으로 도망하는 일본의 대선 5척과 중선 2척을 발견하였다. 율포는 지금의 경남 거제시 장목면 율천리인데 밤이 많이 나는 포구이다. 조선 수군은 역풍을 받으면서 추격하여 5리 정도를 서로 마주보고 근해까지 쫓아갔다. 율포해전은 속전속결로 끝났다. 왜선중 일부는 바다에서 따라잡아 격침시켰고, 나머지는 육지로 도망하므로 빈 배를 모두 격침시켰다. 이 전투에서 조선수군은 30여 급의 왜군 목을 베고 왜선 7척 모두를 격침시키는 승리를 거두었다.

이어서 조선함대는 부산 쪽을 향하여 가덕도 부근을 탐색하였고, 몰운대 부근에서는 함대를 두 편으로 나누어 수색하였으나, 왜적의 배를 찾지 못하고 함대를 거제땅 온천량의 송진포로 이동하여 정박하였다.

6월 8일에도 창원 땅 마산포, 안골포, 제포, 웅천 등지로 탐망선을 보내 수색하였으나 발견하지 못하고 그대로 송진포에서 머물렀다. 다음 날인 9일에도 웅천 앞 바다에 진을 치고 왜선을 수색하였으나 찾지 못하였다. 조선수군은 함대를 돌려 당포로 돌아와 밤을 지냈다. 6월 10일에는 미조항 앞바다에서 연합함대를 해산하고 각각의 본영으로 돌아왔다.

5월 29일부터 6월 10일까지 열 이틀간에 걸친 조선수군의 2차 출전 기간 동안 네 번의 해전이 있었다. 즉 사천, 당포, 당항포, 율포 해전이 그것이다. 이 네 차례의 해전에서 조선수군은 왜선 72척을 격침시키고, 왜적의 머리 수백 급을 베는 전과를 거두었다. 이리하여 조선 수군은 남해안을 장악하였을 뿐 아니라 육군이 다시 전열을 가다듬을 계기가 되었다. 영남과 호남 각지에서 의병들도 일어나기 시작하였다.

한편 전라좌수영 본영 여수로 돌아온 이순신은 6월 14일에 당포해전의 전과를 알리는 장문의 장계를 쓴다. 여기에는 해전의 경과가 소상하게 기록되어 있고 해전에서 사망하거나 다친 사람들에 대한 위로의 글도 적혀 있다. 이순신은 장계와 함께 전공을 확인하는 증거로 소금에 절인 왜적의 왼쪽 귀 88개를 궤 속에 올려 보낸다.

이 장계는 6월 21일에 평안도 용천에 피난중인 선조임금에게 전하여 진다. 선조임금은 오랜만에 얼굴에 미소를 지었다. 곧바로 조정에서는 이순신을 자헌대부資憲大夫 정2품 하계로, 이억기와 원균을 가선대부嘉善大夫 종2품로 품계를 높여준다. 한편 선조임금은 6월 23일 압록강 끝 의주로 피난한다. 이제는 더 이상 갈 데가 없는 변경이었다. 그리고 선조임금은 압록강을 건너 요동 땅으로 망명 갈 결심을 한다. 조선은 정말 망하려나. 호남정신

● 답사할 곳 ●

* 여수 충민사 忠愍祠 : 전남 여수시 덕충동 1260

06 세계 해전에

빛나는 한산대첩 (상)

경남 통영 한산도

주말에 경남 통영을 간다. 장맛비가 많이 내린다는 일기예보에도 아랑곳 하지 않고 길을 나선다. 현장을 제대로 답사하지 않고서는 기행 글이 써 지지 않아 아내와 함께 통영 가는 버스를 탄다. 출발 시간은 오후 1시 10분. 광주에서 통영까지는 2시간 30분이 걸린다.

버스에서 한산 대첩 관련 책을 자세하게 읽는다. 한산 해전은 1592년 7월 8일 조선 수군 1만 명과 왜군 1만 명이 한산도 앞 바다에서 격돌한 임진왜란 최대의 해전이다. 이 해전은 임진왜란의 분수령이 된 전투이고 세계 3대 해전중의 하나이다. 이 한산 대첩 상황은 이순신 장군이 7월 15일에 선조 임금에게 보고한 '삼가 적을 무찌른 일로 아뢰나이다' 로 시작하는 견내량파왜병장見乃梁破倭兵狀 장계에 소상하게 기록되어 있다.

1592년 6월 10일 제2차 출전을 마치고 여수로 귀환한 이순신 장군은 다음 해전을 위하여 전선을 정비하고 훈련을 하는 등 준비를 갖추면서 경상도 해역의 왜군의 동태를 수시 파악한다.

한편 당포와 당항포에서 또 다시 일본 수군이 패하였다는 소식을 들은 도요토미 히데요시풍신수길는 크게 노한다. 그리고 긴급 작전회의를 소집한다. 이 회의에서 도요토미 히데요시는 참모들에게 이순신이라는 장군이 누구인지를 물었으나 자세히 아는 사람이 없었다.

6월 23일에 풍신수길은 일본 수뇌부에게 조선 수군을 전멸시키라는 강력한 명령을 내린다. 즉 연합함대를 결성하라고 하면서 쿠키 요시타카를 함대 사령관으로 육전에 참가 중이던 해군 장군 와키자카 야스하루를 선봉장으로, 가토 요시아키를 참모장으로 삼는다는 군령을 내린다.

이 군령은 왜군 한성사령부를 통하여 급히 하달되었다. 선봉장 와키자카도 이 지령을 받았다. 그런데 그는 연합함대에 합류하라는 상부의 명령이 달갑지 않았다.

그는 그깟 조센징 함대 하나를 가지고 왜 이리 호들갑을 떠는지 모르겠다면서 자기 휘하의 병력만으로도 조선 수군을 이길 수 있다고 장담하였다. 와키자카는 5월에 있었던 용인전투의 용장이었다. 그는 1천600명의 소수 병력으로 5만 명의 조선군을 무찌른 바 있어 조선군을 얕잡아 보았고 공명심과 자신감이 넘쳐 있었다.

그는 휘하 대장들에게 단독으로 해전을 치르겠다는 결심을 하고 이동 채비를 서둘렀다. 그리하여 와키자카는 쿠키와 가토가 출전준비를 하는 동안 단독으로 출전을 감행한다. 와키자카 부대는 대선 36척, 중선 24척, 소선 13척 도합 73척으로 조선수군을 섬멸하고자 김해를 떠나 거제도 쪽으로 향하였다.

이런 상황에서 조정에서는 이순신과 이억기에게 경상도로 출전하라는 명령을 내렸고, 이순신 또한 경상도 가덕도, 거제도 등지에 왜선 10여척 내지 30여척이 수시로 출몰한다는 첩보와 함께 전라도 금산 지역에도 왜군이 다가와 수륙으로 침범할 조짐이 있다는 정보를 얻었다.

드디어 이순신 장군이 이끄는 전라좌수군은 이억기의 전라우수군과 7월 4일 전라좌수영 본영 여수에서 합류한다. 5일에는 전라좌우도 연합함대는 작전 계획을 논의하고 6일에 3차 출전을 한다. 이 날 전라도 연합함대는 남해의 노량에 도착하여 원균과 합류한다.

원균은 깨어진 전선 7척을 수리하여 거느리고 왔다. 당시에 조선 수군 연합함대는 총 58척이었는데 여기에 거북선도 여러 척 있었다. 이날 연합함대는 진주 땅 창신도에서 하룻밤을 지낸다.

조선 함대는 출항 둘째 날인 7월 7일에 동풍이 크게 불어 항해하지 못하다가 날이 저물 무렵 고성 땅 당포에 도착하였다. 이때 미륵 섬의 목동 김천손이 와서 "왜선 70여척이 오늘 오후 2시 영등포 앞 바다를 지나 고성과 거제도의 경계인 견내량見乃梁에 머물고 있다"는 정보를 알려주었다. 견내량은 경남 거제시 사등면 덕호리와 통영시 용남면 장평리를 잇는 거제대교의 아래쪽에 위치한 좁은 해협이다.

이 정보에 따라 조선 함대는 7월 8일 아침 일찍 왜적의 함대가 있다는 견내량으로 출발하였다. 조선 함대가 한산도 앞바다를 지나 견내량 근처에 이르렀을 때, 일본의 척후선으로 보이는 대선 1척과 중선 1척이 조선함대를 발견하고 저들의 본대가 있는 포구 쪽으로 들어갔다.

조선함대는 이들을 추격하였다. 과연 첩보의 내용대로 왜선 70여척이

경남 통영 한산도 앞 바다

대열을 이루고 있었다.

견내량은 수심이 얕고 암초가 많아 대형선박이 항해하기 어려운 긴 해협이었다. 지금도 견내량은 길이가 약 3km, 폭은 약 180m에서 400m까지, 수심은 2.8 미터 정도 되는 좁은 해협이다.

이순신은 이곳에서 판옥선 같은 큰 배는 서로 부딪쳐서 싸우기가 어렵다고 판단하였다. 그래서 한산도 바다 가운데로 끌어내어 섬멸할 계책을 세웠다. 이순신은 넓은 바다로 왜적을 끌어내는 것이 급선무라고 생각하여 전선 5-6척을 보내어 일본 함대의 선봉과 싸우다가 도망가는 작전을 세웠다. 왜적들은 도망가는 조선 수군을 보고 일제히 돛을 올리고 맹추격에 나섰다.

일본 함대는 견내량에서 한산도 바다까지 약 18km에 이르는 거리를 2시간 동안에 이순신 함대를 추격하였다. 이 2시간 동안 와키자카는 조선 수군이 싱겁게도 겁쟁이라고 생각하였다. 이즈음 이억기와 원균의 함대는 한산도 근처의 섬 화도와 방화도 등에 숨어서 왜적을 기다리고 있었다.

한산섬의 거북 등대

이윽고 버스는 섬진강 휴게소에 도착한다. 15분간 휴식이다. 휴게소에서 남해안 관광안내지도를 보았다. 거기에는 남해안 지명이 비교적 상세하게 나와 있다. 통영과 거제 그리고 한산도 지명을 찾아보았다. 그리고 보니 한산 해전의 장소를 어느 정도 알 것 같다. 버스는 이제 섬진강 다리를 지나 경상도 땅에 이르렀다. 나는 한산 해전의 하이라이트 대목을 한참 읽어 내려간다.

한편 뒤도 돌아보지 않고 줄곧 도망만 가던 이순신 함대는 한산도 앞바다에 이르자 갑자기 세 갈래로 나누어졌다. 그리고 왜선을 향하여 돌진하기 시작하였다. 이 광경을 본 왜군들은 너무나 의아하게 생각하였다. 숨겨진 계략이 있는 것인지 아니면 더 이상 도망가지 못하여 사생결단을 하려는 것인지 알 수가 없었다. 와키자카는 조선 함대를 섬멸하고자 총공격을 명하려는 순간에 갑자기 '쾅! 쾅!' 하는 포성이 등 뒤에서 연이어 울려 퍼졌다. 뒤에서 포위하고 있던 이억기와 원균의 수군들이 화포를 쏜 것이다. 앞에 있던 이순신 함대도 학의 날개가 깃을 펴는 모양의 진법 소위 학익진鶴翼陣으로 왜선을 둘러싸고 일제히 공격하였다. 공격의 선봉은 거북선이었다. 거북선 돌격대는 지자, 현자 총통을 발사하면서 왜석의 선봉선 2-3척을 일시에 격파하였다. 왜군 함대도 필사적으로 돌격을 하였으나 사기가 꺾인 상태라 역부족이었다.

더구나 이순신 함대는 좌우 척후장, 좌우 거북선 돌격장, 좌우 특공대장 등 선단을 학의 날개모양처럼 펴고 함포를 마구 쏘아대었다. 특히 왜군들에게 장님배라고 불리는 거북선은 왜선에 바로 근접하여 왜선을 들이받고 전후좌우 20여문의 대포를 일제히 쏘아대어 왜선들이 마구 피해를 입었다.

앞에는 이순신 함대, 뒤에는 이억기와 원균의 함대에 포위된 일본 함대는 서로 엉키어서 아수라장이었다. 일본이 자랑하는 맹장 와키자카는 창피하게도 '후퇴하라' 는 명령을 내리었다. 왜선들은 도망가기 시작하였으나 이미 겹겹으로 포위되어 크게 무너지고 말았다.

"그때 모든 장수들과 군사들이 승리한 기세를 타고 서로 다투어 돌진하며 포탄과 화살을 교대로 쏘아 댔는데 그 형세는 마치 바람 불고 천둥치는 듯했습니다. 그래서 적선을 불사르고 적병을 사살하는 일을 한꺼번에 해치워버렸습니다." (- 7월 15

일, 이순신의 '견내량파왜병장 장계')

한산도 해전에서 와키자카 함대는 불과 2-3시간 만에 완전히 궤멸되었다. 왜군은 최소 3천명이상 살상을 당하였고 47척의 배가 불태워졌으며 12척이 나포되었다. 다만 적진 후방에 있던 14척의 배들만이 멀리 김해쪽으로 도망을 갔고 전투중인 400여명 왜군들이 살아서 한산도가 육지인 줄 알고 헤엄쳐 도망갔다. 나머지는 모두 도륙 당하거나 수급이 베어졌다.

승리를 장담하던 39세의 왜군 총사령관 와키자카는 구사일생으로 살아남았다. 그러나 그의 부장으로서 해적 출신인 와키자카 사베에, 그리고 와타나베 시치에몬은 전사하고 선장 마나베 사마노조는 한산도에 상륙하였다가 할복자살하였다. 일본 측으로 보면 참으로 비참한 패전이었다.

나중에 이순신은 한산 해전의 전과를 선조 임금에게 보고 하면서 그 때의 전투 기록을 상세하게 적고 있다.

순천부사 권준, 광양현감 어영담, 사도첨사 김완, 흥양 현감 배흥립, 방답첨사 이순신李純信, 좌돌격장거북선 돌격대장 이기남, 낙안군수 신호, 녹도만호 정운, 좌도별장 윤사공과 가안책, 발포만호 황정록, 참퇴장 이응화, 우돌격장 박이량, 유군 제1영장 손윤문 그리고 제5영장 최도전 등의 전공을 자세히 기록하고 있다.

이렇게 전라좌수군 장수와 부하들의 전공을 소상하게 일일이 기록하여 임금에게 아뢰는 이순신의 지극 정성은 감동적이다. 공을 부하에게 돌리는 그 마음이야 말로 이 시대의 리더들이 정말 본받을 만한 일이다. 더구나 한산대첩의 전투기록이 이렇게 상세히 남아있어, 해전사 연구 사료로서 큰 가치가 있으니 후세 역사가들이 이순신을 기록의 달인으로 크게 평가할 만하다.

● 답사할 곳 ●

* 한산도 : 경남 통영시 한산면
* 제승당 : 경남 통영시 한산면 두억리 875 전화번호 (055) 642-8377
* 한산도 충무사 : 경남 통영시 한산면 두억리

07 세계 해전에 빛나는 한산대첩 (중)

통영으로 가는 버스 안에서 나는 1592년 7월 10일에 있었던 안골포 해전 관련 글을 읽는다. 7월 8일 밤이 저물도록 한산도 앞 바다에서 왜적을 소탕한 조선 함대는 견내량에서 하룻밤을 보냈다. 그리고 이튿날 가덕도 쪽으로 순항하였다. 그 무렵 왜군 신예함대 40여척이 부산에서 가덕도를 거쳐 안골포로 향하고 있었다. 이순신 장군은 7월 9일 해질 무렵에 "왜선 40여척이 안골포에 정박하고 있다"는 척후선의 보고를 받았다. 이 보고를 받고 이순신은 이억기, 원균과 함께 대책을 논의하였으나 날이 저물었으므로 거제 땅 온천도현재의 칠천도에서 다시 하룻밤을 보냈다.

조선함대가 7월 10일 새벽에 출발하여 안골포에 도착하니 선창에 대선 21척, 중선 15척, 소선 6척 등 총 42척의 왜선이 정박 중이었다. 이곳의 일본 수군 장수는 도요토미 히데요시의 직속 정예군인 구키 요시다카와 가토 요시아카라의 부대이었다. 안골포는 지금의 경남 진해시에 있는 포구이다. 그런데 안골포는 포구가 워낙 좁고 수심이 얕아 판옥선 같은 큰 배가 쉽게 들어갈 수 없었다.

사정이 이러하므로 조선함대는 다시 한 번 일본 함대를 유인하는 전술을 구사하였다. 그러나 왜군의 주력함대가 패한 소식을 이미 들은 일본 함대는 바다 한 가운데로 나오려고 하지 않고 포구에 틀어 박혀 있었다.

별 수 없이 이순신은 여러 장수들이 번갈아가며 포구 안으로 들어가 왜선을 깨트리는 작전을 구사하였다. 그러자 왜군도 응전하기 시작하였다. 왜군의 응전은 상당히 결사적이었으나, 처음부터 조선 수군의 적수가 되지 못하였다. 명장 이순신의 지휘아래 일사불란하게 퍼붓는 조선 수군의 포격에 왜적은 힘없이 무너졌다.

하루 종일 계속된 전투에서 왜선 40여척은 거의 불태워졌고, 살아난 왜군들은 육지로 도망갔다.

조선왕조실록 '선조실록' 에는 안골포 해전 기록이 이렇게 적혀 있다.

'10일에 안골포에 도착하니 적선 40척이 바다 가운데 벌여 정박하고 있었다. 그 중에 첫째 배는 위에 3층 큰집을 지었고 둘째 배는 2층집을 지었으며 그 나머지 모든 배들은 물고기 비늘처럼 차례대로 진을 결성하였는데 그 지역이 협착하였다. 아군이 두세 차례 유인하였으나 왜적은 두려워하여 감히 나오지 않았다. 우리 군사들이 들락날락하면서 공격하여 적선을 거의 다 불살라버렸다. 이 전투에서 3진이 머리를 벤 것이 2백 50여 급이고 물에 빠져 죽은 자는 그 수효를 다 기록할 수 없으며 잔여 왜적들은 밤을 이용하여 도망하였다.'

이순신은 추격을 계속하면 우리 백성들이 피해를 입을까 걱정이 되어 이내 중지를 하고 안골포 근처에서 그날 밤을 보냈다. 다음날인 11일 새벽에 조선 함대는 다시 안골포를 포위하였으나, 왜군들은 이미 도주하여 버린 상태였다.

조선 수군은 12일 오전에 한산도에 도착하였다. 이 때 한산도에는 400여명의 왜군 패잔병이 있었지만 이들의 처리는 경상우수사 원균에게 맡기고 7월 13일에 본영 여수로 돌아왔다.

한산도와 안골포 해전이 끝난 후에 보니 아군의 피해는 전사자 19명, 부상자 114명이었다. 이들 전사자와 부상자 중에는 노비들도 상당수 포함되어 있었다.

이순신은 전사자는 구휼법에 따라 장례를 치러주고 부상자들은 치료에 최선을 다하도록 조치하였다. 유공 장병들도 전공에 따라 3등급으로 구분하여 후히 포상했다. 나머지 전 장병에게도 그 노고를 치하하였다. 그리고 이순신은 7월 15일 임금에게 올리는 장계전투 보고서에 전사자와 부상자 명단을 한 사람 한 사람 모두 적어 그들의 충정을 선조임금이 알도록 하였다.

어느덧 버스가 통영 버스터미널에 도착한다. 도착시간은 15시 40분. 2시간 30분이 걸린 것이다. 서둘러서 통영여객선 터미널로 갔다. 마침 오후 4시에 한산도로 출발하는 카페리 호가 있다. 급히 표를 끊고 배에 올랐다. 한산도까지는 25분 정도 걸린단다.

한산도 구경은 이번이 두 번째이다. 25년 전인 1985년에 갔을 때는 조그마한 배를 탔는데 이번에는 차도 싣는 대형 카페리호이다. 배에서 사진을 여러 장 찍었다. 이곳이 바로 한산해전이 일어난 역사적 장소라는 생각을 하면서.

한산도 앞바다는 너무나 푸르고 넓다. 주변에 섬이 별로 없고 망망대해이다. 한참을 가니 좌측에 큰 섬 두개가 나온다. 이윽고 한산 대첩비가 보이고 거북등대가 나온다. 이곳이 바로 한산도이다. 이 근처에서 충무공 이순신 장군이 왜적을 섬멸하였다는 생각을 하니 감회가 깊다.

한산도 이충무공 유적지는 사적 제113호로 주소는 경남 통영시 한산면 두억리이다. 매표소에서 입장료 1천원을 내고 제승당으로 향한다.길가에는 해당화가 피어 있다. 이미자가 부른 섬마을 선생님 노래가 생각난다. "해당화 피고 지는 섬마을에, 철새 따라 찾아온 총각 선생님. 열아홉 살 섬 색시가 순정을 바쳐…."

길옆에는 안내판이 여러 개 있다. 그 중에 한산도 이충무공 유적 안내판을 살펴본다.

> 이곳은 이순신 장군께서 1592년 임진왜란 때 세계 해전사상 길이 빛나는 한산대첩을 이루신 후 운주당을 지으시고 1593년부터 1597년까지 삼도수군의 본영으로 삼으시어 제해권을 장악하시고 국난을 극복하신 유서 깊은 사적지이다. (후략)

한산도 제승당 들어가는 입구(상), 문의 이름이 한산문이다(하).

제승당의 외삼문 이름은 대첩문大捷門이다. 한산대첩을 기념하는 문이라는 뜻이다. 그곳에는 수군 2명이 보초 서 있다. 처음에는 사람이 서 있는 것으로 생각하였는데 자세히 보니 밀랍인형이다.

대첩문 한 곳 안내판에는 '이충무공 정신 1. 멸사봉공의 정신 2. 창의와 개척 정신 3. 유비무환의 정신' 이라고 적혀 있다.

멸사봉공, 창의개척, 유비무환. 이 말을 되새기면서 제승당으로 간다. 조금 걸어가니 내삼문이 보인다. 계단을 올라서 내삼눈에 이르렀다. 내삼문 이름은 충무문이다. 충무공 이순신을 기리는 문.

내삼문을 들어서니 바로 정면에 제승당이 있다. 이순신은 1593년 7월 15일부터 1597년 2월 26일 한양으로 붙잡혀 갈 때 까지 3년 8개월 동안

대첩문. 제승당의 외삼문이다.

이곳 3도수군 통제영에서 지냈다. 군영 이름은 운주당運籌堂이라 하였다. 이 이름은 '군막 안에서 작전을 세워 천리 밖에서 승리를 쟁취한다' 라는 '사기' 에 나오는 운주제승運籌制勝에서 딴 것이다.

운주당은 1597년 정유재란 때 불타 없어지고 폐허가 되었다. 이후 142

제승당

년이 지난 1739년영조 15년에 제107대 통제사 조경이 운주당 터에 건물을 새로 지으면서 이름을 제승당制勝堂 승리를 만드는 건물으로 개칭하였다. 이를 기념하기라도 한 듯 통제사 조경은 제승당 현판 글씨를 직접 썼다.

제승당 안에는 이순신 장군의 해전과 삶을 그린 다섯 폭의 그림이 전시되어 있다. 가장 오른 편부터 사천해전도, 우국충정도, 한산대첩도, 진중생활도 그리고 노량해전도가 놓여 있다. 이 중에서 '한산대첩도' 는 한 가운데 있는 데 그 앞에 두 개의 기둥이 있다. 이 기둥에는 욕일보천浴日補天, 맹산서해盟山誓海라는 한문 글씨가 적혀 있다.

이 한문이 무슨 뜻일까. 궁금하여 책에서 찾아보니 욕일보천은 '해를 목욕시키고 하늘을 보수한다' 는 뜻인데 이 말은 명나라 제독 진린이 이순신을 평가한 말이다. 진린은 1598년에 이순신과 같이 노량해전을 치른 명나라 수군 장수인데, 전쟁이 끝나자 그는 선조 임금에게 임진왜란이 종결된 것은 이순신장군의 공이라고 하면서 그 공을 '해를 깨끗이 씻어 내고, 구멍 난 하늘을 때운 공' 〈욕일보천지공 浴日補天之功〉이라고 극찬하였다.

한편 맹산서해는 '산에 맹세하고 바다에 서약하다' 는 의미인데, 이순신의 시 '진중음 陣中吟' 에서 나온 시구이다.

즉 이순신의 시에 '바다에 서약하니 고기와 용이 움직이고 〈서해어룡동

제승당 내부

誓海魚龍動〉 산에 맹세하니 풀과 나무가 알더라〈맹산초목지 盟山草木知〉' 라는 구절이 있는데 여기에서 맹산과 서해를 따온 것이다.

제승당 건물 기둥의 주련에는 이순신이 쓴 시 '한산도 야음' 나무패가 4개 걸려 있다.

한산 섬에 가을빛이 저무니 수국추광락 水國秋光落
추위에 놀란 기러기 떼 높이 나는 구나 경한안진고 驚寒雁陣高
근심스런 마음에 잠 못 이루는 밤에 우심전전야 憂心輾轉夜
새벽달만 활과 칼을 겨누는 구나. 잔월조궁도 殘月照弓刀

제승당에서 나와서 수루戍樓 병영의 누각 근처로 간다. 거기에는 한산대첩 상황도 안내판이 있다. 이 지도에는 이순신이 왜선을 유인하는 장면, 학익진으로 전투하는 장면 그리고 왜군이 도망가는 장면 등 3가지 상황이 설명되어 있다.

이어서 나는 이순신의 유명한 시조 '한산 섬 달 밝은 밤에 수루에 혼자 앉아' 가 만들어진 현장인 수루에 오른다. 수루에서 보니 한산도 앞바다가 훤히 보인다. 나는 한 순간 이순신이 되어 시조를 읊어본다.

한산 섬 달 밝은 밤에 수루에 혼자 앉아
큰 칼 옆에 차고 깊은 시름 하는 차에
어디서 일성호가는 남의 애를 끊나니 호남정신

제승당의 수루(상), 이순신의 한산섬 시조(하)

● 답사할 곳 ●

* 한산도 : 경남 통영시 한산면
* 제승당 : 경남 통영시 한산면 두억리 875 전화번호 (055) 642-8377
* 한산도 충무사 : 경남 통영시 한산면 두억리

08 세계 해전에 빛나는 한산대첩 (하)

한산도의 제승당과 수루를 둘러본 나는 제승당 왼편에 있는 충무사로 간다. 충무사는 1933년에 통영군민과 한산도 주민들이 성금을 모아 만들었다 한다. 일제의 폭압이 극에 달한 1930년대에 통영사람들이 이 순신을 모신 사당을 지었다니 정말 대단한 애국심이 아닐 수 없다.

홍살문을 지나 충무사로 가는 길에는 비가 여러 개 있다. 통제사 조경이 쓴 한산도 제승당 유허비, 이순신의 후손인 고종 때 통제사였던 이규석이 지은 유허비. 그리고 1976년 박정희 대통령 시절에 크게 지은 것을 기념하는 제승당 정화기념비 등.

충무사 사당 앞에서 향을 피우고 참배를 하였다. 군복을 입은 이순신 장군의 영정을 보면서 다시 한 번 충무공 이순신을 생각한다.

"장군이시여! 당신이 있었기에 조선이 온전하였습니다. 그리고 지금도 우리는 당신이 필요합니다."

통영 충무사. 이순신 영정을 모시고 있는 충무사는 제승당 왼편에 있다.

이윽고 사당 안을 자세히 들여다본다. 거기에는 이순신 영정 왼편에 '현덕승에게 보낸 편지答持平 玄德升書' 가 적힌 병풍이, 오른편에 '송사宋史를 읽고' 라는 독후감 글씨 병풍이 있다.

'현덕승에게 보낸 편지' 는 바로 유명한 '호남국가지보장, 약무호남 시무국가湖南國家之保障, 若無湖南 是無國家 (호남은 나라의 보장이 되는 곳입니다. 만약에 호남이 없어지면 곧 나라도 없어지게 되는 것입니다)' 라는 글귀가 적힌 편지이다.

'충무공이순신 전서, 권2' 에서 찾은 이 편지의 번역 글을 읽어 보자

현덕승에게 답하는 글월

임금께서 쾌차하심은 신하와 백성들의 즐거움이라 기쁜 마음 어찌 다 말할 수 있겠습니까. 난리를 치른 후 그리움 마음이 간절했는데, 뜻밖에 이번 하인 편에 이달 초에 보낸 편지를 받고 바삐 뜯어 읽어보매, 위로 받음이 여느 때보다 더하였습니다. 더구나 종이에 가득 실린 말씀이 정중하기까지 하니 더 할 나위 없이 기쁩니다.

가을바람이 들판으로 불어드는 이때 기거起居에 한결 더 조심하시고 계시는지 일일이 다 말씀 여쭐 길이 없습니다. 저는 괴로운 진중陣中에 있으면서도 나라의 은혜가 망극하여 지위가 정헌대부에 오르고 보니 너무도 감격스럽습니다.

가만히 생각해 보건대 호남은 나라의 보장이 되는 곳입니다. 만약 호남이 없어지면 곧 나라도 없어지게 되는 것입니다. 湖南國家之保障, 若無湖南, 是無國家 그래서 어제 한산도로 진을 옮겨 왜적이 움직이는 바닷길을 가로막을 계획입니다.

이런 난리 중에서도 옛정을 잊지 않고 멀리까지 위로해 주고, 또 겸하여 여러 가지 선물까지 받으니 모두 다 진중에서는 진귀한 물건 아닌 것이 없어 깊이 감사드립니다.

어느 날에나 전쟁을 끝내고, 평소처럼 같이 놀고 싶어 하던 정회를 실컷 풀어 볼 수 있을는지요. 막상 편지를 쓰려고 종이 앞에 앉으니 공연히 슬픈 생각만 간절해집니다. 더 하고 싶은 말은 많으나 마음이 산란하여 이만 씁니다.

계사(선조 26년, 1593) 7월 16일

이순신 장군이 현덕승에게 보낸 편지. 여기에 약무호남 시무국가 글귀가 나온다

1593년 7월 16일이면 이순신이 한산도 두억리로 진을 옮긴 지 이틀째 되는 날이다. 이순신은 임진왜란을 치르면서 호남의 위상을 다시 한 번 실감한 듯 하다. 약무호남 시무국가. 필자는 이 말을 달리 표현하고 싶다. "호남이 없었으면 이순신도 없었으리. 전라좌수영 수군이 아니었다면 어찌 이순신이 한산대첩에서 대승을 할 수 있었으리오."

한편 이순신 영정 오른편에는 '송나라 역사를 읽고讀宋史' 한문 병풍이 있다. 이 글은 이순신이 중국 송나라 정승 이강이 금나라의 침공에 대해 조정에서 갑론을박이 일어났는데 자신의 주장이 받아들여지지 않자, 정승이 된지 70여일 만에 시골로 내려간 송나라 역사책을 읽고 그 소감을 적은 글이다.

어허! 이때가 어느 때인데 강송나라 정승 이강을 말함은 가려는가. 가면 또 어디로 가려는 가. 무릇 신하된 자로 임금을 섬김에는 죽음이 있을 뿐 다른 길이 없다. 이때야 말로 종사의 위태로움이 마치 터럭 한 가닥으로 천근을 달아 올림과 같아, 정히 남의 신하된 자로서는 몸을 버려 나라의 은혜를 갚아야 할 때 인데, 간다는 말은 진실로 마음에도 못 담을 말이거늘 하물며 어찌 입 밖으로 낼 수 있으랴.

만일 내가 강이라면 어떻게 할고. 몸을 헐어 피로써 울며 간담을 열어젖히고서 사세가 이 지경에 까지 이르고는 화친할 도리가 없음을 밝혀 말할 것이요, 그 말이 안 된다면 거기 이어 죽을 것이요, 또 그럴 수도 없다면 우선 화친하려는 계획에 몸을 던지고 이것저것 맞추어가며 죽음 속에서 살 길을 구하면 혹시 만일이라도 나라를 건질 도리가 있게 될 것이거늘, 강은 이런데서 계획을 세우지 않고 그저

가려고만 하였으니, 이것이 어찌 신하된 자로서 몸을 바쳐 임금을 섬기는 의리라 할까 보냐.

이제 홍살문을 나와 제승당 뒤편에 있는 한산정으로 간다. 한산정은 활터이다. 난중일기에도 나오듯이 이순신은 활쏘기를 즐겼다. 이순신은 수시로 활쏘기를 하고

한산정 활터

부하들과 시합도 하였다. 그런데 활터의 과녁이 바다를 지나 건너편에 있다. 거리가 145미터나 된단다. 이렇게 바다를 두고 멀리 활을 쏘았다니 정말 경악스럽다.

저녁 배를 타기 위하여 충무공 유적지를 나와 선창가로 향한다. 걸으면서 내 머릿속을 맴도는 것은 '이순신과 한산도' 두 단어이다. 역사에는 가정법이 없다지만 이순신이 없었다면 한산대첩이 없었다면, 임진왜란은 어떻게 전개되었을까.

오후 6시 30분에 통영으로 돌아오는 카페리호를 탔다. 배에서 다시 한 번 한산 섬 주변을 본다. 이 바다가 바로 세계 해전사에 빛나는 한산대첩 전쟁터이다.

한산도. 바다에서 보이는 건물이 수루이다.

한산대첩은 살라미스, 트라팔가 해전과 함께 세계 3대 해전중 하나이다. 살라미스 해전은 BC 480년에 그리스 동맹 해군이 페르시아 함대를 격파한 해전이고, 트라팔가 해전은 1805년 영국의 넬슨 제독이 프랑스과 스페인 연합함대를 무찌른 해전이다. 넬슨은 이 해전에서 총탄에 맞아 죽는다. 이순신이 1598년 노량해전에서 죽는 것과 마찬가지로.

사실 이순신이 한산대첩에서 승리한 요인은 여러 가지이겠지만, 그 이유를 한 단어로 표현하면 지피지기知彼知己이다. '적을 알고 나를 알면 백전백승' 이라는 손자병법의 전략이다. 이순신은 일본 수군이 백병전에 강하고 원거리 전투에는 약하다는 것을 누구보다도 잘 알았고, 반면에 조선수군은 배와 대포는 우수하나 근접전에는 약하고 병력도 얼마 안 되는 약점을 잘 알았다.

그래서 아군의 손실을 최소화 하면서 왜적을 격파하기 위한 전략을 구사하였다. 이 한산대첩에서는 자만한 일본 수군 맹장 와키자카의 마음을 읽고 멀리 견내량에서부터 도망가는 작전을 구사하였고, 한산도의 넓고 깊은 바다에서 돌연히 학익진을 펴면서 일시에 대포 공격과 거북선의 속공전을 퍼부어 승부를 조기에 종결지었다. 그리하여 와키자카 함대는 불과 2-3시간 만에 궤멸되었다. 일본 수군은 족히 3천명은 죽었을 것인데 조선수군은 10명 정도의 희생자이었다.

여기에서 강조되어야 할 점은 전라 좌수영 수군의 역할이다. 이순신이 선조 임금에게 보고하는 장계에서 자세히 썼듯이 휘하의 참모와 수군들은 정말 잘 싸웠다. 이 장계에는 순천부사 권준, 광양현감 어영담, 사도 첨사 김완, 흥양현감 배흥립, 방답첨사 이순신李純信, 낙안군수 신호, 녹도만호 정운, 좌돌격장거북선 돌격대장 이기남, 우돌격장 박이량, 좌도별장 윤사공, 우별도장 송응민, 여도권관 김인영, 발포만호 황정록 등 해전에 참가하여 공을 세운 참모들 이름이 일일이 적혀 있다. 또한 전사자와 부상자 이름이 한 사람 한 사람 적혀 있다. 이렇게 이순신은 지도자답게 부하의 공을 치하하고 희생자에 대한 예우를 정성껏 하고 있다.

이 한산대첩으로 조선수군은 제해권을 완전히 장악하였다. 패전 소식을 들은 도요토미 히데요시는 일본 수군에게 앞으로는 조선 수군과 싸우지 말고 해안에 성을 쌓고 수비만 하라는 명령을 내렸다.

미국의 역사학자 헐버트는 한산대첩을 히데요시에게 사형선고를 내린 해전으로 평가하였다. 그는 한산해전을 살라미스 해전에 비유하면서, 그리스가 살라미스 해전에서 승리함으로서 페르시아에게 정복되지 않았듯이 한산대첩이 조선을 구하였다는 것이다. 한산대첩은 임진왜란의 흐름을 바꾼 전투였다. 이순신이 바다를 완전히 장악함으로서 일본 수군의 전라도 진출이 봉쇄당하였다. 한편 육지에서도 7월 7일의 웅치 전투, 7월 8일과 9일의 이치 전투, 7월 10일의 금산전투로 왜군의 전라도 점령이 무산되었다. 따라서 호남은 온전할 수 있었고, 나라의 울타리가 된 것이다. 호남국가지보장湖南國家之保障. 호남정신

● 답사할 곳 ●

* 한산도 : 경남 통영시 한산면
* 제승당 : 경남 통영시 한산면 두억리 875 전화번호 (055) 642-8377
* 한산도 충무사 : 경남 통영시 한산면 두억리
* 한산정 : 경남 통영시 한산면 두억리

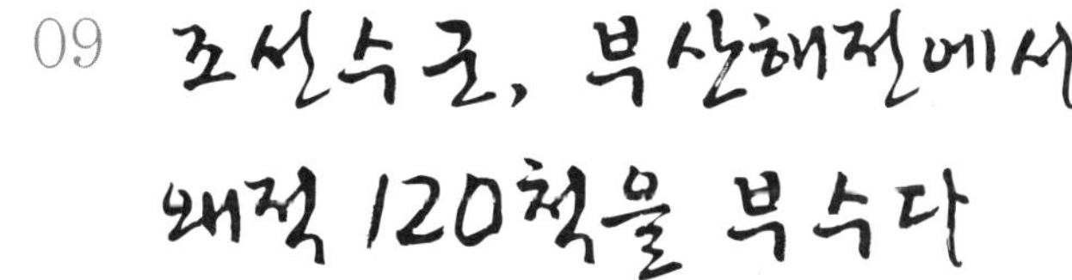
09 조선수군, 부산해전에서
왜적 120척을 부수다

7월 8일 한산도에서 크게 패한 일본 수군은 이후 부산 본영에서 꼼짝하지 않고 있었다. 육지에 성을 쌓고 육전에 대비하는 듯하였다. 곧 진주성을 공격한다는 소문도 나돌았다. 여수 본영으로 돌아온 이순신은 잠깐의 휴식을 취한 후에 곧바로 왜군의 심장부인 부산 공격 준비를 한다. 호랑이를 잡으려면 호랑이 굴로 들어가야 하듯이.

부산 섬멸 작전은 조방장 정걸丁傑, 1514~1597이 도맡았다. 정걸은 이순신에게 부산이 지금 적의 소굴이 되어 있는데 여기를 친다면 적을 필시 깨트릴 수 있을 것이라고 건의하였고, 이순신은 그의 말을 따랐다. 이는 〈호남절의록〉에 나온다.

정걸은 이순신 보다 나이가 30살이나 많은 팔순을 바라보는 백발장군이었다. 그는 이미 경상좌수사, 전라좌수사, 전라우수사, 전라병사를 역임한 역전의 장수이었다. 고흥 출신인 그는 1555년 을묘왜변 때 전라관찰사

이준경의 막하에 들어가 달량포 지금의 해남군 북평면 남창리 싸움에서 왜구를 쳐부수었다. 1561년에 온성부사, 1568년 종성부사로 특진하여 11년간이나 여진정벌과 국경수비에 앞장섰다. 육전과 해전에 능한 백전노장 정걸은 1591년에 이순신의 조방장이 되어 판옥선 개량에 앞장서고, 화전 · 철익전 · 대총통 등 여러 가지 군기를 만들기도 하였다.

이순신은 전라우수사 이억기에게 합동훈련을 하자고 진길을 보냈다. 8월 1일 부터 전라 좌 · 우 수군은 본영 여수에 모여 피나는 맹훈련을 하였다. 출전에 앞서 전라 좌 · 우 수군이 합동 군사훈련을 실시하기는 이번이 처음이었다. 함대도 증강되었다. 전선 74척과 협선 92척, 모두 166척이었다. 전선은 한산해전 때의 52척보다 40% 늘어났다.

합동훈련 실시 중에 이순신은 경상우도 순찰사 김수로부터 공문을 받았다.

> **육상으로 진군한 왜적들이 낮이면 숨고 밤이면 행군하여 양산 김해 방면으로 내려오는 데 짐짝들을 가득히 실은 것이 도망치려는 자취가 현저하다**

이순신은 서둘러 출전 일을 8월 24일로 잡았다. 출전 날의 난중일기를 읽어 보자.

> **24일 맑다. 객사 동헌에서 조방장 정걸과 아침을 먹고, 곧 침벽정으로 갔다. 우수사**이억기**와 점심을 먹었는데 조방장도 함께 했다. 오후 4시쯤 배를 출발시켰다. 노질을 재촉해 노량 뒷 바다에 닻을 내렸다. (후략).**

이순신 함대는 8월 25일 사량도에서 원균과 합류하였고, 당포에서 하룻밤을 잤다. 26일은 거제도에서, 27일에는 원포에서 밤을 지냈고, 28일에는 가덕도에서 잤다.

8월 29일 조선함대는 가덕도를 출발하여 양산, 김해 앞바다에 도착하였는데, 동래 땅 장림포 앞바다에 왜적 3백 명이 큰 배 4척과 작은 배 2척에 나누어 타고 양산으로부터 나오다가 우리 군사를 보고는 배를 버리고 육지로 도망하였다. 경상우수사 원균이 그들을 깨트리고 불태웠다. 그런 다음 군사를 좌우로 나누어 그곳으로 들어가려 하였지만 강폭이 좁아서 판옥선이 들어가서 싸울 수 없기에, 어두워지기 시작할 무렵에 가덕도 북쪽으로 돌아와서 밤새워 원균, 이억기 등과 작전을 상의하였다. 이 자리에서 이순신은 "부산은 적의 근거지가 되었으니 그 소굴을 없애버려야만 적의 간담을 꺾을 수가 있을 것이다."하여 이번 작전의 중요성을 다시금 밝혔다.

9월 1일에 첫 닭이 울자, 이순신은 모든 전선을 지휘하여 부산포로 향하였다. 아침 8시경 물운대를 지날 무렵에는 갑자기 동풍이 일고 파도가 거세게 일어 배를 부리기가 어려웠다. 화준구미에서 왜군의 대선 5척, 다대포 앞 바다에 이르러 왜선 8척, 서평포부산시 구평동에서 9척, 절영도지금의 영도에서 왜선 2척을 각각 만났는데 모두 기슭에 줄지어 정박하여 있었다. 3도수사가 여러 장수들을 거느리고 조방장 정걸 등과 합세하여 왜적의 배들을 남김없이 때려 부수고 혹은 불태워버렸다. 그런데 왜군들은 산 위로 도망하였기 때문에 사살하지 못하고 말았다.

이어서 절영도 안팎을 샅샅이 뒤졌으나 적의 종적을 찾을 수 없었다. 그

아산 현충사 사당에 있는 부산해전도

래서 작은 배를 부산 앞바다로 보내어 왜적의 배들을 찾아보게 하였더니 약 5백여 척의 배들이 선창 동쪽 산기슭 언덕 아래 줄지어 정박해 있고, 선봉에 있던 왜적의 큰 배 4척이 멀리 초량항 쪽으로 나가고 있다는 첩보를 접하였다. 이순신은 이억기 등과 상의하기를 "우리 군사의 위세를 가지고 만약 지금 치지 않고 그대로 돌아간다면 적들은 반드시 우리를 멸시하는 마음이 생길 것이다"라고 하고는, 깃발을 흔들어 싸움을 독려하여 달려 나갔다.

우부장인 녹도 만호 정운, 거북선의 돌격장인 신의 군관 이언량, 전부장인 방답 첨사 이순신, 중위장인 순천 부사 권준, 좌부장인 낙안 군수 신호 등이 앞장서서 왜적의 선봉 배 4척을 때려 부수고 불태워버렸다. 그러자 왜적들은 헤엄을 쳐서 육지로 올라갔고, 그 때 뒤에 있던 조선의 여러 배들은 승세를 타서 깃발을 흔들고 북을 치면서 긴 뱀이 앞으로 나아가는 모양장사진 長蛇陣으로 돌진해 들어갔다.

왜군의 배들은 부산진성 동쪽에 있는 한 산으로부터 5리쯤 되는 언덕 밑 세 군데에 정박해 있었다. 큰 배, 중간 배, 작은 배, 모두 합쳐 470여척 쯤 되었는데 왜군들은 우리의 위세에 겁을 먹고 감히 나오지 못하였다.

조선 배들이 곧바로 쳐들어가자 왜선에 있던 왜군들과 산 위의 소굴 속에 있던 왜적들은 모조리 산으로 올라가서 여섯 군데로 나뉘어 진을 치고는 아래를 내려다보면서 총알과 화살을 쏘아댔는데, 마치 비 오듯 우박 쏟아지듯 퍼부었다. 편전과 큰 철환도 쏘았는데 그 크기가 모과 만하였으며 아군 배에 많이 떨어졌다.

이러함에도 불구하고 이순신 함대의 군사들은 죽음을 무릅쓰고 돌진하여 천자포, 지자포, 장군전, 피령전, 장편전, 철환 등을 일제히 쏘아대며 하루 종일 맞붙어 싸웠다. 이윽고 적의 기세가 크게 꺾이었다.

조선 함대는 힘을 합쳐 적선 1백 여척을 때려 부수었다. 왜적들은 토굴 속으로 도망하였다. 조선 함대는 여러 배에서 용사들을 뽑아 육지로 올려보내 왜적을 모조리 섬멸하고 싶었으나, 성 안팎 6,7군데에 진을 치고 있는 수많은 왜적들이 말을 타고 용맹을 과시하고 있고 날도 이미 저물어서, 부득이 자정 경에 가덕도로 돌아와서 밤을 지새웠다. 조선 함대는 다음날인 9월 2일에 다시 되돌아가서 쳐부술 생각을 하였으나 뭍으로 올라간 왜군들이 예상보다 많고, 기병전에 능한 왜군과 승리하다는 보장도 없어서

정걸 장군 묘소. 전남 고흥군 도화면에 있다

더 이상의 전투를 하지 않고 본영으로 돌아왔다.

부산포해전은 이순신이 선조에게 보낸 장계에 썼듯이 어느 해전보다 성과가 큰 전투였다.

> 그동안 전후로 4차례 출전하여 10번 맞붙어 싸워서 전부 승리하였으나, 장수와 군사들의 공로를 논한다면 이번 부산싸움보다 더 큰 것은 없을 것입니다. 이전에 서로 싸울 때는 적선의 수가 많아도 70여척에 불과했으나, 이번에는 적의 소굴로 들어가 정박하여 있는 470여척의 왜선 중에서 100여척을 때려 부수어 적들의 간이 떨어지게 하였습니다. 1592.9.17 부산에서 왜적을 쳐부순 장계

이럼에도 불구하고 조선왕조실록은 이 해전을 그리 높이 평가하지 않고 있다. "이순신 등이 부산에 주둔한 적을 공격하였으나 이기지 못하다"라는 제목의 선조 수정실록(1592.8.1)을 읽어 보자.

> 등이 부산에 주둔한 적을 공격하였으나 이기지 못하였다. 왜병이 해상의 전투에서 여러 번 패하자 부산 · 동래에 모여 웅거하면서 전함을 벌여놓고 항구를 지켰다. 순신이 원균과 함께 수군을 총동원하여 진격하였으나 적이 군사를 거두고 전투에 응하지 않고 높은 곳에 올라가 총을 쏘므로 수군이 육지로 오르지 못하고 빈 배 1백여 척만 태워버리고 퇴각하였다. 이때 녹도 만호 정운이 앞장서서 힘을 다하여 싸우다가 탄환에 맞아 전사하였는데 순신이 애통해 하였다.

오늘의 부산 시민들은 어떠한가. 그들은 부산포 해전 승리의 날인 9월 1일(양력 10월 5일)을 부산 시민의 날로 정하고 매년 10월 5일 다채로운 행사를 하고 있다.

아무튼 부산해전은 이후 전쟁의 흐름에 큰 영향을 주었다. 조선 수군은 제해권을 완전히 장악하였고, 일본의 수륙병진 전략은 무너졌다.

한 가지 덧붙이면 부산포 해전은 조방장 정걸과 녹도만호 정운의 명암이 엇갈린 전투이다. 정걸은 그 공을 인정받아 충청수사가 되었고, 1593년 2월 행주산성 전투에서도 큰 공을 세우게 된다. 행주산성 전투 중에 화살이 다 떨어져서 아군이 곤경에 빠졌을 때 화살을 배에 가득 싣고 가서 권율을 도운 것이다. 그런데 애석하게도 이순신이 가장 아끼던 장수 정운은 전사한다. 호남정신

아산 현충사

● 답사할 곳 ●

* 정걸 장군 묘소 : 전남 고흥군 도화면 구암리
* 현충사 : 충남 아산시 염치읍 백암리 100 전화번호 (041) 539-4600
* 충무공 이순신 장군 묘소 : 충남 아산시 음봉면 삼거리 산 2-1

충남 아산에 있는 이순신 장군 묘소

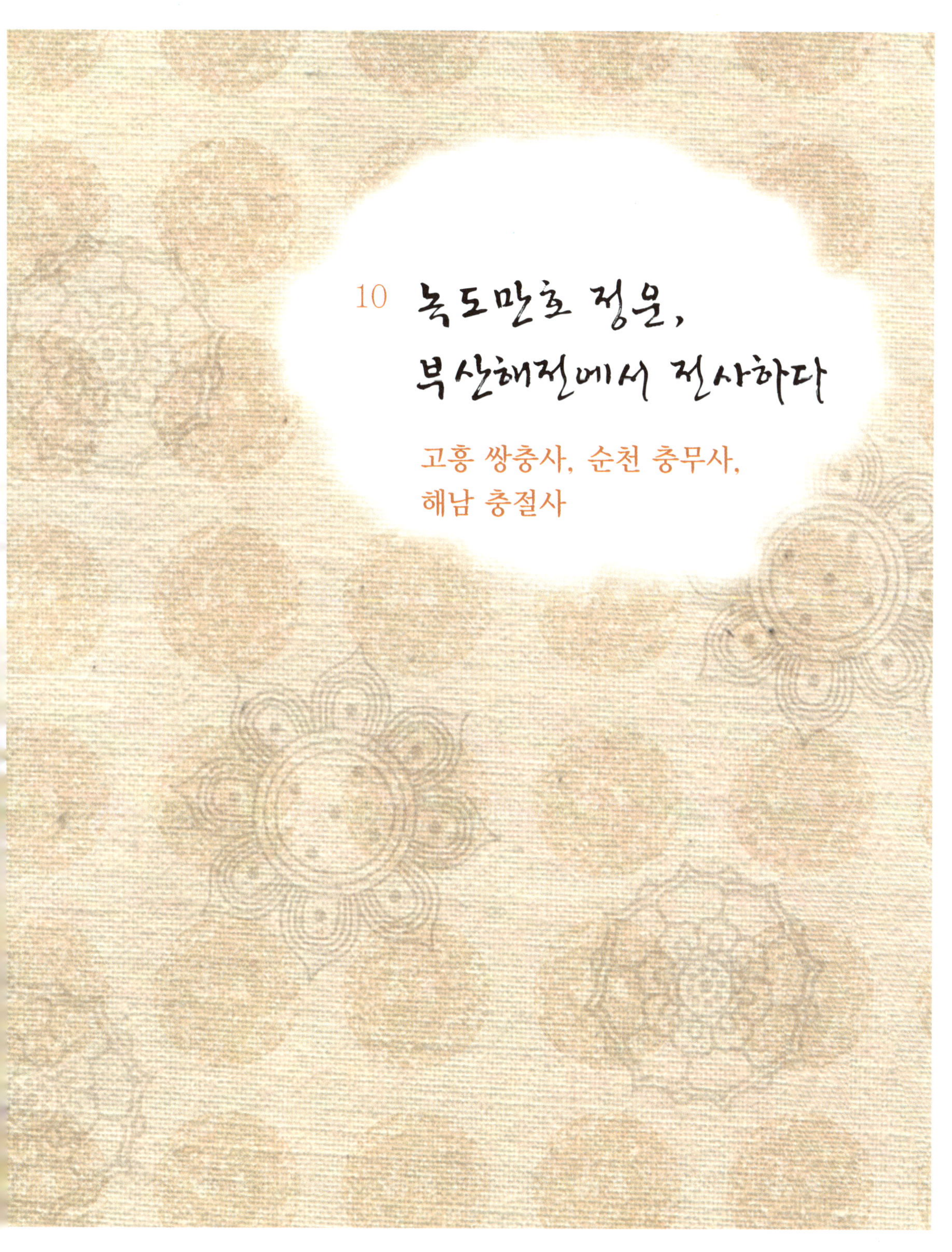

10 녹도만호 정운, 부산해전에서 전사하다

고흥 쌍충사, 순천 충무사,
해남 충절사

1592년 9월 1일 조선수군은 왜군의 심장부 부산으로 쳐들어가서 왜선 120여척을 격침시키는 큰 전과를 올렸다. 조선수군도 피해를 입었다. 6명이 전사하고 25명이 부상을 당했다.

이중에서도 가장 큰 손실은 녹도만호 정운鄭運 1543-1592이 전사한 것이다. 그는 이순신이 가장 아끼는 장수였고, 조선 수군 최고의 돌격장이었다.

이순신은 정운의 전사를 슬퍼하면서 고흥 녹도에 있는 이대원李大源 1566-1587 사당에 추배하도록 선조임금에게 별도의 장계를 올리었다. 녹도만호 이대원은 1587년에 왜구와 싸우다가 순절하였다.

삼가 아뢰옵나이다. 녹도만호 정운은 맡은 바 직책에 충실하고 담력까지 겸비하여 신이 어려운 일을 같이 의논할 수 있었던 사람이었습니다. 그는 변란이 일어난 이래로 의기가 북받쳐 올라 나라를 위해 몸을 돌보지 않고 마음이 조금도 해이함이

쌍충사, 고흥군 도양읍에 있다. 이대원과 정운의 신위가 모시어져 있다.

없이 변경 방어에 힘쓰기를 이전보다 두 배나 하였습니다. 신이 믿고 의지했던 사람이라고는 정운 등 두 세 사람 뿐이었습니다.

그간 세 번 싸워 이길 때 매번 앞장을 섰고, 부산의 큰 싸움에서도 몸을 아끼지 않고 죽음을 무릅 쓰고 적의 소굴로 쳐들어가 하루 종일 싸웠는데, 힘껏 쏘아댔기에 적들은 꼼짝도 못하였습니다. 이는 오직 정운의 힘이었습니다.

그러나 배를 돌릴 무렵 탄환에 맞아 전사하였는데, 그 늠름한 기운과 맑은 혼령이 부질없이 사라져 후세에 알려지지 못한다면 이야말로 지극히 애통한 일입니다.

이대원의 사당이 아직도 그 포구에 있으니, 초혼하여 같은 제단에 함께 모시고 제사를 올린다면, 한편으로는 의로운 혼백을 위로함이 되고 또 한편으로는 다른 사람들을 경계함이 될 것입니다.

〈정운을 이대원 사당에 추배하는 것을 청하는 장계, 1592.9.11〉

정운은 해남 출신으로 어려서부터 의협심이 강하였다. 그는 평소에 정충보국貞忠報國 절개가 곧고 충성하여 나라의 은혜에 보답한다이라는 네 글자를 칼에 새겨 자기의 검명劍銘으로 삼았다.

그는 1570년, 나이 28세에 무과에 급제하여 1579년에 훈련원 봉사가 되고, 1580년에 거산찰방이 되었다. 이 시절에 관찰사의 수행원이 불의한 장난을 하고 돌아다니므로 잡아다가 매를 때렸던 일로 관찰사에게 미움을 받았다. 이후 정운은 벼슬을 버리고 고향으로 돌아갔다. 그는 다시 강령현감, 웅천현감을 지내다가 거기서도 곧 물러났다. 1585년에 해주목 판관이 되었을 때도 역시 목사의 미움을 받아 파직되었다.

그는 어디서나 강직하고 정의감이 강하여 불의와 타협을 하지 않아 스스로 불행을 자초하였다. 그는 1588년에 시복시 판관이 되었다가 1591년에 유성룡의 천거로 이순신과 함께 전라좌수영 소속의 녹도지금의 고흥군 도양읍 만호종4품가 되었다. 부임 후에는 총포부대장으로서 전선에 대포를 설치하고 함포사격 훈련을 하는 등 이순신과 호흡을 맞추었다. 정운은 이순신의 마음을 가장 잘 읽은 장수였다. 그는 이순신과 함께 네 차례의 전투에 참여하였고 전투 때 마다 돌격장으로서 항상 선봉에 섰다.

특히 전라좌수군의 첫 출전인 옥포해전에 있어 이순신이 아직 조정의 허락도 받지 못한 상태에서 경상도에 출전하는 것을 망설였을 때, 왜군을 치는 데는 전라도와 경상도 경계가 없다고 강력하게 주장한 사람도 정운이었다.

그 당시의 상황을 살펴보자. 이순신은 여수 진남관에서 지휘관들을 소집하였다. 그는 지금까지의 전황을 설명하고 경상도로 싸우러가는 것에 대하여 의견을 물었다. 중요한 문제에 대하여 난상 토론을 하게 함으로서 결집된 의견을 모아 전쟁에 한 치의 흔들림이 없도록 하기 위함이었다.

이 날 낙안 군수 신호를 비롯한 여러 장수들은 출전에 반대하였다. "전라도만 수비하면 되지, 관할구역이 아닌 경상도까지 가서 전투하는 것은 우리의 책임이 아니라"는 신중론을 폈다. 그러자 군관 송희립이 나서서 출전을 주장하였다. "왜적이 침범하여 그 형세가 마구 뻗치었는데 앉아서 외로운 성을 지킨다하여 그 성이 보존될 수가 없으니 마땅히 출전하여야 합니다. 출전하여 다행히 이기면 적의 기세를 꺾을 수 있을 것이고 만약 죽는 다 하더라도 신하된 도리로서 부끄러운 일이 아닙니다."

녹도만호 정운도 경상도 출전에 찬성하였다.

"평소에 나라의 은혜를 입고 국록을 먹는 신하로서 어찌 이럴 때에 죽지 않고 그냥 앉아서 바라볼 수만 있겠습니까? 왜적을 치는 데 전라도, 경상도가 어디 있습니까? 영남이 무너지고 나면 우리는 어찌 할 것입니까. 적이 울타리 밖에 있을 때는 막기가 쉽지만 울타리 안에 들어오고 나면 막

순천 충무사 외삼문

기가 어려운 법입니다. 영남은 호남의 울타리인데 울타리가 무너지면 여기도 보전하기가 어렵습니다. 군병을 이끌고 나가 쳐서 영남을 돕고 한편으로는 호남을 지킬 생각을 안 하고, 그저 바라만 보고 눈앞의 편안함만 찾으려 한다면 그야말로 적을 울타리 안으로 끌어들이는 격입니다."

여러 장수들의 토론을 듣고 있던 이순신이 마침내 입을 열었다.

"내가 그대들의 의견을 다 들었소. 이제 결심이 굳어졌소. 경상도로 출전하는 것이요. 이렇게 결정한 이상 앞으로 다른 말을 하는 자가 있다면 용서 없이 군율에 처할 것이요."

정운은 매번 출전 시마다 돌격대 장수로 앞장서서 싸웠다. 그리하여 품계를 뛰어 넘어 정3품 절충장군으로 특진을 한다. 부산해전에서도 그는 가장 용감하게 싸웠다. 동래의 몰운대沒雲臺 아래에서 적을 무찌르면서 정운은 몰운대의 '운雲' 자와 자신 이름의 '운運' 자가 동일한 음이라는 것을 알고 부하에게 "필시 여기가 내가 죽을 곳이다. 만일 내가 죽더라도 적이 알지 못하게 하라"고 당부하여 자신의 죽음을 예감했다고 한다. 그는 치열하게 벌어진 부산포해전에서 앞장서서 싸우다가 적이 쏜 대철환에 이마를 맞고 전사하였다.

이순신의 장계를 받은 조정에서는 정운을 북병사로 추증한다1592년 10월 27일 조선왕조실록. 이 추증이 이루어진 후에 이순신은 손수 제문 祭文을 지어 정운을 흠향한다.

> 아! 인생에는 반드시 죽음이 있고
> 죽고 사는 데에는 필시 천명이 있으니
> 사람이 한번 죽는 것이야 정말로 아까울 게 없으나
> 유독 그대의 죽음에 대해서만 나의 가슴 아픈 까닭 무엇인가요.
>
> 국운이 불행하여 섬 오랑캐들 쳐들어오니
> 영남의 여러 성들 바람 앞에 무너지고

순천 충무사. 이순신 · 정운 · 송희립의 신위가 모시어져 있다.

몰아치는 그들 앞에 막아서는 자 하나 없고
도성도 하루 저녁에 적의 소굴로 변했다오.
(중략)

네 번이나 싸워 이겼으니 그 누구의 공이었는가.
종묘사직 회복함도 몇 날 남지 않은 듯하였을 때
어찌 알았으랴. 하늘이 돕지 않아 적의 총알에 맞을 줄을
저 푸른 하늘이시여, 당신의 뜻은 참으로 알기 어렵나이다.

배를 돌려 다시 쳐들어가 맹세코 원수를 갚고 싶었지만
날은 이미 어두워지고 바람조차 불순하여
소원 이루지 못해 평생 원통함이 이보다 더할 수 없다오.
이 일을 말하고 나니 나의 살 에듯이 아픕니다.

믿고 의지했던 것은 오직 그대였는데 앞으로는 어이하리.
진중의 여러 장수들 원통해 하기 그지없다오.
백발의 늙으신 부모님은 장차 그 누가 모실는지.
황천까지 뻗친 원한 언제 가서야 눈을 감을는지.

아, 슬프도다. 아, 슬프도다.
그 재주 다 못 폈을 때 지위는 낮았으나 덕은 높았으니

나라의 불행이고 군사들과 백성들의 복 없음이로다.
그대 같은 충의야말로 고금에 드물었으니
나라 위해 던진 몸 죽었으나 오히려 살아 있음이어라.

아, 슬프다 . 이 세상에 그 누가 내 마음 알아주랴
슬픔 머금고 극진한 정성 담아 한 잔 술 바치오니
아, 슬프도다!

1796년에 정조 임금은 정운을 병조판서로 추증하였고 충장忠壯이라는 시호를 내리었으며 1798년에 부산 동래의 몰운대에 충신 정운순의비를 세웠다. 고흥군 도양읍에 있는 쌍충사, 순천시 해룡면의 충무사, 해남군 옥천면에 위치한 충절사에는 그의 신위가 모시어져 있다. 녹도만호 정운. 그는 진정으로 충성을 다하여 국가에 몸을 바친 장군이다. 호남정신

● 답사할 곳 ●

* 고흥 쌍충사 : 전남 고흥군 도양읍 봉암리
* 순천 충무사 : 전남 순천시 해룡면 신성리 산 28-1
* 해남 충절사 : 전남 해남군 옥천면 대산리
* 몰운대 : 부산광역시 사하구 대대동 산144

3부 다시 의병이 일어나다.

01 의병장 고경명, 금산전투에서 순절하다 (상)

충남 금산을 간다. 의병장 고경명의 순절지를 찾아서. 1592년 7월 10일 의병장 고경명은 금산 전투에서 순절한다. 그때 그의 나이는 60세. 금산으로 가는 차에서 고경명의 의병활동 자료를 읽는다.

1592년 5월 29일 담양 추성관. 지금의 담양 동초등학교 자리. 이곳에서 고경명은 박광옥, 유팽로 등과 함께 의병을 일으킬 것을 꾀하였다. 이 모임에는 남원의 안영과 양대박, 순창의 양사형 등 21개 읍 61명의 사림과 유생들이 대거 참여했다.

6월 11일 드디어 고경명의 의병은 담양 추성관에서 출발한다. 맹주는 고경명, 좌부장은 유팽로, 우부장은 양대박, 종사관은 안영이었다. 담양 회맹군이 태인, 금구를 거쳐 전주에 이르렀을 때 임진강을 지키고 있던 군사가 무너졌다는 소식이 들려와 일시 동요가 일어났다. 이로 인하여 양대박은 다시 군사를 모으고자 남원으로 향하였고, 본진은 전주에 머물면서 훈련소를 설치하고 군사훈련에 들어갔다.

6월 22일에 전주의 고경명 부대는 여산으로 진영을 옮기었고 6월 27일에는 충청도 은진까지 진군하였다. 그런데 황간에 있던 왜적이 금산을 넘어들어 전주로 쳐들어 갈 것이란 소문이 들려왔다. 고경명도 전주가 무너지면 나라가 무너진다고 생각하고, 7월 1일에 연산으로 진을 옮기었다. 이때 고경명은 유팽로에게 지시하여 호서의병장 조헌과 합세하여 적을 토벌하자고 약속하였다.

전라도 의병이 진산에 이르렀을 때 왜군이 금산을 침범하여 군수 권종이 전사하였다는 소식이 들려왔다. 7월 8일 고경명 의병은 서둘러 금산성으로 진격한다. 그리고 곽영의 관군과 합세하여 고바야가와의 왜군과 싸울 태세를 갖춘다.

승용차는 어느덧 충남 금산에 도착한다. 의병장 고경명의 순절지 주소는 금산군 금성면 양전리 522-14,15이다. 금성면의 어느 주유소에서 기름을 넣으면서 고경명 순절비의 위치를 물었다. 그랬더니 조금 더 가면 길옆에 있는 비가 순절비란다. 주유소 직원의 말대로 길을 따라서 조금 더 갔더니 길 위쪽에 두개의 비각이 있다. 안내판도 보인다.

차에서 내려 안내판을 살핀다. 고경명 선생 비. 금산군 문화재 자료 제28호이다. 안내판 전문을 자세히 읽는다.

의병장 고경명의 순절지. 충남 금산군 금성면에 있다.

임진왜란 때 제봉 고경명 선생이 의병을 이끌고 일본군과 싸우다 순절한 사실을 새긴 비이다. 선생은 1558년에 문과에 장원한 후 중요한 직책을 두루 거쳐 동래부사에 이르렀는데 서인이 몰락할 때 벼슬을 버리고 고향으로 돌아갔다. 임진왜란이 일어나자 광주에서 모집한 의병 6천명을 이끌고 1592년 7월 10일에 금산에 침입한 일본군과 싸우다 눈벌와평에서 전사하였다.

효종 때 금산군수 여필관이 비문을 지어 선생이 전사한 곳의 건너편 산기슭에 순절비를 세웠으나, 1940년 일본 경찰의 만행으로 비가 파괴되었다. 비석의 파편을 한식 비각 안에 정리하였고, 2002년에 피비를 복원하였다.

1952년 후손들은 여필관의 비문을 다시 새겨 그 비를 1962년에 세워진 석조 비각 안에 보존하였다.

조금 위로 올라가니 비각이 두개 있다. 바로 위에는 일본 경찰이 파괴한 비문을 보존한 비각이 있고, 조금 떨어져서 호남 유생들이 다시 세웠다는 비각이 있다. 일본 경찰이 파괴한 비문은 파편 조각을 모아서 만든 것이라서 그런지 군데군데 글씨가 몇 자 남아 있다.

호남 유생들이 만들었다는 비각을 자세히 둘러보았다. 바깥에 비각이 있고 석조문을 들어가니 비가 있다. 석조 비각 문에는 위에 의진구허義陣舊墟, 양편에 충관일월忠貫日月 의진우주義振宇宙 라고 글씨가 적혀 있다. 충의에 빛나는 제봉 고경명을 기리는 글 같다. 비각 안에 있는 비는 거북등 위에 비석이 있고 맨 위에는 용두가 새겨져 있다. 비의 정식 명칭은 제봉고선생 순절지기殉節地記이다. 고경명 선생이 순절한 자리임을 기록한 비라는 의미이다. 비를 자세히 살펴보았다.

비의 뒷면에는 효종 임금 때 금산군수를 한 여필관이 지었다는 비문이 쓰여 있다. '군지북오리유와평즉제봉고선생순절지지郡之北五里有臥坪卽霽峯高先生殉節之地'로 시작하는 비문이다. 비문의 맨 마지막에는 숭정기원후 임진구월 금산군수 여필관 지 라고 적혀 있다. 그 옆면에는 선생순절 6주갑 되는 임진년 춘3월에 호남사림들이 세웠다는 기록이 적혀 있다. 1592년 임진왜란이 일어난 지 6회갑 즉 360년이 되는 해를 계산하여 보니 1952년이다.

1952년이면 6.25 전쟁 중인데 호남사림들이 이 비를 세웠다니 정말 감탄스럽다.

의병장 고경명 순절지는 이곳에서 북쪽으로 5리 정도 가면 있다. 그리고 보니 이 비에서 바로 건너편에 보이는 곳이 와평臥坪이다. 우리나라 말로는 눈벌이다. 눈벌이란 '누워 있는 벌판'이란 뜻인데 지형지물이 전혀 없는 허허 벌판이다. 이곳에서 고경명이 이끈 8백 명의 호남의병과 곽영이 이끈 수백 관군의 조선 연합군이 고바야카와가 지휘하는 수천의 왜군과 정면 대결을 벌이었다. 물론 전투의 결과는 조선군의 패배로 끝났지만 군사훈련도 별로 못한 의병이 정예 왜군과 정면 승부를 하였다는 것이 놀라울 따름이다.

그 날, 고경명이 치른 금산전투 장면은 조선왕조실록의 〈선조수정실록〉, 〈연려실 기술〉, 〈난중잡록〉, 〈제조번방지〉, 〈국조보감〉 등 여러 책에 남아 있다.

여기에서 선조수정실록과 연려실기술의 기록을 그대로 옮겨 보자. 정사와 야사의 기록을 동시에 살펴보는 것은 매우 흥미로운 일이다. 먼저 선조수정실록이다.

선조수정실록 26권, 25년(1592 임진 / 명 만력萬曆 20년) 7월 1일(무오) 17번 째 기사

의병장 고경명이 금산의 적을 토벌하다 패하여 전사하다

의병장 고경명高敬命이 금산錦山의 적을 토벌하다가 패하여 전사하였다. 경명이 모집한 병사 6천~7천 명을 단속해서 북상하여 여산礪山에 주둔하였는데 왜적이 호남 지역을 침입한다는 소식을 들었다. 이에 휘하 장사들이 본도를 염려하여 먼저 도내의 적을 토벌한 뒤에 북쪽으로 정벌할 것을 다투어 청하자 경명이 여러 사람의 의논을 따라 군사를 진산珍山으로 옮겼는데 당시 왜적은 금산으로 퇴각하여 진을 두터이 치고 견고하게 하고 있었다.

경명이 방어사 곽영郭嶸과 함께 재를 넘어 험한 곳으로 들어가 곧장 금산성 밖에 육박하였는데 곽영이 먼저 날랜 장사 수백 명을 보내어 적을 시험하다가 적에게 패하여 물러나자 경명이 북을 울리며 전투를 독려하여 도로 적병을 성 밖에서 위축시키고 성 안에서는 화포를 쏘아 적이 주둔하던 관사館舍를 불태우니 적이 감히 나오지 못하였다.

이튿날 동틀 녘에 다시 방어사와 같이 성 밖으로 군사를 진격시켜 관군은 북문을 공격하고 경명은 서문을 공격하였다. 그런데 적이 관군의 진이 약한 것을 알고 군사를 총동원하여 나와 급히 공격하니, 관군의 선봉장인 영암 군수靈巖郡守 김성헌金成憲이 말을 채찍질하여 먼저 도망치자 관군이 크게 패하였다. 고경명은 군사들에게 명령을 내려 일제히 활을 당기고서 대기하고 있었는데, 의병이 급히 부르짖기를 '방어사의 군사가 패하였다'고 하자 대오가 무너져 흩어졌다. 경명이 말에서 떨어졌는데 말이 달아나 버리니 종사관 안영安瑛이 자기가 타고 있던 말을 주어 타게 하고 도보로 따라갔다. 종사관 학유學諭 유팽로柳彭老는 말이 건장해서 먼저 나가다가 그의 종에게 묻기를 '대장은 모면하였는가?' 하니, 아직 못 나왔다고 하자, 팽로가 급히 말을 채찍질하여 어지러운 군사들 속으로 되돌아 들어갔다. 이에 경명이 돌아보며 말하기를 '나는 죽음을 면하지 못할 것이니 그대는 말을 달려 빠져나가라' 하였다. 팽로가 말하기를, '어떻게 차마 대장을 버리고 살기를 구하겠는가?' 하고 드디어 안영과 함께 경명을 보호하다가 적중에서 함께 전사하고 경명의 둘째 아들 고인후高因厚도 달려가 싸우다가 진중에서 전사하였다.

경명은 문학文學에 종사하여 무예를 익히지 않았으며 나이 또한 노쇠하였다. 이때에 맨 먼저 의병을 일으켰는데 충의심 만으로 많은 군사들을 격려하여 위험한 곳으로 깊이 들어가 솔선하여 적과 맞서다가 전사한 것이다. 공은 성취하지 못했어도 의로운 소문이 사람을 감동시켜 계속 의병을 일으킨 자가 많았으며, 나라 사람들이 그의 충렬忠烈을 칭송하면서 오래도록 잊지 않았다. 처음에 상이 경명이 의병을 일으켰다는 소문을 듣고 공조 참의 겸 초토사에 제수하도록 명하고, 글을 내려 칭찬하고 위로하였다. 공조 좌랑 양산숙梁山璹이 행재소에서 남쪽으로 돌아올 적에 상이 면유面諭하기를 '돌아가 고경명과 김천일金千鎰에게 말하라. 그대들이 빨리 수복하여 나로 하여금 그대들의 얼굴을 볼 수 있게 하기를 바란다고 하라'하였다. 그러나 며칠 되지 않아 명이 이르지도 않아서 경명이 패하여 전사하였는데 예조 판서에 추증하였다. 그 뒤에 광주光州에 사우祠宇를 세우고 포충사褒忠祠라고 사액하였다.

경명의 자는 이순而順, 호는 제봉霽峯이다. 풍류와 문채는 세상에서 부러워하는 바였으며 중년에는 벼슬길이 막혔으나 조용한 생활을 하면서 마음을 변하지 않았다. 그러다가 난리에 임해서 절개를 드러냈으므로 조정에서는 그를 일찍 기용하지 못했음을 한스럽게 여겼다. 그의 시는 대가로 불리워졌으며 유고가 세상에 전한다. 호남정신

● 답사할 곳 ●

* 제봉 고경명 순절비 : 충남 금산군 금성면 양전리 522-14.15

02 의병장 고경명, 금산전투에서 순절하다 (하)

다음은 이긍익李肯翊 1736-1806이 지은 〈연려실기술〉의 기록이다.

7월 9일에 고경명이 곽영과 더불어 군사를 합쳤다. 고경명의 두 아들 종후從厚·인후因厚가 각각 남원·김제·임피 등 고을의 군량과 군사를 모아 여산에 모여서 그대로 충청도·경기도를 진군하여 평양에 도달하기를 기약하였다. 그런데 은진에 이르러서 막하의 장수들이 황간·영동의 왜적들이 금산으로 넘어 들어왔다는 말을 듣고는 되돌아가서 전라도를 구하여야 한다는 말을 고경명에게 청하였다. 고경명은 또한 전주의 형세가 위급하다는 보고를 받고는 부득이 군사를 옮겨 진산으로 들어가서 곽영과 더불어 좌·우익이 되어 금산의 10리 밖에서 주둔하였다.

경명이 정예기병 수백 명을 내보내어 적을 치는데, 군관 김정욱金廷昱의 말이 부상함으로 물러나 달아나니 우리 군사가 약간 후퇴하였다. 저녁에 경명이 광대하는 사람 30명을 시켜 성 밑의 토성에 달려들어가 성 밖에 있는 관청 민가들을 불지르고, 진천뢰震天雷를 터뜨리어 성내의 창고와 노적을 연소시키니 적군의 사상자가 많았다. 날이 저물어서 각각 군사를 거두었다.

곽영이 고경명에게 사람을 보내 다음 날 같이 싸우기로 약속하였다. 이 때 아들 종후가 고하기를, "오늘 우리 군사가 승리하였으니 이 승리한 형세를 가지고 군사를 온전히 보전하여 돌아갔다가 기회를 봐서 다시 나오는 것이 좋겠습니다. 만약 적병과 진지를 마주 대하여 들판에서 잔다면 밤중에 습격을 당할 우려가 없지 않습니다" 하니, 고경명이 말하기를, "네가 부자간의 정의로 내가 죽을까 걱정하느냐, 나는 나라를 위하여 한번 죽을 따름이다. 그것이 나의 직책이다"하므로, 종후가 감히 다시 말을 못하였다.

10일 새벽에 성 밖으로 진군하는데, 경명이 먼저 기병 800여 명을 보내어 싸움을 돋우었더니, 왜적이 성벽을 비우고 나와서 먼저 관군에게 덤벼들으니, 전봉장前鋒將인 영암 군수 김성헌이 먼저 달아났다. 적이 관군의 진이 약한 것을 알고 다시 광주·흥덕 두 고을의 관군에게 달려들었으나 방어사 곽영의 진에서는 멀리 바라만 보고 흩어져 버렸다.

경명이 혼자 담당할 생각으로 군사들로 하여금 활을 버티어 기다리게 하는데, 갑자기 어떤 사람이 급한 소리로, "방어사의 진이 무너졌다."고 외치니 의병義兵의 진영도 따라 무너졌다. 경명이 일찍이 말하기를, "나는 말 타는데 숙달하지 못하니 불행히 싸움에 패하게 되면 오직 한번 죽음이 있을 뿐이다"하였다. 이런 위급한 상황에서 좌우에 있는 사람들이 말을 타고 달아나기를 청하니, 경명이 말하기를, "내 어찌 구차스럽게 죽음을 모면하려 할 것이냐" 하였다. 부하들이 붙들어 말에 태웠으나 금방 말에서 떨어지고 말이 달아나 버리니 부하인 유생 안영安瑛이 말에서 내려 경명에게 말을 주고 도보로 따라갔다. 적이 경명에게 급하게 달려들었다. 그때 유팽로는 말이 건장해서 먼저 나가다가 그 하인에게, "대장이 모면하였으냐?"고 물으니, "아직 못나왔습니다"하였다. 팽로가 말을 채찍질하여 어지러운 군사들 속으로 되돌아 들어가니, 경명이 팽로를 보고, "나는 죽음을 면치 못할 것이니, 너는 빨리 달려 나가거라" 하였다. 팽로가 말하기를 "내 어찌 대장을 버리고 살기를 구하겠습니까. 남과 군사를 도모하다가 군대가 패하면 거기에 죽는 것이 도리입니다"하였다. 적의 칼이 드디어 다가오니 팽로가 자기 몸으로 막아 가리웠다. 경명이 드디어 유팽로·안영 등과 더불어 함께 죽었다.

고경명의 둘째 아들 고인후因厚도 이 전투에서 죽고 큰 아들 고종후從厚는 무너진 군사들 속에서 나와 그 아버지의 시체를 거두었다. 가까운 고을의 선비와 백성들이 그의 죽음을 듣고 울음소리가 들판을 진동했다. 무너졌던 군사들은 그가 죽은 것을 알지 못하고 차츰 모여 왔으나 죽었다는 소리를 듣고는 모두 부르짖어 울면서 흩어졌다.

이 얼마나 감성적인 필치인가. 글의 마지막 부분은 장엄한 죽음이다. 죽음 이야기를 대하면 나도 몰래 숙연하여 진다. 임진왜란 그 당시로 돌아가 보면, 고경명, 고인후 부자가 함께 죽었다는 소식에 전투에 참여한 의병들은 얼마나 울부짖었을까. 고경명 부자의 시신 앞에서 무슨 다짐을 하였을까.

한편, 다른 기록에 의하면 의병장 고경명은 이미 자신의 죽음을 예감하였다 한다. 신경이 지은 〈제조번방지〉에는 고경명이 집에 있을 때 천문을 관찰하고 집안사람들에게 말하기를 "금년에는 장성이 불길하니 반드시 불길 할 것이다"하면서 "내가 금년에 반드시 횡액이 있을 것이다"말하고, 사위 박숙에게 편지를 보내어 가독의 일을 부탁하고 전주에서부터 북을 향하여 길을 떠났다는 글이 있다.

조선왕조실록과 연려실기술. 두 책을 읽으면서 다시 한번 정사正史와 야사野史의 차이를 느낀다. 정사가 이성적, 논리적이고 기록에 충실하다면, 야사는 보다 감성적이고 구전에 의존하며 인간의 희노애락에 호소하고 있다.

고경명 순절지에서 국난극복에 대하여 한참 생각을 한 나는 다시 발길을 금산군 금성면 의총리에 있는 칠백의총으로 옮긴다. 1592년 8월 18일양력 9월 23일 의병장 중봉 조헌과 승병장 기허당 영규 대사가 이끄는 700명의 의병은 금산 연곤평에서 고바야가와 · 앙코쿠지 · 다치바나 장군들이 이끄는 왜군 1만5천명과 싸워 모두 순절한다. 이 의로운 칠백의사의 무덤이 바로 칠백의총이다. 이 곳에는 의총과 함께 조헌 선생 순의비, 종용사 사당, 기념관이 있다.

조헌 일군순의비

먼저 '중봉 조선생 일군순의비一軍殉義碑'를 찾는다. 비를 보니 윗 부분이 파괴되어 있다. 이 비는 1603년에 건립된 것인데 1940년에 일본 경찰이 비를 폭파하였단다. 이 비가 폭발될 때에 갑자기 하늘에 먹구름이 뒤덮히고 뇌성벽력이 천지를 진동하여 일본인들이 혼비백산하여 도망쳤다는 이야기가 전하여 진다. 참, 지독한 일본 사람들이다. 철저히 역사 말살 정책을 펴다니.

이어서 칠백의총을 구경한다. 그리고 종용사 사당을 찾는다. 종용사에는 연곤평 전투에서 순절한 의병장 조헌과 영규 대사 등의 신위 뿐만 아니라 눈벌 전투에서 순절한 고경명과 유팽로 · 안영, 고경명의 둘째아들인 고인후 그리고 그의 막좌와 사졸들의 신위가 있다. 고경명의 신위는 한

종용사. 고경명과 조헌들을 모신 사당이다.

종용사 사당안에 모시어진 위패

가운데의 왼편에 조헌은 오른편에 있고, 고경명 신위 왼편은 유팽로 · 안영 등 고경명 막좌와 사졸들 신위가 있다.

종용사 글씨는 한글인데 박정희 대통령 글씨이다. 박정희 대통령은 순국선열에 대한 애정이 많은 사람이다. 특히 임진왜란을 극복한 충무공 이순신을 성웅으로 만드는 데 앞장섰다.

사당 앞에서 향을 피우고 묵념을 하였다. 그리고 '호남절의록'에서 읽은 적이 있는 고경명과 함께 금산전투에서 순절한 사람들을 생각하였다. 순절한 의병들은 고경명, 유팽로, 안영, 고인후 뿐만 아니라, 김덕홍, 이억수, 최응룡 · 최영수 부자, 김신문, 채희연, 최후립 · 최홍립 형제, 박광조, 양정연, 김봉학, 정귀세, 강염, 고훈, 박언신, 이인우, 조효원, 신건, 박응주, 고몽룡, 하정, 김세근, 전용관 등 26명이다.

그런데 종용사 사당에는 오직 고경명과 고인후, 유팽로, 안영의 신위만 있고 나머지 의병들은 막좌, 사졸 신위로 뭉쳐 있다. 막좌의 신위도 별도로 있었으면 하는 아쉬움이 있다.

종용사 사당안에 있는 충렬공 제봉 고경명 신위

종용사에서 돌아 나오는 길에 기념관에 들른다. 기념관 입구에는 고경명의 친필 글씨 세독충정世篤忠貞 편액이 붙어 있다. 세독충정. "나라에 충성하고 오로지 독실하게 살아 절개를 지켜야 한다"는 의병장 고경명의 좌우명. 이 글씨를 보니 다시 한 번 마음이 숙연해진다. 그래, 고광순1848-1907같은 고경명의 후손도 한말에 나이 60세에 항일 의병장으로 나섰다가 구례 연곡사 계곡에서 순절하였다.

기념관 안을 들어서자 중봉 조헌의 의병활동을 그린 기록화가 눈에 들어온다. 국방강화 상소도, 근왕창의도부터 금산혈전 출진도, 금산혈전 순절도까지 모두 7편의 기록화이다. 기념관에는 주로 의병장 조헌의 기념물들이 전시되어 있다. 그런데 한 곳에서 고경명이 쓴 문집 제봉집과 정기록 그리고 마상격문을 보았다. 마상격문에는 "마상격문은 고경명 선생이 1592년 6월 24일 임진왜란이 일어나자 의병을 모아 출전하던 중 각도의 관원, 군인, 백성들에게 나라를 구해야 한다는 생각을 일깨우기 위하여 말 위에서 작성하여 발표한 글이다"라는 안내문이 붙어 있다.

광주로 돌아오는 길에 다시 한 번 의병장 고경명에 대하여 생각한다. 다음에는 광주광역시 남구에 있는 그의 생가터와 포충사 그리고 장성에 있는 묘소를 가보아야겠다. 호남정신

● 답사할 곳 ●

* 칠백의총 : 충남 금산군 금성면 의총리 216
* 중봉 조선생 일군 순의비 : 충남 금산군 금성면 의총리 216 칠백의총 내
* 종용사 : 충남 금산군 금성면 의총리 216

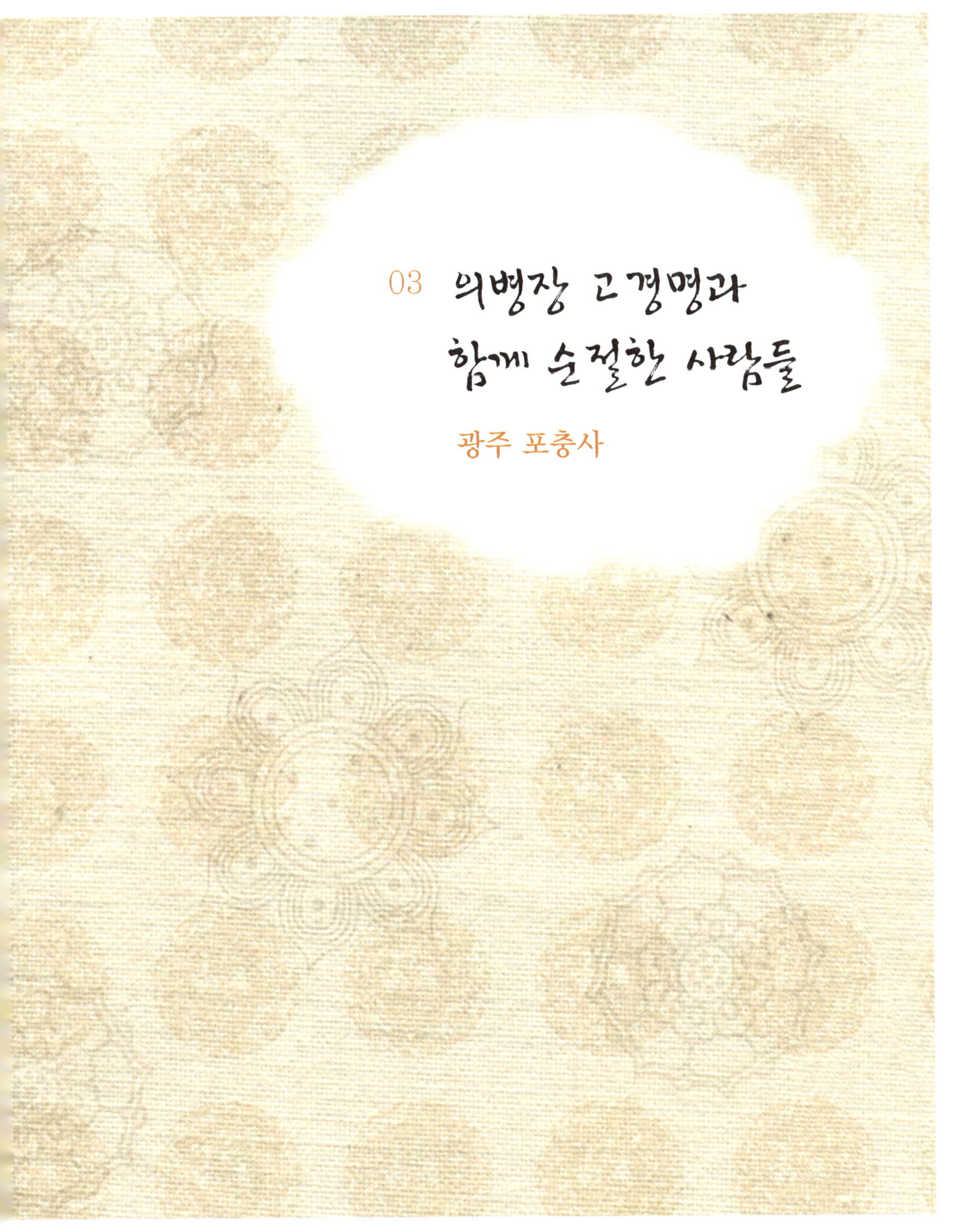

03 의병장 고경명과 함께 순절한 사람들

광주 포충사

광주광역시 남구에 있는 포충사를 간다. 포충사는 의병장 고경명을 기리기 위하여 1601년에 건립되고 1603년에 선조임금의 사액을 받은 사당이다. 포충사 사당 앞에 선다. 거기에는 고경명의 영정이 있다. 온후한 모습이다. 영정 아래 중앙에는 고경명의 신위가 있고 동쪽에 고종후1554-1593와 유팽로1564-1592, 서쪽에 고인후1561-1592와 안영1565-1592의 신위가 있다.

1592년 7월 10일, 고경명은 금산전투에서 안영 · 유팽로와 함께 순절한다. 〈연려실기술〉에서 그 날의 기록을 다시 읽어보자.

고경명이 일찍이 말하기를, "나는 말 타는 데 익숙하지 못하니 불행하게도 싸움에서 패하면 오직 한번 죽음이 있을 뿐이다" 하였다. 이런 위급한 상황에서 좌우에 있는 사람들이 말을 타고 달아나기를 청하니, 경명이 말하기를, "내 어찌 구차스럽게 죽음을 모면하려 할 것이냐" 하였다. 부하들이 붙들어 말에 태웠으나 금방 말에서 떨어지고 말이 달아나 버리니 부하인 유생 안영安瑛이 말에서 내려 경명에게 말을 주고 도보로 따라갔다.

왜적이 고경명에게 급하게 달려들었다. 그때 유팽로는 말이 건장해서 먼저 나가다가 그 하인에게, "대장이 피하였느냐?"라고 물으니, "아직 못나왔습니다"하였다. 팽로가 말을 채찍질하여 어지러운 군사들 속으로 되돌아 들어가니, 경명이 팽로를 보고, "나는 죽음을 면치 못할 것이니, 너는 빨리 달려 나가거라"하였다. 팽로가 말하기를 "내 어찌 대장을 버리고 살기를 구하겠습니까. 남과 군사軍事를 도모하다가 군대가 패하면 거기에 죽는 것이 도리입니다"하였다. 적의 칼이 드디어 다가오니 팽로가 자기 몸으로 막아 가리웠다. 경명이 드디어 유팽로 · 안영 등과 함께 죽었다.

고경명, 고종후, 유팽로, 고인후, 안영의 신위. 광주 포충사에 모시어져 있다.

순절 당시 고경명은 60세이었고 유팽로는 29세, 안영은 28세이었다. 고경명 순절시 내내 함께 한 사람은 안영이고 유팽로는 다시 돌아와서 순절을 맞았다. 안방준이 쓴 〈은봉전서〉의 '호남의록'을 보면 유팽로가 고경명을 구하려 다시 적진으로 갈 때에 하인이 말을 끌어당기며 가지 말라고 읍소하였다 한다. 그때 유팽로는 그 말을 듣지 않고 하인의 손목을 베니 하인은 부득이 말고삐를 놓고 뒤따랐다. 참, 드라마틱한 이야기이다.

다섯 분의 신위 앞에서 묵념을 하였다. 요즘처럼 나라가 어려울 때 일수록 국난을 극복한 의로운 분들이 더욱 생각난다. 금산전투에서 순절한 분은 고종후를 제외한 고경명 등 네 분이다. 고경명의 큰아들 고종후는 1593년 6월 진주성 싸움에서 순절하였다. 그러면 유팽로와 안영 그리고 고경명의 둘째 아들 고인후에 대하여 알아보자.

유팽로는 옥과지금의 곡성군 옥과면 사람으로 성균관 학유로 있던 중 임진왜란이 일어났다. 그는 급히 고향으로 내려와 담양에서 이종 간인 남원출신 양대박과 함께 고경명을 만나 창의할 것을 도모하였다. 그는 피난민 5백여 명과 하인들 1백 명과 함께 의병에 참여하여 고경명의 막좌가 되었다. 그는 고경명에게 제갈량과 같은 책사이었으나 눈이 애꾸인데다가 용모도 볼품이 없어 주변의 장수들이 그를 업신여기었다. 안방준은 〈은봉전서〉에서 유팽로가 금산 전투에 임하면서 "금산의 왜적은 그 무리가 수 만 명이니 우리의 군사로는 대적하기가 매우 어렵습니다. 내 생각으로는 여러 군사들이 힘을 합쳐 험난한 요새를 점거하고, 적이 교만에 빠져 태만해지기를 기다려

남원 정충사. 황진과 안영의 신위가 모시어져 있다.

정예병을 선발하여 사방에서 공격하는 것이 좋겠습니다."라는 간언을 하였으나 여러 장수들이 그 말을 듣지 않았다고 기록하고 있다. 그의 신위는 금산군 종용사에도 있고, 곡성군 옥과면에는 정렬각이 세워져 있다.

안영은 남원 사람으로 기묘명현 안처순의 증손자이고 청백리 이후백의 외손자이다. 그는 네 살 때 아버지를 여의고 홀어머니 밑에서 자랐으며 공부는 주로 백부 안창국이 가르쳤다. 그는 스무 살에 고암 양자징1523-1594의 딸과 결혼하였다. 양자징은 소쇄원 주인 양산보의 아들이고 하서 김인후1510-1560의 사위이다. 임진왜란이 일어났을 때 그의 어머니는 서울의 친정에 있었다. 안영은 모친을 찾아 서울로 가려는 데 난리 통에 길이 막히어 버렸다. 그는 유팽로와 함께 의병을 일으킬 것을 도모하고 고경명을 찾아가 고경명의 종사관이 되었다. 안영은 고경명을 시종 모시면서 죽음도 그와 함께 하였다. 금산 전투 후에 왜적들이 물러나자 그의 백부가 의승군의 조력으로 안영의 시신을 거두었다. 그가 찼던 칼의 칼집에는 성姓이 전자로 새겨져 있었고 허리 사이의 비단 주머니에는 충효 두 글자가 수놓아져 있었다. 비단 주머니 글씨는 부인 양씨가 수놓은 것이었다. 그의 신위는 금산 종용사와 전북 남원시 주생면의 정충사에 모시어져 있다.

고인후는 1589년에 문과에 급제하였다. 급제의 정도로 보아 홍문관이나 한림원에 배치하여야 하는 데 당시에 고경명이 미움을 받던 터라 성균관 학유로 근무하였다. 임진왜란이 일어나자 그는 아버지와 형님과 함께 최전선에서 의병을 이끌었다. 금산 전투 때에도 그는 왜적의 총탄을 무릅쓰고 군사들을 재정비하여 싸우다가 순절하였다.

금산 전투에서 순절한 이들은 단지 유팽로, 안영, 고인후 뿐만 아니다. 〈호남절의록〉에는 고경명과 함께 순절한 20여명의 의병들 명단이 적혀있다. 즉 김덕홍, 이억수, 최응룡 · 최영수 부자, 김신문, 채희연, 최후립 · 최홍립 형제, 박광조 · 박광종 형제, 양정연, 김봉학, 정귀세, 강엽, 고훈, 박언신, 이인우, 조효원, 신건, 박응주, 고몽룡, 하정, 전용관, 김세근이다.

그러면 이들에 대하여 자세히 알아보자. 김덕홍은 의병장 김덕령의 형이다. 일찍이 아버지를 여의고 홀어머니를 모시고 동생 덕령, 덕보와 함께 광주에서 살았다. 임진왜란 때에 동생 덕령과 함께 고경명 휘하에 의병으로 참여하였는데, 전주에 이르러 전세가 위급하여지자 덕홍은 덕령에게 말하기를 "이 적을 없애지 못하면 나는 살아 돌아가지 않을 것이다. 늙으신 어머니가 집에 계시는데 형제가 함께 죽을 수는 없으니 너는 돌아가 노모를 봉양하여라."하였다. 마침내 혼자서 싸워 순절하였다.

이억수는 남원사람으로서 1588년 무과에 급제하여 수문장을 지냈다. 금산 전투에서 힘을 다해 싸우다가 순절하였는데 그 때 나이 29세였다. 최응룡은 남평 사람으로서 아들 최영수와 함께 전투에 참가하여 순절하였다. 김신문은 정읍 출신으로 하인들과 함께 참전하였다. 그는 고경명이 아직 적진에서 벗어나지 못하였다는 말을 듣고 적진에 들어갔다가 순절하였다. 채희연은 남원 사람으로서 파란 옷을 입고 백마를 타고 적진을 누비었다. 그는 왜적 수 십 명을 베었으나 순절하고 말았다.

최후립은 남평, 최홍립은 광주 사람으로서 형제간 이었다. 최후립은 임진왜란이 일어나자 일곱 살 난 아들에게 유서를 써서 주었다. 그 유서에는 "임금께서 피난하시었는데 나는 대대로 녹훈을 받은 신하의 후예로서 어찌 국난에 나서지 않을 것인가. 오직 한번 죽음이 있을 뿐이다."라고 하였다. 최홍립도 형 후립과 함께 적 여러 명을 베었으나 힘이 다하여 순절하였다.

무안 사람 박광조는 아우 박광종과 함께 의병을 모아 고경명 군에 합류하여 함께 전사하였다. 양정언은 남원 사람으로 양덕현감을 지냈는데 항상 사졸의 선두에서 싸우다가 순절하였다. 순창 출신 김봉학은 나이 78세에 의병으로 나서서 적진에서 죽었다.

정귀세는 광주 출신으로 훈련원 봉사로서 고경명을 따라 전투에 참여하였다가 순절하였다. 장성 출신 강염은 의병 70명을 모아 참여하였고 조방장을 맡았다. 전투에서 적을 무수히 죽이었으나 그 또한 죽었다. 고훈은 능주 출신으로 최일선에서 적을 많이 죽였으나 총탄에 맞아 죽었다.

광주 출신 박언신, 영광 사람 이인우, 창평 출신 조효원도 참전하여 순절하였다. 신건은 광주 사람으로 무과에 급제하여 첨사를 지냈으며 여러 의병들을 독려하다가 총탄에 맞아 순절하였다. 함평 출신 박응주, 해남출신 고몽룡, 광주사람 하정도 힘껏 싸웠으나 힘이 다하여 적의 칼에 죽었다. 전용관은 옥구 사람으로 태인에서 고경명 군과 합류하였는데 순절하였다. 김세근은 광주 사람으로 서구 서창동 백마산 수련곡에서 훈련시킨 장정 3백 여 명을 이끌고 의병으로 참전하여 순절하였다.

그런데 포충사 사당 안을 둘러보아도 이 분들의 신위를 찾아 볼 수 없다. 충남 금산 종용사에는 막좌와 사졸의 신위가 있었는데. 사당 경내를 둘러보아도 막좌와 사졸에 대한 추모비를 찾아 볼 수 없다. 이 점이 너무 아쉽다. 역사에서 우리는 장군만 기억하는 경향이 있다. 그렇지만 그 장군이 기억되는 것은 그와 함께 싸운 부하들이 있었기 때문이다. 이제는 막좌 · 사졸들도 추모하는 작업이 필요하다. 호남정신

● 답사할 곳 ●

* 광주 포충사 : 광주광역시 남구 원산동 947
* 정렬각 : 전남 곡성군 옥과면
* 정충사 : 전북 남원시 주생면 정송리 정충마을

04 고종후, 아버지 고경명의 시신 수습 후 복수 의병장이 되다

임진왜란 최대의 격전지 진주성을 간다. 진주성에서는 두 차례의 큰 전투가 있었다. 1592년 10월에 김시민 장군이 왜적을 무찌르는 진주승첩이 있었고, 1593년 6월에는 김천일, 고종후 등 호남 의병들이 진주성을 사수하다 순절하였다. 이번 답사는 고종후高從厚 1554-1593의 흔적을 찾기 위함이다. 승용차에서 〈호남절의록〉의 '효열공 고종후 사실'을 읽는다. 여기에는 고종후의 의병활동이 자세히 적혀 있다. 고종후는 1577년에 문과에 급제하여 1588년에 임피현령을 지냈다. 그때 집권층과 뜻이 안 맞아 파직 당하였고, 1591년에 지제교에 뽑혔으나 또 탄핵을 받았다. 그는 벼슬길이 잘 안 풀리었다.

임진왜란이 일어나자 그는 전라감사 이광의 2차 의병 모집 시, 인솔 부대장이 되어 의병들을 권율의 군대에 인계하여 주고 다시 돌아왔다. 이때 고경명은 담양에서 창의하였는데 고종후는 태인에서 아버지를 만나 뵙고,

폐현 금구현에 가서 인원을 모집하는 한편, 격문을 제주도로 보내어 말을 보내 달라고 청하였다.

이 격문에는 이러한 구절이 있다. "바다 밖에서도 옷을 떨치고 일어날 사람이 있을 줄을 나는 안다. 채찍을 잡고 서서 천하에 말[馬]이 없다 하지 말라." 이것이 깨우치는 절구로서 당시 사람들이 서로 전해 가며 외웠다.

1592년 7월 10일 금산전투에서 곽영의 관군이 먼저 무너지고 고경명 휘하의 의병들도 허망하게 무너지고 말았다. 중간에 있던 고종후는 낌새를 모르고 말을 채찍질하여 앞에 나가 싸우려 하였다. 그 때 노비 봉이과 귀인이 달려와서 의병장 고경명이 선봉에서 위험하다는 말을 전하였다. 고종후가 급히 삼 십리를 달려간 뒤에야 고경명과 고인후가 순절한 사실을 알았다. 순간 고종후는 말에서 떨어져 기절하였다. 한참 후에 정신이

진주성 입구. 촉석문

들어서 맨손으로 적진에 나가 싸우려고 하자, 집안의 하인 봉이와 귀인을 비롯하여 주변 사람들이 공을 껴안고 말리었다.

그들은 "일이 이미 이 지경에 이르렀으니 그냥 죽는 일은 아무 의미가 없습니다. 부친과 동생의 시신이 싸움터에 있는 마당에 당신마저 죽으면 누가 시신을 수습할 것입니까?"라고 간곡하게 말하였다.

이윽고 고종후는 의병과 승군僧軍의 도움을 받아 싸움터로 다시 들어가 부친과 아우의 시신을 수습하여 금산의 산중에 임시로 묻었다. 그리고 40여일이 지난 8월에 비로소 관을 마련하여 염습을 하였다. 시신을 보니 더위와 비를 겪었지만 얼굴빛이 살아 있는 것 같아서 보는 이들이 기이하게 여겼다. 장례를 치른 다음 날, 바람과 눈이 섞여 일어나고 긴 무지개가 무덤 왼쪽에서 생겨 무덤의 경내를 가로질러 수십 리에 뻗치고 이상한 광채가 한 달이 넘도록 사라지지 아니하였다. 사람들은 이것을 충성과 분노의 감응이라고 하였다.

노비 봉이와 귀인 충노비. 광주 포충사에 있다.

장례를 마친 고종후는 밤낮으로 통곡하였다. 부친과 동생이 순절하였는데 홀로 목숨을 연명하면 무슨 낯으로 세상 사람들을 볼 것인가 하면서 싸움터로 가려 하였다.

그런데 홀로 된 어머니가 싸움터로 가는 것을

말리었다. 어머니는 "내가 먼저 죽겠다. 차마 너의 죽음을 생전에 다시 볼 수 없다"는 입장이었다. 고종후는 의리를 따른다면 어머니의 뜻을 거역하는 것이고, 어머니의 뜻을 따른다면 나라를 지킬 의리를 저버리는 일이었다.

그는 문을 걸어 잠그고 하늘도 보지 않고 오랫동안 식음을 전폐하여 거의 죽을 지경에 이르렀다. 마침내 고종후의 어머니가 지고 말았다. 어머니는 울면서 "내가 너를 말린 것은 본디 너를 살리기 위한 것이었는데 이제 네가 병으로 죽는다면 차라리 네 뜻대로 히다가 죽는 섯이 더 낫겠다"고 말하였다.

어머니의 허락을 받은 고종후는 즉시 일어나 죽을 먹고 몸을 추스렸다.

1592년 12월에 고종후는 광주에 의병청을 설치하고 '복수'復讐를 군의 구호로 삼고 여러 곳에 격문을 보내어 의병을 모았다. 그 격문을 읽어보자.

"불행한 때를 만나 집안의 화변이 망극하다. 불초고不肖孤는 상중喪中에 앓고 누어 아직까지 왜적들과 한 하늘에서 살아 있다. 이번에 첨지 홍계남이 먼저 대의로서 아버지의 원수를 갚고자 의병을 일으키니 마음은 다 같은지라, 누군들 일어나지 않겠는가.

나도 비록 못났으나 아버지의 장례도 마쳤으니 이 몸이 죽어도 유감이 없다. 상복을 무릅쓰고 병든 몸을 붙들고 동지들과 더불어 적과 싸워 죽을 계획을 하고자 한다. 태인泰仁 진원珍原 장성長城의 세 고을 수령들 또한 하늘에 사무친 통분을 품고 있어, 도체찰사는 그들에게 군사를 합하여 원수를 갚도록 하고 법도와 규칙에 구애받지 않도록 허락하였다.

아아, 호남지방의 사람들뿐만 아니라 경기 지방의 선비와 백성들 중에 남쪽으로 내려온 사람들도 어찌 부자 형제의 원수가 없겠는가. 비록 다행히 적의 칼날을 피할 수 있었더라도 서리와 이슬 속에서 병을 얻어 그로 인해 죽게 되었다면 또한 이 원수를 잊을 수 없을 것이다. 내 선친이 담양에서 의병을 일으켰을 때 전라도의 여러분들이 나랏일에 같이 죽기를 기약하여 향불을 피우고 하늘에 맹세하고서 선친을 추대하여 대장으로 하였으니, 진실로 형제 같은 의리가 있었던 것이다.

그런데 불행히도 대업을 끝까지 성취하지 못하였으니 여러분이 어찌 차마 길가는 사람의 일처럼 보고 있을 수 있겠는가. 그때의 부하 무인들은 이미 다 의병으로 달려왔다. 원컨대 나를 불초하다고 생각지 말고 담양에서 피를 마셔 맹세하던 일을 다시 한 번 회상하여 일제히 광주에 모여서 맹약을 맺고 함께 싸우자"

그런데 당시에는 군사 징발이 여러 갈래로 겹쳤기 때문에 민간에 있는 장정이 없어서 모집된 군사가 겨우 수백 명에 불과하였다. 그는 부친과 친한 삼도체찰사 송강 정철에게 군사를 부탁하였다. 정철은 절의 노비寺奴와 내노內奴 군중에 속한 종들을 의병에 종속시켜 주었다. 의병은 이제 천 명이 넘었다.

고종후는 조수준을 계원장으로, 승려 해정을 유격장으로, 김인혼과 고경신을 군관으로 삼았다. 그리고 스스로를 복수의병장이라고 칭하면서 오빈을 종사관으로 삼고 오유를 부장으로 삼았다. 이때 집안의 종, 봉이와 귀인 등도 종군하였으며 고경명의 서제인 고경형도 의병에 참가하였다.

영남으로 출발하는 날에 고종후는 어머니에게 재배하면서 막내 동생 고용후에게 말하기를 "오늘이 마지막 이별이니 어머니를 잘 모시고 공부에 힘쓰라"고 당부하였다. 이 때 부인 이씨는 안동 본가로 피난하였는데 고종후가 싸움터로 간다는 소식을 듣고 광주로 달려 왔다. 부인은 절양루지금

진주 남강

의 광주광역시 누문동 광주일고 근처에 있는 고종후를 뵙기를 청하였다. 그런데 공은 이미 출전 중에 있으니 이곳을 떠날 수 없다 하였다. 부인은 다시 두 아들을 보내어 아버지와 작별을 하고 오라고 하였는데 이때 큰아들이 7살, 작은 아들이 5살이었다. 공은 아들을 무릎에 앉히고 등을 어루만지면서 말하기를 "나는 너를 위하여 죽는 것이니 오히려 사는 것이 아니냐"라고 하면서 속옷을 벗어주며 이씨 부인에게 전하도록 하였다.

어느덧 진주성에 도착한다. 남강은 의기意氣가 흐른다. 촉석루를 지나서 맨 먼저 가는 곳은 창렬사彰烈祠 사당이다. 1593년 6월 하순 진주성이 위기에 처하자 고종후는 휘하병력 4백 명을 데리고 진주성 안으로 들어가 김천일의 부대와 합류한다. 그리고 6월 29일 진주성이 함락되던 날, 그는 김천일 · 최경회 등과 함께 남강 물에 몸을 던진다.

진주 창렬사

고종후의 신위는 창렬사 중앙 사당에 김천일 · 최경회 · 황진 등과 함께 있다. 의로운 분들에게 묵념을 하였다. 그리고 한 분, 한 분 앞에서 다시 고개를 숙이었다. 논개 사당을 보고 촉석루에 올라서 흐르는 남강을 바라본다. 이곳이 호남 의병장 김천일 · 최경회 · 고종후, 세 장사가 몸을 던진 곳이다.

이런 시를 남기고.

촉석루 삼장사는 잔을 들고 굽어 볼 제
뜻있어 흐르는 물, 웃는 가슴 미어지다.
세월도 강물이거니 넋은 길이 남으리라.

● 답사할 곳 ●

* 진주성 : 경남 진주시 남성동 055-749-2480
* 창렬사 : 경남 진주시 남성동 진주성 내
* 국립진주박물관 : 경남 진주시 남성동 진주성 내 전화번호 (055) 742-5951
* 촉석루 : 경남 진주시 남성동 진주성 내

05 양산숙, 선조임금을 알현하고 의병의 일을 아뢰다

1592년 6월 하순, 의병장 김천일은 경기도 수원에서 활약하고 있었다. 그는 이전에 수원부사를 하였기에 의병이 많이 모이었고 독성산성에서 기거하면서 전라병사 최원과 함께 금구전투에서 왜적 15급을 베고 병기와 군마 등을 노획하는 전과를 올렸다. 그리고 부장 양산숙梁山璹, 1561-1593으로 하여금 선조 임금에게 의병활동을 전하도록 하였다.

양산숙은 곽현과 함께 낮에는 숨었다가 밤에 길을 달려서 7월 중순에야 압록강변 의주에 이르렀다. 드디어 양산숙 등은 선조를 알현한다. 양산숙은 엎드려서 통곡을 하고 현재 왜적의 형세와 전라도와 경상도의 의병 활동에 대하여 자세히 아뢰었다. 이 기록은 7월 24일자 선조 실록에 나온다

양산숙의 이야기를 들은 선조는 눈물을 흘리면서 말하기를 "오랫동안 남쪽 소식을 듣지 못하다가 지금 너를 보고서야 옛 강산이 아직도 보존되고 있음을 알았구나"하였다. 이어서 임금은 양산숙에게 공조좌랑을, 곽현에게

사축서 사축司畜署司畜 벼슬을 제수하였다. 의병장 김천일에게 창의사, 고경명에게 초토사를 각각 임명하고 곽재우 등에게도 벼슬을 내리면서, 전라도와 경상도 의병에게 교서를 내렸다. 교서의 요지를 읽어 보자.

"내 이제 들으니 고경명과 김천일 등이 의병 수천 명을 규합하여 절도사 최원과 함께 수원으로 진주하였다 한다. 부덕不德한 나에게 어떻게 이토록 백성들이 사력을 다 할 수 있단 말인가. 이제 양산숙 등을 보내어 돌아가서 알리려 하니 그대들은 내가 알리는 뜻을 잘 헤아리도록 하라.

나라의 운명이 험난하여 내가 이제 올 데까지 다 왔으니 용만龍灣 – 옛 의주의 이름의 한 모퉁이에서 앞으로 어디로 더 가겠는가. 인정이 극도로 곤궁해지면 회복하기를 생각하는 것이 당연한 이치이다. 서늘한 가을 기운이 조금 움직이는데 변방은 벌써부터 추워진다. 저 장강長江을 보니 역시 동쪽으로 흐르는데, 다시 돌아가려는 생각이 흐르는 강물처럼 왕성하다."

다른 하나는 영남의 사민士民에게 유시하는 것으로 호남에 보내는 것과 같았는데 끝부분에 이르기를, "듣건대 정인홍 · 김면 · 곽재우 등이 의병을 일으켜 많은 무리를 규합했다 하니, 본도의 충성과 의리는 오늘날에 있어서도 오히려 없어지지 않았다 하겠다. 더구나 곽재우는 비상한 작전으로 적을 더욱 많이 죽였는데도 그 공로를 스스로 진달하지 않고 있으니 내가 더욱 기특하게 여기는 바로 그의 명성을 늦게 들은 것이 한스러울 뿐이다. (중략)

힘을 합하여 한양을 수복하고 와서 승여乘輿를 영접하도록 하라. 그리하면 그대들은 살아서는 아름다운 이름을 누리게 될 것이며, 혜택이 자손들에게 전해질 것이니 위대한 일이 아니겠는가. 이에 정인홍을 제용감 정으로, 김면을 합천 군수로, 곽재우를 유곡 찰방에 임명하여 표창하고 면려한다." 하였다. (선조수정실록 1592년 8월 1일)

그러면서 선조 임금은 양산숙 등에게 술과 약을 내리면서 말하기를 "돌아가 고경명과 김천일에게 말하라. 그대들이 빨리 수복하여 나로 하여금 그대들의 얼굴을 볼 수 있게 하기를 바란다고 하라" 하였다.

임금의 환대를 받은 양산숙은 눈물을 흘리고 하직 인사를 올리면서 감격하는 시를 한 수 지었다.

천리 먼길, 임을 뵙고 이내 속 모두 다 여쭙고
나직이 전하시는 임의 말씀도 내 들었네.
뼈에 사무친 이 은혜를 무엇으로 갚으리오.
목숨 바쳐 임의 은혜 갚을 때가 바로 지금이리.

양산숙은 다시 김천일의 진중으로 돌아와서 임금의 교서를 읽었다. 그 당시 김천일은 강화도에 머물고 있었다. 양산숙의 교서를 들은 의병들은 모두 눈물을 흘리었다. 그리고 죽기로 싸워서 왜적을 무찌르리라 다짐하였다. 양산숙은 다시 남쪽으로 내려가 고경명에게 내린 교지도 전하였다. 이 때 고경명은 이미 금산전투에서 죽은 몸이었다. 아들 고인후, 종사관

양씨 삼강문, 광주광역시 광산구 박호동에 있다.

유팽로, 안영도 함께 전사하였다. 큰 아들 고종후를 비롯한 의병들은 양산숙이 읽어 내려가는 임금의 교서를 듣고 울음바다였다. 맹주 고경명을 잃은 슬픔이 한꺼번에 북받쳤으리라. 백성들도 감격하여 울지 않는 이가 없었다.

1593년 6월 양산숙은 다시 의병장 김천일을 따라 진주성을 지키었다. 2차 진주성 싸움은 가등청정의 왜군 10만 명과 김천일, 최경회, 황진, 고종후 등의 전라도 연합의병 3,800명의 싸움이었다. 조선군과 명군은 전혀 지원을 하지 않았고, 경상도 의병도 가담하지 않았다. 그 때 양산숙은 김천일의 서신을 가지고 명나라 장수 유정劉綎에게 병력 지원을 요청하였다. 양산숙은 강개한 말투로 말하면서 눈물을 흘리며 유정을 설득하였다. 유정은 양산숙의 말에 탄복하였으나 끝내 군사를 출동하지는 않았다.

양산숙이 돌아왔을 때에는 왜적은 이미 진주성을 겹겹이 포위하고 있었다. 동행한 몇 사람은 겁을 먹고 모두 탈주하였다. 양산숙은 말하기를, "위태로운 처지에서 구차하게 죽음을 모면하고 주장主將으로 하여금 혼자만 죽음에 빠지게 하는 것이 옳겠는가"하고, 남강을 통해 성에 들어가니 군사들이 모두 놀랐다.

1593년 6월 29일, 진주성이 마침내 9일만의 싸움 끝에 함락되고 말았다. 양산숙은 창의사 김천일을 부축하고 촉석루에 올랐다. 김천일은 양산

충신 양산숙 편액, 양씨 삼강문 안에 있다.

나주 정렬사에 있는 양산숙의 신위, 김천일 왼쪽에 모시어져 있다.

숙에게 '자네는 헤엄을 잘 치니 빠져나가서 후사를 도모하라' 고 하였으나 그는 '이미 거사를 함께 하였는데 어찌 혼자서만 살길을 찾으리오' 하면서 먼저 강물에 몸을 던져 죽었다. 이윽고 김천일, 최경회, 고종후도 남강에 뛰어들어 죽었다.

백사 이항복이 이르길, "단정하게 의리를 쫓아 몸가짐을 잃지 않는 사람은 김천일과 양산숙 뿐"이라고 추모하였다. 의리는 죽어서도 지키는 것인가. 양산숙의 신위는 의병장 김천일과 함께 나주 정렬사와 진주성 창렬사에 모시어져 있다.

진주 창렬사. 김천일 · 고종후 · 최경회 · 황진 · 양산숙 등의 신위가 모시어져 있다.

양산숙을 만나러 광주광역시 광산구 박호동에 있는 양씨삼강문을 간다. 여기에는 충신 양산숙, 효자 양산룡과 양산축, 절부 양응정의 처 박씨 부인과 양산숙의 처 이씨 부인 그리고 열녀 양씨부인의 편액이 있다. 그 옆에는 제주양씨 삼강전三綱傳 비석이 세워져 있다. 충신, 절부 이야기를 살펴보자.

양산숙은 기묘사화로 희생된 개혁 사림 조광조의 시신을 수습한 기묘명현 학포 양팽손의 손자이고, 대사성 송천 양응정1519-1581의 아들이다. 양응정은 천도책 시험문제를 낸 제술관으로서 이 때 율곡 이이가 장원 급제하였다. 양응정은 말년에 고향에 살면서 아들들에게 머지않아 환난이 닥칠 것이니 병법 공부도 소홀히 하지 말라고 하였다. 양산숙은 우계 성혼成渾의 문하에서 공부하였는데 세상이 평탄하지 못한 것을 보고 과거시험 공부를 단념하고 나주 삼향리에서 살았다. 안방준의 은봉전서 '호남의록' 에 보면 양산숙이 살던 곳은 본가와 백 여리 떨어진 곳이었는데 매일 모친에게 문안드리었다고 한다.

1588년에 왜의 사신 귤강광이 동래에 왔다. 대마도주의 가신인 그는 화친을 하러 온 것이 아니라 조선의 국방 상황을 살피러 온 것이었다. 양산숙은 남원으로 달려가 집안사람인 양대박과 함께 가마꾼으로 변장하고 경상도로 들어가 왜나라 사신의 동태를 살핀 바 머지않아 왜란이 일어날 것을 예감하였다.

1589년에 그는 홀로 소를 올려 당시 재상들을 비판하였다. 1592년 임진왜란이 일어나자 그는 형 산룡, 아우 산축과 함께 통곡하면서 어머니에게 고하기를 "나라가 이렇게 위태로우니 이제 저희 형제들은 나라를 위해 죽고자 합니다"하였다. 이 때 어머니 박씨 부인은 "우리는 대대로 나라의 은혜를 입어 온 가문이다. 나라를 구하려다 죽으면, 죽을 자리에서 죽는 것이니 너희는 있는 힘을 다하라"하였다. 그 아들에 그 어머니이다. 이어서 양산숙은 형 산룡과 함께 군사 수백 명을 모집하여 김천일을 맹주로 모시고 거병하여 그는 부장이 되고 양산룡은 운량장이 되었다.

양산숙의 처 이씨 부인도 절부節婦이다. 1597년 정유재란 때 삼향포지금의 나주시 몽탄로 피난을 가다가 왜적을 만나 시어머니 박씨과 함께 강물에 투신하였다. 그런데 몸종이 물에 빠진 그녀를 살렸으나, 왜적이 다시 가까이 오자 그녀는 가지고 있던 칼로 목을 찔러 자결하였다. 그 녀 몸에는 남편 양산숙의 신주를 지니고 있었다 한다. 그 지아비에 그 지어미이다.

● 답사할 곳 ●

* 양씨 삼강문 : 광주광역시 광산구 박호동

* 나주 정렬사 旌烈祠 : 전남 나주시 대호동 646 전화번호 (064) 330-8474

* 진주 창렬사 : 경남 진주시 남성동 진주성 내

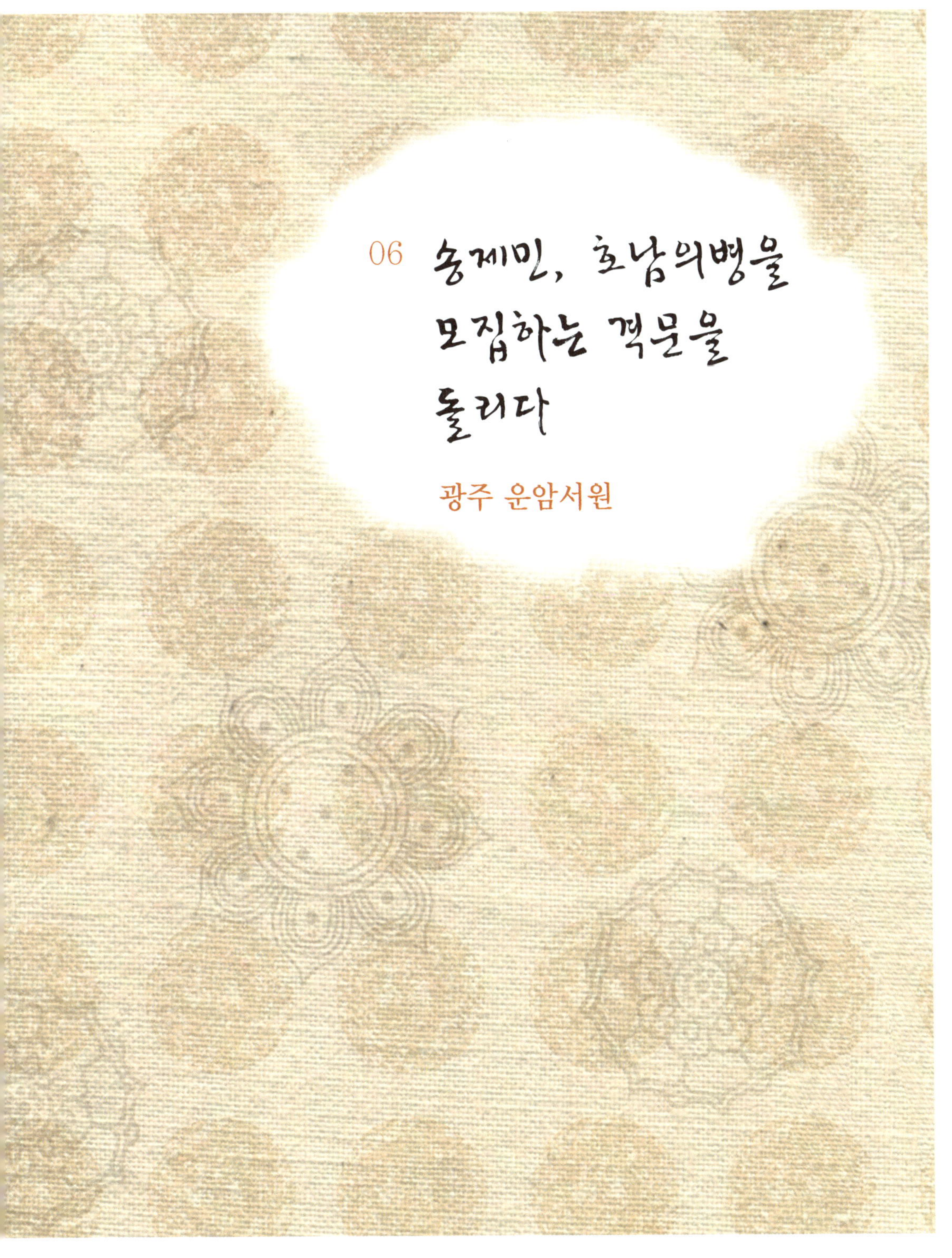

06 송제민, 호남의병을 모집하는 격문을 돌리다

광주 운암서원

의병장 고경명이 금산 전투에서 순절한 지 열 하루가 되는 1592년 7월 21일, 전라도 의병 종사관 송제민은 전라도 열읍의 수령들에게 호남의병을 모집하는 격문을 보낸다. 그는 의병장 김천일과 함께 수원산성에 머물렀는데, 왜군이 서울, 충청도 등을 장악하여 군량 수송이 원활하지 못하였으므로 김천일은 송제민으로 하여금 충청도에 가서 의병을 모집하도록 하였다.

이에 송제민은 호서의병 격문을 충청도 수령들에게 보내고 의병을 모았다. 20일 사이에 정병 2천여 명이 모이었다. 그리하여 조헌을 좌의병장으로 추대하여 황간, 영동 아래쪽의 왜적을 막고, 박춘무를 우의병장으로 삼아서 금산 위쪽의 적을 맡아 막도록 하였다. 그런데 7월 10일에 고경명이 금산에서 패배하였다는 비통한 소식을 듣고 말을 남쪽으로 돌려 의병들이 아직 해산하기 전에 다시 불러 모으려고 격문을 돌리었다.

송제민 영정, 광주 운암서원 안에 있다.

먼저 송제민宋濟民 1549-1602에 대하여 알아보자. 홍문관 정자를 한 아버지 송정황은 그가 태어나자 울음소리를 듣고 탄식하기를 "참, 애석하다. 이 아이가 보통 사람과 달리 배우 현명하기는 하겠으나 운명은 너무 기구하겠구나" 하였다. 아니나 다를까. 그는 아홉 살에 아버지를 여읜다. 성품이 곧은 선비 송정황은 당시의 실세 윤원형의 눈 밖에 나서 객지에서 비명횡사한 것이다.

이런 충격으로 송제민은 아예 과거 시험도 보지 않고 산천을 돌아다니었다. 그리고 토정비결의 저자인 토정 이지함을 만나 그의 제자가 되었고, 1578년에 토정선생을 따라 충청도에서 조헌과 박춘무를 만났다. 그들은 몇 마디 말을 주고받고는 의기투합하였다. 1585년 이이, 성혼, 정철 등이 탄핵을 당하자 조헌과 함께 연명하여 상소를 올리려 하였으나 그의 숙부도 탄핵에 연루되어 상소를 포기하였다. 이어서 1588년에 조헌이 상소를 올렸다가

운암서원, 광주광역시 북구 화암동에 있다.

유배를 당하자, 송제민은 세상과 등지고 산과 바다를 유람한다. 그러다가 아예 무안 땅으로 내려가 배를 타고 이 섬 저 섬 돌아다니었다. 이때 그는 호를 해광海狂이라 지었다. 해광은 바다에 미친 사람이라는 의미이다.

1592년 4월에 임진왜란이 일어났다. 그는 양산룡, 양산숙과 함께 나주의 김천일을 찾아가 거병을 하여 김천일의 종사관이 되었다.

그러면 송제민의 호남의병 모집 격문을 읽어 보자. 이 격문은 그의 문집인 〈해광집〉과 조경남이 지은 〈난중잡록〉에 수록되어 있다.

'1592년 7월 21일 전라도 의병종사관 송제민은 삼가 통곡하여 재배하

고 본도 열읍의 수령과 유향소및 향교 훈도와 당장堂長과 유사有司 등에게 이 글을 보내 나이다.'

이렇게 시작하는 격문은 충청도에서 의병을 모아 조헌과 박춘무를 의병장으로 삼았는데, 고경명의 비보를 들었다고 적고 있다.

'말을 돌려 남쪽으로 와서 의병이 흩어지기 전에 다시 또 소집해 볼 계획으로 은진恩津에 이르렀으나 이미 군사들이 흩어져 어찌할 수 없음을 알았습니다.

아! 사람이 누군들 죽지 아니하겠습니까마는, 죽을 자리를 얻어 죽는 것은 정말 어려운 것입니다. 왜적이 한창 극성을 부릴 때, 날쌘 군사와 용맹한 장수들도 모두 관망하거나, 도망가서 구차스럽게 목숨을 유지하는데, 고경명은 유학을 하는 문신으로서 본래 군사에 대한 일을 알지 못했으나 하루아침에 군중의 추대를 받아 갑자기 장수가 되어 나라를 위해 목숨을 바쳐 임금에게 보답하였습니다. 그 아들 또한 아비를 따라 죽어서 충성과 효도가 아울러 한 집안에 났으니 죽어도 영화가 남아서 열렬한 빛이 있는지라, 사람마다 한 번 죽음은 있는데 고경명은 유독 그 도리를 다하고 그 자리를 얻었으니 그를 위해 눈물을 흘리고 마냥 슬퍼하고 있을 수는 없습니다.

다만 깊이 애통할 일은 임금님께서 서쪽으로 피난을 떠나시고, 종묘와 사직이 잿더미가 되었으며, 조선 7도가 왜적에게 유린을 당했는데 오직 호남만이 아직까지 다행히 보전되었으니 국가를 회복할 기본이 실로 이곳에 있다 하겠습니다. 그런데 이곳 장수는 태만하고 군사는 교만하여 걸핏하면 무너져 흩어지고 마는 것입니다.'

이어서 격문은 왜군과의 대치 상황을 설명하고 있다.

7도가 유린되고 전라도의 다섯 고을이 함락된 상황에서도 다행히 웅치의 혈전에 힘입어 왜적의 기세가 조금 꺾이어 전주가 방비 태세를 갖추고 있고, 충청도의 의병 또한 조헌을 중심으로 든든하고 경상도에는 김성일, 곽재우 두 장수가 있으며, 명나라 군사 5만 명이 우리 근왕의 군사와 함께 북으로부터 남으로 내려오면 한양 등에 있는 왜군과 충청도의 왜군들이 밀려서 돌아갈 길이 없을 것이다. 그렇게 되면 왜적은 반드시 금산의 적과 합세하여 전라도를 죽음을 걸고 달려들 것인데 걱정이라는 것이다. 그리하여 송제민은 호남 사람들이 의병으로 나설 것을 호소한다.

'아! 옛사람은 천하의 백성을 나의 동포로 삼았는데 하물며 우리 전라도 선비들은 조상 때부터 이 땅에서 태어나고 이 땅에서 살았으니 조상들의 혼백이 이곳에 깃들여 있고, 부모 형제가 편안히 살던 곳이요, 처자 자손들이 나서 자란 곳이요, 이웃 친구들과 교유하던 곳입니다. 그런데 하루아침에 변을 만나 오랑캐 놈들의 신하와 노복奴僕이 된다면 이 이상의 욕됨이 있겠습니까. 차라리 한 번 죽는 것이 오히려 영광일 것입니다. 더구나 흉한 참변이 계속되어 골육과 친척이 함께 적의 손에 죽을 바에야 차라리 적과 싸우다가 죽는 것이 더 낫지 않겠습니까. 지금 만약 싸움을 피하여 반드시 살 고자 하면 그 삶이 마침내 살 수 없게 되어 다른 도와 같이 참혹하게 될 것이고, 혹시 한 번 싸움을 결심하여 죽음을 두려워하지 않으면 꼭 죽는 것도 아니고 마침내는 참혹한 화를 면하고 길이 무궁한 복을 받을 것이니, 이렇게 하자는 것이 우리 자신들이 모두 절박하여 하고자 하는 거사입니다. (중략)

무릇 우리 전라도 각 읍의 부로父老들은 아비가 그 자식을 돕고 형이 그 아우를 격려하여 지조와 절개를 가다듬고 다시 의병을 일으켜 흉한 칼날을 막아서, 위로는 임금의 원수를 갚고 사람과 귀신의 원통함을 씻으며 아래로는 부모에게 효도하고 처자를 보전하여 길이 그 집을 편안히 합시다!'

이런 호소문에도 불구하고 송제민은 의병을 모집하지 못하고 만다. 더구나 8월에 형제처럼 친했던 조헌이 금산에서 의병 700명과 함께 순절한다. 송제민은 비보를 듣고 통곡하다가 기절한다. 1593년 6월말에는 생사를 같이 하기를 맹세한 의병장 김천일마저 진주성에서 순절한다. 해광 송제민은 세상을 비관한 나머지 한때 광주 무등산에 입산한다. 그러나 그는 마냥 무등산 속에 칩거만 할 수 없었다. 1593년 8월 송제민은 모친상을 당한 외가쪽 친척 김덕령을 찾아가 '나라 일이 먼저이고 집안일은 나중'이라는 의리로 설득하여 그를 의병장으로 추대하였다. 손수 제주까지 가서 군마 30여필을 구해왔다. 그러나 1596년에 김덕령 장군도 이몽학의 난에 가담했다는 혐의를 받고 옥사하고 말아 송제민은 다시 한 번 좌절하고 만다.

1597년 정유재란이 일어난다. 남원성이 위험한 상태이었다. 그는 명나라 장군 양원에게 성을 지킬 방책을 건의했지만 그의 계책이 받아들여지지 않았고 결국 남원성은 함락되고 만다. 송제민의 두 아들도 불행을 겪는다. 큰 아들 타柁는 정유재란 때 피난 중에 무안에서 포로가 되어 왜선 배에 실려 한산도 앞 바다에 이르렀을 때, 포로들과 함께 왜적의 칼을 빼앗아 싸우다가 죽었고, 둘째아들 장檣은 왜적에게 붙잡혀 일본에 끌려갔다가 다시 돌아왔다.

실의한 송제민은 이름을 제민濟民에서 제민齊民으로 바꾸고 침잠한다. 이는 '경세제민經世濟民의 뜻을 이루지 못하였으니 서민庶民과 다를 바 없다'는 뜻이다. 그리고 불운한 시대를 쓸쓸히 마감한다.

운암서원 내부 전경

광주 운암서원을 간다. 운암서원은 4수원지를 지나 무등산 가는 길에 있다. 서원입구에는 해광 송선생 사적비가 있고, 사당에는 송제민과 사위 권필, 아들 송타의 영정과 신위가 있다. 석주 권필1569-1612은 선조, 광해군 때 최고의 시인으로서 충장공 김덕령의 취시가醉時歌를 지은 사람이다. 해광 송제민. 그는 정녕 불운한 시대를 살아간 피지 못한 불꽃이었다.

● 답사할 곳 ●

* 운암서원 : 광주광역시 북구 화암동

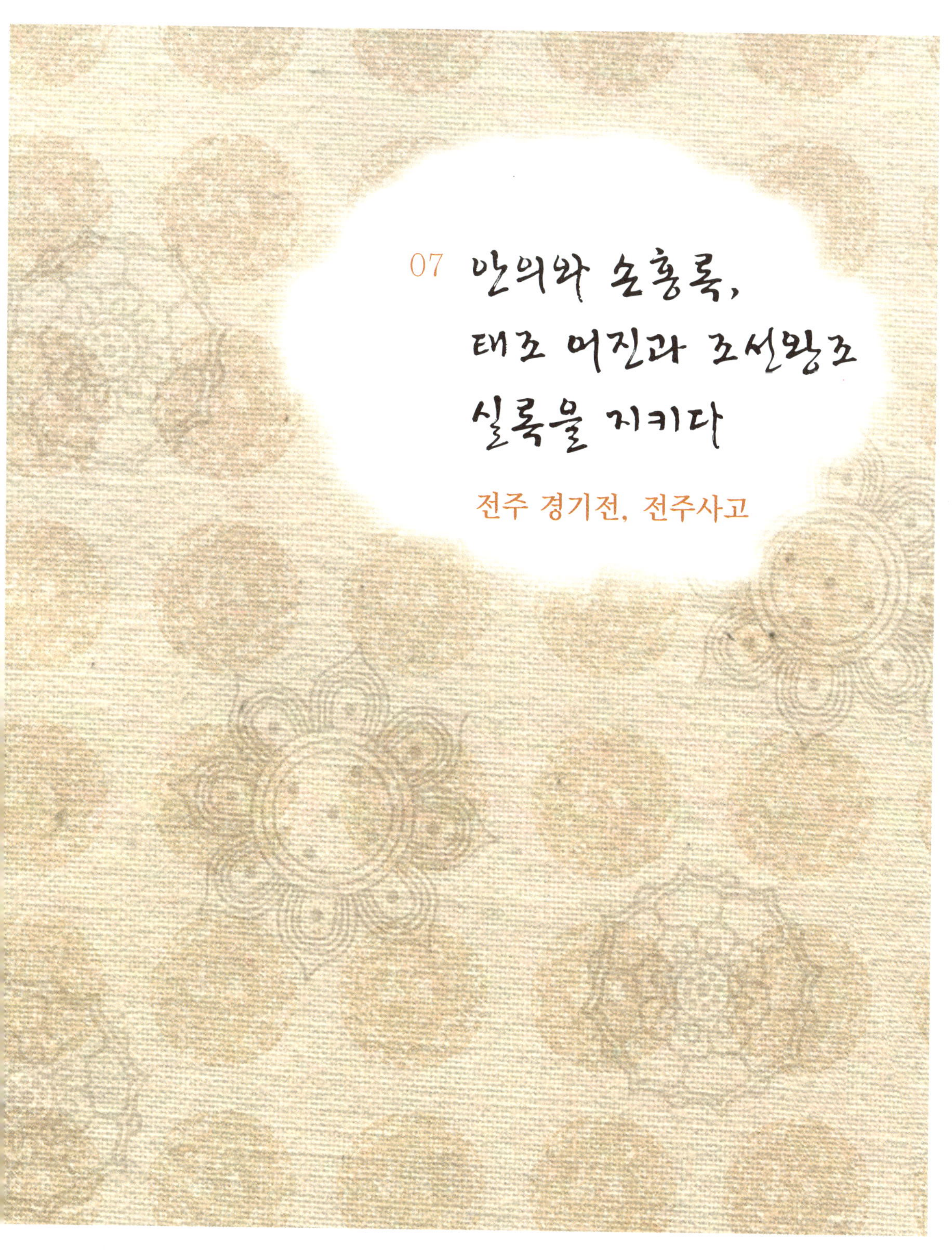

07 안의와 손홍록, 태조 어진과 조선왕조 실록을 지키다

전주 경기전, 전주사고

전주 한옥마을에 있는 경기전慶基殿을 간다. 전주는 조선왕조의 발상지이고, 경기전은 사적 제339호로 조선왕조를 세운 태조 이성계의 어진御眞 임금의 초상화을 모신 곳이다. 여기에는 보물 제931호인 태조임금의 초상화를 모시고 있고, 2010년 11월 개관한 어진 박물관에는 세종과 영조, 정조임금, 그리고 철종과 고종, 순종 임금의 어진이 전시되어 있다.

경기전 바로 옆에는 전주 사고史庫가 있다. 전주사고는 임진왜란의 병화를 피한 곳이다. 1592년 임진왜란 당시 조선왕조실록은 서울 춘추관, 충주 · 전주 · 성주星州사고 등 네 곳에 모시어져 있었다. 그런데 전주사고를 제외한 나머지 세 곳은 임진왜란 초기에 모두 불타 버렸다. 다행히도 전주사고에 있는 실록은 깊숙한 산속에 옮기어져서 온전하게 보존될 수 있었다.

1592년 4월 임진왜란이 일어나자 왜군은 파죽지세를 한양을 점령하고

전주 경기전. 전주 한옥마을 안에 있다.

전라도를 제외한 일곱 개 도를 초토화 시키고, 6월에는 고바야카와가 이끄는 2만 여명의 일본군 제6군이 호남 공략을 추진한다. 금산에 진을 친 왜군들은 전주를 점령하기 위하여 웅치를 넘어서 전주성 밖까지 진출한다. 다행히도 전 전적典籍 이정란의 기지로 전주성이 사수되었지만 전주는 한때 왜적의 손에 들어갈 위기에 처하였다.

이런 위급한 상황에서 전라도 태인에 사는 지방 유생 안의安義 1529-1596와 손홍록孫弘祿 1537-1610이 전주로 달려간다. 경기전에 있는 태조임금의 초

전주 경기전 안에 있는 태조 이성계 어진

상화와 전주 사고이 있는 실록이 걱정이 된 것이다.

안의와 손홍록은 호남 성리학의 종조인 일재 이항1499-1576밑에서 동문수학한 사이였다. 이항은 어려서부터 힘이 장사인 무인 기질의 학자인데, 그는 정읍 칠보산 보림사 밑에서 살면서 제자들에게 건강한 육체에 건강한 정신이 있음을 가르쳤다. 이항은 제자들에게 성리학만 가르친 것이 아니라 국난에 대비하여 육도삼략도 가르치고 때로는 극기훈련도 실시하였다. 한번은 5일씩이나 밥을 먹지 않고 견디는 훈련을 하기도 하였다. 일재 이항의 제자들은 안의와 손홍록 뿐만 아니라 김천일, 김제민, 변사정, 소산복, 황진, 고종후, 백광홍 등이다. 이들은 대부분 임진왜란 때 의병과 관군으로 나섰다. 안의와 손홍록도 예외가 아니었다.

전주가 위기에 처하자 안의는 64세, 손홍록은 56세의 나이로 나선 것이다. 특히 손홍록은 30명의 집안 가솔도 데리고 간다. 그들은 경기전 참봉 오희길을 찾아 간다. 오희길은 율곡 이이와 우계 성혼의 제자로서 1591년에 경기전 참봉으로 발령받았는데 전주가 위급하여지자 태조의 어진과 실록의 피신 대책을 세운다. 그는 당초에 실록을 땅에 묻으려 하였으나 금산에서 잡힌 왜적에게서 성주사고에서 약탈한 실록 두 장이 나왔다는 이야기를 듣고 당초 계획을 취소하고 산중 깊은 곳에 숨기기로 한다. 오희길은 가장 적합한 장소를 물색하다가 생각한 곳이 바로 정읍 내장산의 은봉암이었다.

이 때 마침 안의와 손홍록 일행이 그에게 달려왔다. 오희길과 안의, 손홍록 등은 서둘러 어진과 실록을 옮기는 작업을 한다. 태조에서부터 명종까지의 180년 동안의 실록을 47상자에 담고, 고려사 등 다른 서책도 15개 상자에 담았다. 궤짝으로 따지면 약 60여 궤, 책 수로 따지면 실록이 830 책, 고려사 등 기타 전적이 538 책 분량이었다. 그들은 이렇게 많은 분량의 실록과 태조 이성계 초상화 그리고 제기를 수십 마리의 말에 실었다. 수행한 인원도 100여명이 되었다. 〈호남절의록〉에는 삼례찰방인 무안 출신 윤길, 도사 최철견, 참봉 유인과 구정려, 무사 김홍무 등도 오희길,

손홍록, 안의 등과 함께 실록을 옮긴 인물로 기록되어 있다.

오희길, 안의, 손홍록 등은 전주를 떠난 지 7일이 되는 6월 22일에 정읍 내장산 은봉암에 도착한다. 이튿날에는 태조 어진과 제기들을 내장산의 용굴암으로 옮긴다. 그런데 은봉암도 안심이 되지 않아 7월 14일에는 실록을 내장산의 더 깊숙한 곳인 비래암으로 옮긴다. 깊은 산중에 있는 비래암으로 실록을 옮길 때에는 사람들이 책을 한 권 한 권 지게에 담아 어깨에 지고 비탈길을 걸으며 한 걸음 한 걸음 옮겨야 했다.

조선왕조실록보전기적비, 근처에 전주사고가 있다.

전주 사고 史庫

이렇게 내장산 깊숙한 곳에 어진과 실록을 옮긴 안의와 손홍록은 교대로 불침번을 섰다. 단 하루도 자리를 뜨지 않고 실록과 어진을 지켰다. 안의가 실록을 피난시키고 지키면서 쓴 일기인 '난중일기초' 에는, 안의와 손홍록이 함께 당직한 일수가 53일, 안의 혼자서 당직근무한 일수가 174일, 손홍록이 혼자 지킨 일수가 143일이라고 적혀 있다.

물론 이들 두 사람만 태조 어진과 실록을 지킨 것이 아니었다. 영은사靈隱寺 현 내장사. 내장산의 원래 이름은 영은산 이었다 한다의 의승장 희묵 스님과 의승들, 손홍록의 가솔 30여명, 무사 김홍무, 산골에서 약초, 인삼을 캐는 심마니들과 사당패에 이르기까지 100여명이 실록을 지키었다. 이들은 돌을 주워 모아 요새를 만들어 수비태세를 갖추고 무기를 지니고 숙직을 섰다.

한편 전라관찰사는 태조 어진과 실록이 잘 보존되고 있음을 평안도 의주로 피난 가 있는 선조임금에게 알린다. 이에 선조는 매우 기뻐하며 1592년 11월에 병조좌랑 신흠을 내장산에 파견하여 어진과 실록의 상태를 점검하였고 1593년 5월에는 예문봉교 조준성이 내장산을 방문하였다.

다시 전주부윤 이정암은 변고에 대비하기 위해 어진과 실록을 옮길 것을 임금이 계시는 행재소에 요청했고, 드디어 형조로부터 어진과 실록을 옮기라는 명이 떨어지자 7월 9일 정읍 현감 유탁의 주도 아래 실록과 어진은 정읍현으로 옮기어진다.

그런데 6월말에 의병장 김천일, 최경회, 고종후, 황진, 양산숙, 김상건 등 3,800명의 호남의병들이 지키는 진주성이 가등청정이 이끄는 10만 명의 왜군에게 함락되자 전라도도 다시 침략의 위협에 처해졌다. 왜군들이 전주로 진격하여 온 것이다. 실록과 어진은 또 다시 옮겨지는 수난을 입어야 하였다. 충청도 아산으로 급히 옮기어졌다. 이때에도 안의와 손홍록은 식량과 말을 마련하였고 의승장 희묵과 의승들도 실록 지키기에 최선을 다하였다.

조선왕조실록의 피난살이는 여기에서 끝나지 않았다. 실록은 황해도 해주로 다시 옮겨졌다가 1595년에 강화도로 옮겨졌다. 그러다가 1597년 정유재란이 일어나 강화도마저 위태로워지자 실록과 태조 임금의 어진은 또 다시 평안도 영변의 묘향산 보현사로 옮겨진다. 이때에도 손홍록은 실록 옮기는 일을 수행하였고 안타깝게도 안의는 1596년에 별세하였다. 7년 전쟁이 끝난 후 선조임금은 안의와 손홍록에게 종6품 벼슬을 내리고 그 공을 치하한다. 혁혁한 공을 세운 의병장들도 5,6품의 품직을 내린 것을 감안할 때 조정에서 그 공을 높이 산 것이다. 그도 그럴 것이 그들이 있었기에, 태조에서 명종에 이르는 180여년의 조선왕조의 역사와 태조 이성계의 초상화가 온전하게 보존될 수 있었다.

국보 제151호인 조선왕조실록은 태조 때부터 철종 때 까지 모두 25대 임금, 472년1392–1863동안 있었던 정치, 외교, 군사, 제도, 경제, 사회, 문화, 교통, 통신, 풍속, 미술, 공예, 종교 등의 역사적 사실을 각 왕대별로 나누어 연월일 순으로 적은 단일왕조로는 세계 최대의 역사책이다. 유네스코도 이러한 기록문화유산의 가치성을 인정하여 조선왕조실록을 세계기록유산으로 지정하였다.

간혹 가을에는 단풍 구경을 하러 정읍 내장산을 간다. 내장산 단풍은 전국에서도 가장 아름답다. 그런데 국립공원 내장산 탐방안내소 옆에 '조선왕조실록 내장산 이안사적비移安事績碑'가 세워져 있는 것을 아는 이는 얼마나 있을까. 내장사 좌측에 있는 금선계곡을 따라 1.6km 정도 가면 조선왕조실록을 보관하였다는 용굴이 있는데, 여기를 가본 사람이 몇 명이나 될까.

전북 정읍시 칠보면에 있는 남천사藍川祠에는 안의와 손홍록 신위가 모시어져 있다. 안의와 손홍록. 그들은 나라의 역사와 문화를 담은 조선왕조실록의 귀중함과 실록을 보존하는 일의 중요성을 알았기에 임진왜란 7년 동안에 조선왕조실록을 온전하게 지키는데 혼신의 힘을 다한 선비이다. 그들은 투철한 역사의식과 사료의 중요성, 기록의 힘을 깨달은 선각자이다.

● 답사할 곳 ●

* 전주 경기전 : 전북 전주시 완산구 풍남동 3가 102 전화번호 (063) 287-1330
* 전주사고 史庫 : 전북 전주시 완산구 풍남동 3가 경기전 내
* 전주 한옥마을 : 전북 전주시 풍암동과 교동 일대
* 조선왕조실록 내장산 이안사적비 : 전북 정읍시 내장산 탐방안내소옆
* 남천사 : 전북 정읍시 칠보면

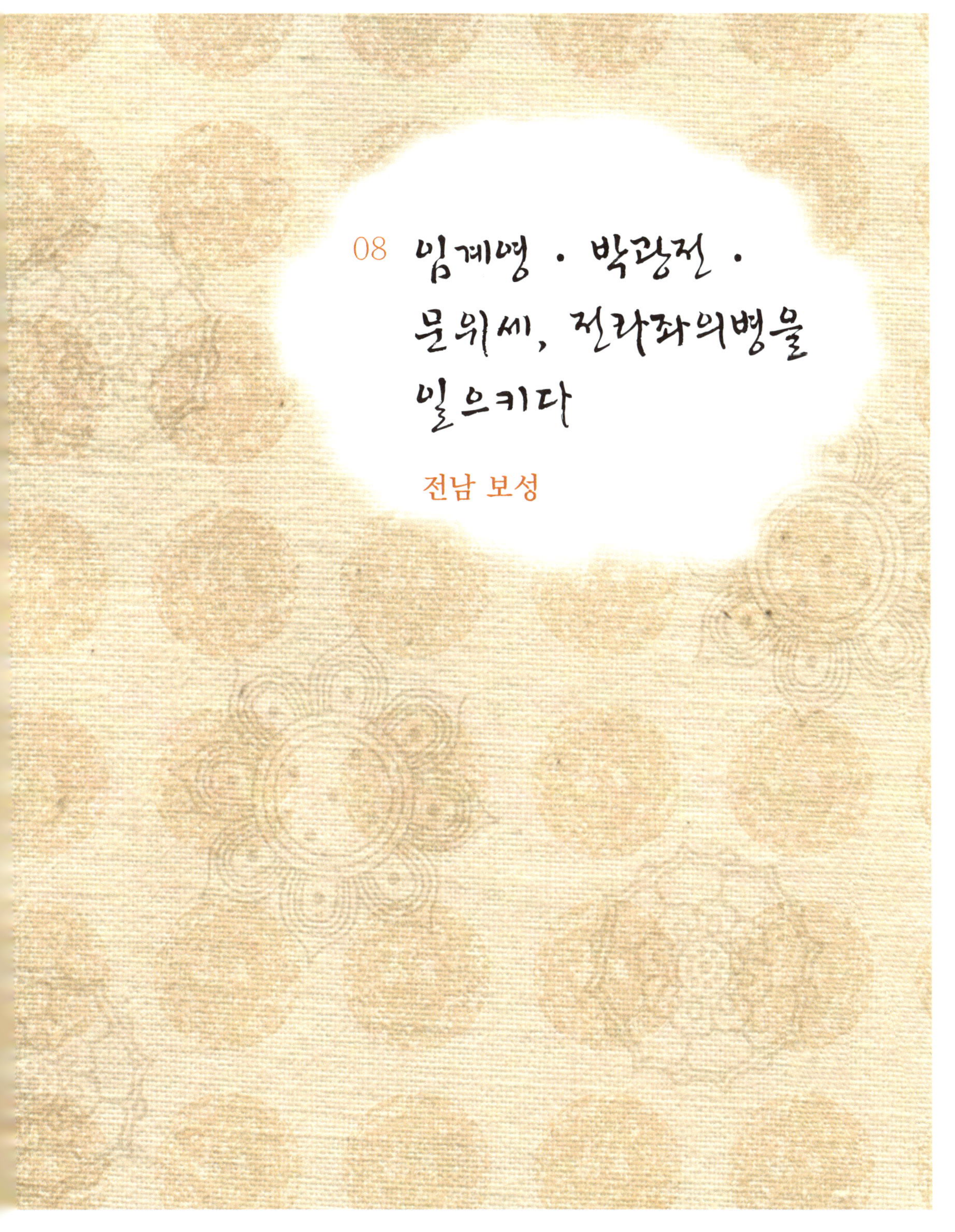

08 임계영 · 박광전 · 문위세, 전라좌의병을 일으키다

전남 보성

의병장 고경명이 금산전투에서 순절한 10일 뒤인 7월 20일, 전라도 보성 관아에서는 임계영任啓英 1528-1597을 의병장으로 한 전라좌의병이 결성되었다. 임계영은 진보현감을 지냈으며 임진왜란 당시 55세의 나이로 향리에 물러나 있었다. 그런데 고경명이 금산에서 패하였다는 소식을 듣고 통곡하기를 "나라 일이 이 지경에 이르렀으니 이제 내가 죽을 곳을 얻었도다."하고 왕자사부 박광전, 진사 문위세, 능성현령 김익복과 함께 보성 관아에 모여 격문을 돌리고 의병을 모집하였다.

그런데, 전라좌의병 결성에 주도적인 역할을 한 인물은 죽천 박광전朴光前 1526-1597이다. 그는 퇴계 이황의 문하에서 수학하였고 1581년에 광해군의 공부를 가르치는 왕자사부가 되었다. 그 뒤 사헌부 감찰, 함열 · 회덕현감을 역임한 뒤 1589년 향리에 낙향하여 학문연구에 힘쓰고 있었다. 임진왜란이 일어나자 박광전은 67세의 고령임에도 불구하고 격문을 써서 여

죽천 박광전 재실, 보성군 겸백면 사곡리에 있다.

러 열읍에 돌리고 의병을 모집한다. 이 격문은 조경남이 지은 〈난중잡록〉에 있는데 〈죽천집〉에도 수록되어 있다.

그러면 격문을 읽어 보자

7월 모일에 전라도 전前 현감 박광전, 임계영 등은 능성 현령 김익복 등과 더불어 삼가 두 번 절하며 열읍 여러 벗님에게 통문을 돌립니다.

아! 국가가 의심 없이 믿고 걱정하지 않았던 것은 하삼도下三道인 경상, 충청, 전라도가 건재하기 때문이었는데, 경상도와 충청도는 이미 무너져 적의 소굴이 되었고 오직 호남만이 겨우 한 모퉁이를 보전해서 군량의 수송과 군사의 징발이 모두 오직 전라도만을 의지하고 있으니, 국가를 일으켜 세울 기틀이 실로 여기에 달려 있습니다.

요즈음 서울이 위급하다 하여 순찰사는 정예병을 거느리고 바닷길로 올라갈 계획을 하고 있고, 병사兵使는 수만의 병력을 거느리고 이미 금강을 넘었으며, 두 의병장(김천일과 고경명을 말함)의 진 역시 각기 근왕勤王을 위하여 이미 전라도를 떠났습니다. 열읍의 장사將士들도 장차 나가기로 결정되어 남은 군사가 몇 명 없으므로 적이 들어오는 중요한 길목의 방비가 극히 허술하고, 호서의 적이 이미 본도 경계선을 범했으니 석권席卷의 형세가 장차 이루어질 터인데 극복할 희망은 무엇이겠습니까.

국가의 일이 너무도 위태하여 진실로 통곡할 일이니, 이 때야말로 의사義士가 분발할 때입니다. 곰곰이 생각해보면 왜적이 성 밑에 당도하여 우리 장정들을 무참히 죽일 것은 뻔한 일입니다. 그러면 우리 민생이 몸 둘 곳이 어디며 가족들은 어느 곳에 보내야 한다는 말입니까. 영남이 이미 이렇게 당한 것을 우리는 이미 귀로 들었고 눈으로 보았으니, 산중으로 도망가 숨을 수도 없고 구차히 목숨을 보전할 길도 없어서 우리는 결국 죽고 말 것입니다.

기왕 죽는 것이라면 나라를 위해 죽지 않으시렵니까? 더구나 만에 하나라도 중요한 길을 잘 막아 왜적의 기세를 저지시킨다면, 사지死地에서 살아나는 것이요, 부끄럼을 씻고 나라를 회복하는 것도 이 때인 것입니다.

우리 도내에는 반드시 누락된 장정과 도망친 군졸이 있을 것인즉, 만약 식견 있는 선비들이 서로 함께 격려해서 힘 모아 일어나 스스로 일군一軍을 만들어 왜적이 향하는 곳을 감시하여 요충지를 굳건히 지킨다면, 위로는 왕의 군사를 성원할 수 있을 것이요, 아래로는 한 지역의 백성의 목숨을 보호할 수 있을 것입니다.

이 기회에 힘껏 도모하여 영남 사람들처럼 되지 맙시다. 영남 사람은 왜적을 만난 초기에, 한 마음으로 단결하여 막아낼 생각을 하지 아니하고 머리를 싸매고 쥐처럼 도망 쳤으니, 그것이 비록 허둥지둥하여 어찌할 바를 모르는 데서 나온 까닭이었으나, 오늘날 생각하면 반드시 후회가 될 일입니다. 왜적의 기세가 등등하여 가옥들이 불에 타고 처자들이 능욕을 당한 뒤에야 영남의 의사義士들이 분연히 일어나서 많은 수의 왜적들을 목 베거나 사로잡았으니, 조금 마음이 든든하다 하겠으나 이미 때는 늦었습니다.

삼가 바라건대, 여러분들은 모두 이와 같은 일을 징계 삼아 나태한 습성을 버리고 남보다 먼저 출발하여 기약한 날짜에 뒤지지 않게 달려 오십시요. 우리들은 본시 활 쏘고 말 달리는 재주가 없고 병법도 알지 못하니, 지휘하여 적을 물리치는 데 있어서는 허술하다고 할 수 있습니다. 그러나 남보다 먼저 창의한 것은 한편으로는 의사의 뜻을 격려하고 다른 한편으로는 용사勇士의 기운을 분발하자는 바이니, 사람 마음이 한 가지人心所同然인 것은 일찍이 사라진 적이 없으니 반드시 떨치고 일어날 사람들이 있으리라 믿습니다.

이 격문이 도착하는 날에 즉시 뜻있는 사람들과 함께 온 고을에 알리고 깨우쳐서, 군인들을 데리고 이 달 20일 보성 관아의 정문 앞으로 모이십시오. 한번 기회를 놓치면 후회한들 무슨 소용이 있겠습니까. 임금이 치욕을 당했는데도 구원할 줄 모른다면 어찌 사람이라 하리오. 처음과 끝을 생각하여 창의할 것을 여러분은 도모하십시오.

이리하여 7월 20일 보성관아에 700명의 의병이 모였다. 그 날 전라좌의병은 임계영을 의병장으로, 문위세를 군량 보급 일을 하는 양향관에, 박광

죽천정. 박광전이 강학 하던 곳(보성군 노동면)

전의 큰 아들 박근효를 참모관에, 정사제를 종사관에 임명하는 등 군사조직을 갖춘 다음, 호랑이 호虎자로 장표章標를 삼았다. 호虎자 장표는 처음에는 범을 그려 만들었다가 나중에 호자의 인印을 새겼다.

한편 임계영, 박광전과 더불어 전라좌의병 결성에 중요한 역할을 한 사람은 장흥의 문위세文緯世이다. 풍암 문위세는 박광전의 손아래 처남으로서 퇴계 이황의 문인이었다. 그는 어릴 때 외숙부인 귤정 윤구에게서 공부를 배웠는데 동인 계열이었다. 그는 장흥지역에서 세력을 규합하고 자신이 속한 남평 문씨 일문의 참여를 이끌어 냈다. 그리하여 아들 문원개, 문영개, 문형개, 문홍개와 조카인 문희개, 사위 백민수 그리고 종손從孫 문익명과 문익화 등과 함께 의병에 참여 하였다. 문씨 가문이 총 출동한 것이다. 문위세는 큰 아들 문원개로 하여금 집안 하인 1백 명을 동원하고 군량을 모으는 한편, 강진 출신 이충량을 자신의 부장으로 삼아 조직을 갖춘 뒤, 보성의 박광전, 임계영의 조직에 합류하였다.

능성현령 김익복金益福도 전라좌의병 결성에 중심역할을 한 사람이다. 그는 남원출신으로 일찍이 옥계 노진 밑에서 수학하였고 사계 김장생과 사귀었는데 임진왜란 때 능성현령이었다. 정자 정사제는 보성출신으로 문과에 급제하였는데 임진왜란 때 그는 상중喪中이었다. 그는 주변 사람들의 추천으로 임계영의 종사관이 되었고 군중軍中의 기무와 격문을 쓰는 일을 담당하였다.

또한 박광전의 큰 아들 박근효는 1591년에 사마시에 합격하였는데 아버지 박광전의 병세가 위독하자 임계영을 의병장으로 추대하고 참모관이 되었고, 박광전의 둘째 아들 박근제도 의병에 참여하였다. 눈에 띄는 인물은 박광전의 제자 안방준1573-1656이다. 보성출신인 그는 20세의 나이로 참여하였는데 어려서 죽천 박광전과 매형 난계 박종정에게 공부를 배웠고, 우계 성혼을 찾아가서 공부한 인물로 포은 정몽주와 중봉 조헌을 사모하여, 포은과 중봉을 하나씩 따서 호를 은봉隱峯이라 하였다. 그는 양호兩湖 도체찰사 송강 정철에게 파견되어 연락참모 역할을 함으로서 조정과도 긴밀한 협조체제를 구축하였다.

박광전 신도비. 보성군 겸백면 사곡리에 있다

이외에도 전라좌의병으로 참여한

인물은 임계영의 조카 임제, 보성의 염세경, 김홍업, 선경릉, 김언립, 남응길과 장흥의, 임영개, 양간, 홍양의, 황윤기 등이다. 양간은 늙고 병들어 싸움에 나가지 못하고 그 대신 아들 양자하를 보내면서 양곡 100석을 내주었다.

그런데 전라좌의병은 주로 보성, 장흥지역 선비와 의병으로 국한되어 있다. 그것은 이들이 1589년 기축옥사 때 희생을 당한 동인계열인 점과 관련이 있는 듯하다.

아무튼 7월 20일에 결성된 전라좌의병은 나름대로 진영을 갖추고 보성을 출발하여 장흥, 낙안을 거쳐 순천에 이른다. 이 때 마다 임계영은 격문을 돌리어 의병이 늘어났다. 순천에서는 전 만호 장윤張潤이 합류하였다. 장윤은 순천 사람으로서 1582년에 무과에 급제하여 선전관을 제수받았으며 임진왜란 때에는 창의하여 장사 3백명과 함께 순천부를 수성하고 있었는데 임계영은 장윤을 부장으로 삼았다.

이후 전라좌의병은 8월 9일에 구례를 지나서 남원에 들어간다. 이 때 군사는 수 천 명에 이르렀다고 되어 있다. 남원에서 임계영의 전라좌의병은 최경회의 전라우의병과 합세한다. 그리고 장수長水를 근거지로 하여 전라도를 위협하던 금산, 무주의 왜적과 대응하여 싸울 작전을 세운다.

● 답사할 곳 ●

* 죽천 박광전 재실 : 전남 보성군 겸백면 사곡리
* 박광전 묘소및 신도비 : 전남 보성군 겸백면 사곡리 박광전 재실 근처
* 죽천정 : 전남 보성군 노동면

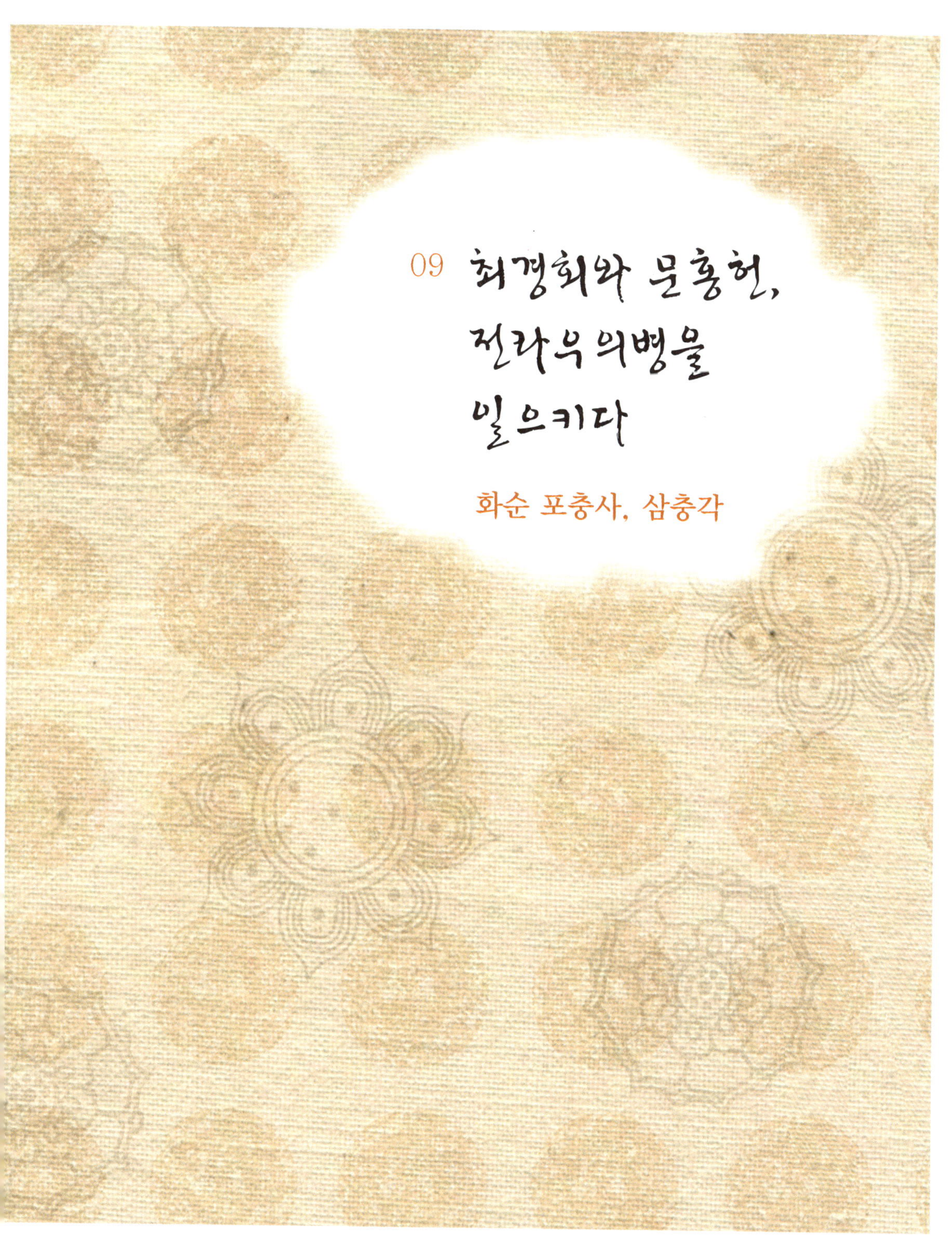

09 최경회와 문홍헌, 전라우의병을 일으키다

화순 포충사, 삼충각

의병장 고경명이 금산전투에서 순절한 뒤, 고경명 휘하의 의병들은 흩어지고 만다. 좌절감과 두려움이 가득 하여 숨을 생각만 하였다. 그러나 패배를 담담하게 받아들이고 다시 일어서고자 하는 선비들도 있었다. 그 중 한 사람이 바로 능주의 문홍헌文弘獻 1539-1593이다.

임진왜란이 일어나자 문홍헌은 고향 사람인 구희, 박기혁, 노희상 등과 함께 의병 300여명을 모아 고경명 의병에 참여하여 금산까지 간다. 금산에 도착하자 고경명은 그에게 군량이 부족하니 양곡을 모아오라고 명한다. 문홍헌은 모속관의 임무를 띠고 전라도로 내려가서 화순 동복에 이르렀는데 그 곳에서 고경명의 순절 소식을 듣는다.

크게 통곡하고 한 동안 실신하였던 문홍헌은 다시 의병을 일으킬 것을 결심한다. 집안일 모두를 아우 문홍추에게 맡긴 후 모친상 중 喪中이던 최경회崔慶會 1532-1593를 찾아가 의병장이 되어 달라고 간청한다. 최경회는 문

화순 삼충각

홍헌의 아우 문홍추의 장인이었을 뿐만 아니라 문홍헌이 평소에 존경하였기에 최경회에게 간곡한 부탁을 한 것이다.

“지금 임금께서 몽진을 가시어 종묘사직이 피비린내 나는 전쟁에 휩싸였으니 사사로운 정은 이제 접어두시고 대의를 위하여 공이 나서야 하겠습니다. 공을 의병장으로 모시고자 합니다.”

문홍헌이 여러번 간청하자 최경회는 승낙한다. “이제 부모님이 다 돌아가셨으니 내 몸을 나라에 바쳐도 된다. 부모에게 하던 효도를 나라에 충성으로 바치리라.”

최경회는 호가 일휴당으로서 1532년에 화순현 삼천리에서 태어났다. 17세에 송천 양응정 밑에서 수학하고 26세에 고봉 기대승에게 공부를 배웠다. 그는 선조 즉위년인 1567년에 식년 문과 을과 제1인으로 급제하여 성균관 전적, 사헌부 감찰, 형조좌랑, 옥구현감, 장수현감을 지냈다. 이어서 무장·영암 현감, 호조·형조 정랑 등을 거쳐, 1587년에 담양부사를 하다가 1590년 모친상을 당하여 사직하였다. 임진왜란이 일어난 때 최경회는 61세의 나이로 아직도 상중喪中이었다.

김천일과 고경명이 처음 의병을 일으킬 당시에 최경회는 상중이라 직접 참여를 하지 못하였다. 그 대신 조카 최홍재에게 수 백 명의 의병을 인솔케 하여 금산전투에 참여하도록 하였다. 그런데 최홍재가 군사를 이끌고 금산에 이르렀을 때는 고경명이 이미 순절한 뒤이어서 최홍재 또한 전투에 참전하지는 못하였다.

마침내 최경회는 모친 신위에 곡하고는 검은 상복 차림으로 단상에 올라가 의병장이 되었다. 큰 형인 최경운과 둘째형 최경장 등과 힘을 합하여 향리에 의병청을 설치하고 모병에 나섰다. 그는 격문에서 고경명 휘하에서 절의를 지킨 유팽로와 안영을 본받자고 역설하여 많은 사람들이 감동하였다.

조경남의 〈난중잡록〉에 나오는 격문을 자세히 읽어보자

> **한 사람을 상 줌으로써 천만 사람을 권하는 것이다. 지금 의병의 패전에 유학**幼學 **안영**安瑛**은 그 주장**主將 **고경명이 탄 말이 놀라는 것을 보고 자기가 탄 말을 주장에게 주어 대신 타게 하고 도보로 걷다가 달갑게 죽음을 당했으며, 학유**學諭 **유팽로**柳

彭老는 왜적의 칼날이 어지럽게 번쩍일 때 하인들이 모두 달려 나가 적의 칼날을 피하라고 간청하자, 성내어 거절하며 말하기를, "내가 만약 달아난다면 주장을 어느 곳에 두겠느냐."하고, 그 주장의 하인들이 다 흩어져서 말이 전진할 수 없음을 보자 자기 하인에게 명하여 주장을 보호해서 나가게 함과 동시에 자신이 뒤를 따라 가며 적을 막다가 갑자기 칼에 맞아 죽었다.

아! 인심이 극도로 어지러운 요즈음에는 임금을 배반하고 나라를 생각하지 않고 목숨을 탐내어 구차히 살아가는 것이 곳곳마다 다 그러하고, 윗사람을 공경하고 어른을 위해 죽었다는 이야기는 전혀 들을 수 없는데, 안영과 유팽로, 이 두 사람은 자기의 이익을 꾀하거나 공로를 계산하는 마음이 없이, 오직 목숨을 버리고 의義를 취하여 분연히 자신을 돌보지 않았다. (중략)

바라건대 각 읍 향교 · 향소鄕所에 각각 부물賻物을 거두어 되는 대로 사람을 시켜 그 집에 조문하고, 의거義擧한 뒤에 그 해골을 거두어 제사를 드리고 조정에 아뢰어 정문旌門을 세워 의기義氣를 고무시키도록 하라.

이렇게 하여 최경회는 7월 26일 광주에서 고경명 휘하의 흩어진 군사 8백여 명을 모은다. 그리고 골鶻 : 송골매자로 장표章標를 삼았다. 전라우의병의 주역들은 고경명 휘하의 담양회맹에 참여 했던 인사들이 많다. 그런데 전라우의병의 결집장소가 광주인 것은 사실이지만, 실질적인 기반은 화순과 능주이었고, 의병을 일으킨 사람들 역시 이 지역 출신이 주류를 이루었다. 최경회 집안은 최경회와 맏형 최경운, 둘째 형 최경장과 맏형 최홍운의 큰 아들 최홍재, 둘째 형 최경장의 아들 최홍우, 최경회의 아들 최홍기

화순 포충사. 최경회 · 문홍헌의 신위가 모시어져 있다.

등 여섯 사람이 한꺼번에 참여하였다. 그리고 능주출신 문홍헌 일가와 무안출신 정황수, 정현보, 장흥 출신 위정열 등도 참여하였다.

이렇게 창의한 최경회의 전라우의병은 8월에 담양, 순창을 지나, 남원으로 이동한다. 8월 9일의 〈난중잡록〉을 읽어 보자.

전라 우의병장 최경회는 담양·순창으로 해서, 좌의병장 임계영은 구례로 해서 남원에 모이다. 최경회가 전 첨사 고득뢰高得賚로 부장副將을 삼으니 남원의 선비와 백성으로 의병에 참여한 자가 거의 6, 7백 명이 되었다. 두 군사가 장수 長水에 이르러 머물고 부장으로 하여금 금산·무주의 적을 잡을 조치를 하게 하였다.

이를 보면 전라우의병은 남원에서 고득뢰를 비롯한 남원의병들 6-7백 명을 더 보탠 것으로 보인다. 그리고 고득뢰를 부장으로 하고 임계영의 전라좌의병과 함께 장수를 근거지로 하여 전라도를 위협하던 금산, 무주의 왜적과 대응하여 싸울 작전을 전개한다.

고득뢰는 남원 사람으로서 1577년에 무과에 급제하고 감찰을 지내었다. 임진왜란 때 그는 평창현감을 제수 받았는데 부임하지 않았다. 강원도 평창은 왜적의 병화를 피할 수 있는 곳이어서 적을 토벌하겠다는 그의 뜻과는 안 맞았다. 그는 남원에서 최경회를 만나 그의 부장이 된다.

전라우의병은 당초에 서울로 가려고 하였는데, 금산·무주 등지에 주둔하고 있던 왜적들이 전주와 남원으로 향하고 있어 바야흐로 호남지방을 유린할 형세였다. 전라감사 권율은 최경회에게 장수長水로 갈 것을 명한다.

장수는 최경회가 일찍이 현감을 한 곳이기도 하여, 전라우의병이 장수에 도착하니 백성들은 최경회가 끼친 덕을 기려 고기와 술을 보내오고 각종 편의를 제공하였다.

그리하여 전라우의병은 이곳에 주둔하면서 날쌘 기병 5백 명을 뽑아 전주 경계에서 적을 맞아 쳤는데 이곳저곳의 싸움에서 적을 격파하였다. 어느 하루는 금산의 왜적들이 크게 몰려왔는데 최경회는 중과부적이므로 수풀 사이에 복병을 하고 그 후미를 습격하여 적들을 무찔렀다. 며칠 후 척후병이 와서 보고하기를 "금산성 안에 까마귀와 까치만 우짖고 날아다닐 뿐 민가에는 연기가 보이지 않는다." 하니 공은 적병이 이미 도망갔음을 알고 날쌘 기병을 보내어 적을 추격하였다. 적의 선봉이 이미 우지재牛旨峙를 넘었으나 재빨리 뒤를 좇으니 도망가는 자들이 서로 밟고 넘어져 쌓인 시체가 들판에 가득하였다.

최경회는 또 길목에다 군사를 매복하였는데 왜적의 장수 한 사람이 손에는 한 자 팔치나 되는 언월도偃月刀를 들고 등에는 통 하나를 지고 왜군 수십 명 만을 데리고 백마를 타고 오는 지라 공이 활을 당겨 쏘니 왜장이 땅에 떨어졌다. 마침내 왜적 장수를 단칼에 죽이고는 왜장의 칼과 그림 통畵筒을 빼앗았는데 칼은 쏘는 듯한 푸른빛이 나는데 사람들이 이르길 "일본에 자웅검雌雄劍이 있는데 이것이 그 중 하나인 신검이라 "하였다. (지금도 화순군 화순읍 삼천리 고사정高士亭에는 최경회가 이 싸움에서 포획한 언월도가 보관되어 있다 한다.) 또 그림 통에는 고려 공민왕이 그린 청산백운도靑山白雲圖가 들어있었다.

이후 최경회와 문홍헌 두 사람은 1593년 6월 진주성싸움에서 같이 순절한다. 화순군 한천면 죽수서원 옆에 있는 화순 포충사에는 두 사람의 신위가 함께 모시어져 있고, 화순군 능주면의 삼충각에도 최경회와 문홍헌의 비각이 있다. 호남정신

● 답사할 곳 ●

* 화순 포충사 : 전남 화순군 한천면 모산리
* 정충각 : 전남 화순군 능주면
* 진주 창렬사 : 경남 진주시 남성동 진주성 내
* 화순 충의사 : 전남 화순군 동면 백용리

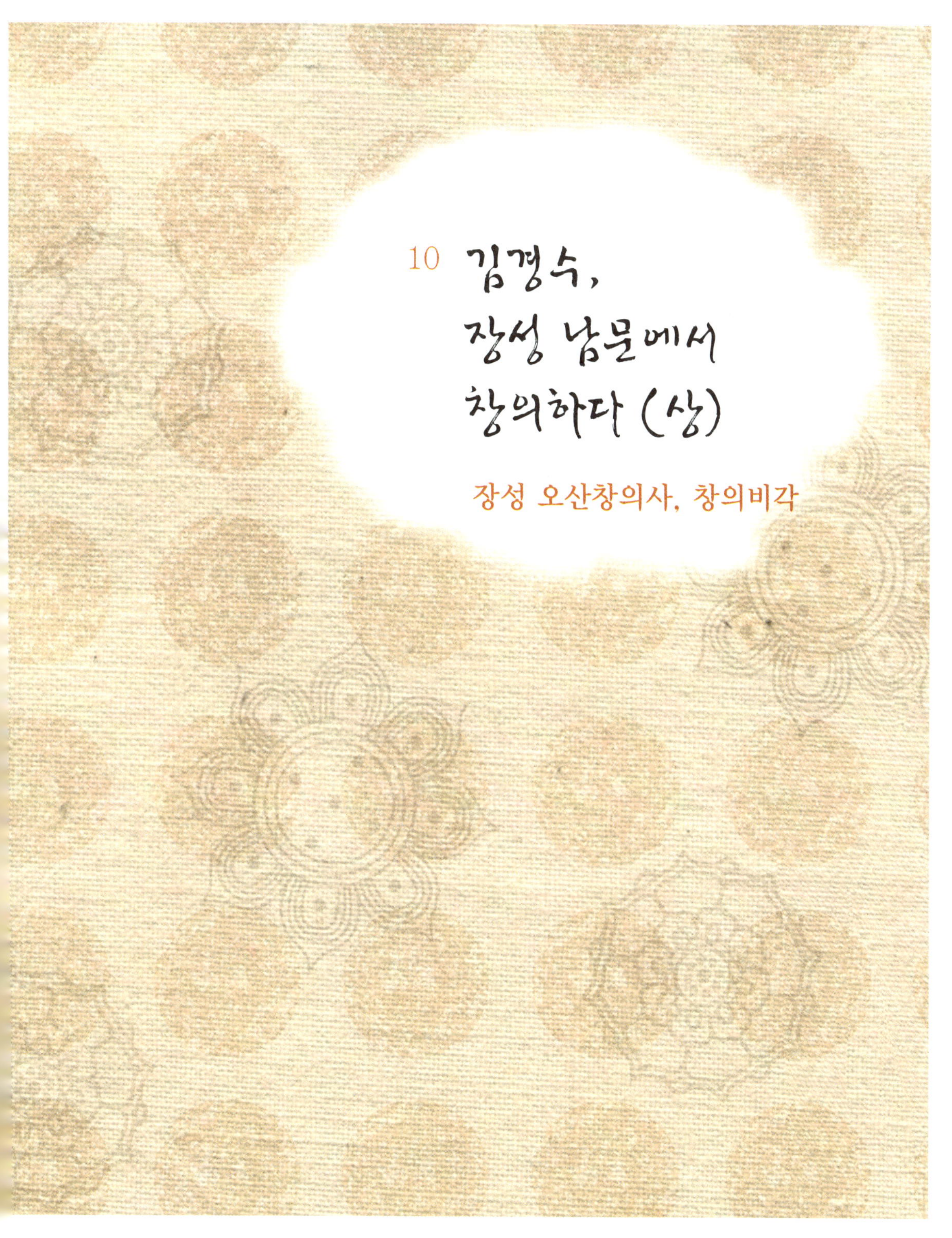

10 김경수, 장성 남문에서 창의하다 (상)

장성 오산창의사, 창의비각

1592년 7월 18일, 장성에 사는 김경수金景壽, 1543-1621는 의병장 고경명이 금산전투에서 순절했다는 소식을 듣고 크게 분개한다. 사촌동생 김신남, 아들 김극후, 김극순을 데리고 장성 남문에 나가 기효간, 윤진에게 만나자고 기별을 한다. 김경수는 호가 오천鰲川이고 하서 김인후에게 공부를 배웠다. 그는 1591년에 송강 정철의 천거로 예조좌랑에 임명됐지만 부임하기도 전에 정철이 귀양을 가는 바람에 다시 물러나게 됐다. 기효간, 윤진은 김인후 문하생이었다.

7월 20일에 김경수와 기효간, 윤진은 같이 창의격문을 쓴다. 천안 독립기념관 경내에 세워져 있는 격문비의 글을 읽어보자.

'아! 이 못난 늙은이가 삼가 뜻있는 선비들에게 고하노라.

청려장 지팡이를 의지해 북녘하늘을 우러르니 슬프도다. 거리마다 격양가 드높은 태평성대를 200년이나 누렸음은 모두가 성조의 덕화일지니 천만세가 지난들 어찌 국운을 잊을쏜가.

불행히도 국운이 기울어 섬나라 오랑캐들이 조선을 침략하니 강산은 초토화되고 백성은 짓밟히고 있어 참으로 통탄할 일이로다.

삼군三軍은 눈물을 흘리며 죽음을 무릅쓰고 충절을 다하고 있거니와 천리 밖 의주의 조정에서는 우리의 혈기를 간절히 바라고 있도다.

아아, 호남의 오십 주군州郡에 어찌 의기 있는 남아가 없으리오?

지사들이여, 모두 일어나 의로운 칼을 들어 나라를 구하고 임금의 은혜에 보답할지어다. 내 비록 몸은 늙었으나 말에 오르니 힘이 솟고 분한 마음에 적개심이 불타오른다.

각 고을의 선비 호걸들이여, 장성현 남문 의병청에 모이시라. 우리와 우리 장정들이 구국의 기치를 높이 들고 진격하면 뒤따르는 자 구름같이 모일 것이요, 군량은 산더미처럼 거두어지리라.

우리 모두 통분의 눈물을 뿌리며 죽음으로서 나아갈진대 반드시 대첩을 거두리라. 왜적을 섬멸해 창해에 칼을 씻고 한성을 수복하는 공을 세워 국은에 보답하고 청사에 길이 공훈을 새길진저!'

김경수는 이 격문을 고창의 김홍우에게 보내어 전라도 모든 고을에 널리 전하도록 부탁한다. 이리하여 7월 21일부터 의병들이 출전한 날인 11월

24일까지 여러 고을의 선비들이 의병과 양곡을 가지고 앞 다투어 모여든다. 〈국역 남문창의록, 오산사지〉의 '남문일기'에는 그 내역이 날자 별로 소상하게 기록돼 있다. 이 일기를 읽어 보자.

7월 21일에는 장성의 김중기, 김덕기 형제가, 7월 23일에는 고창의 김홍우, 김광우와 서홍도, 그리고 흥덕지금의 고창군 지역의 서연, 담양의 김언욱, 김언희 등이 각자 집안의 젊은이들을 데리고 장성 남문으로 달려왔다. 그들이 말하기를 "옛날에 오랑캐胡를 막는 장성이 있었는데 이제는 왜를 치는 장성이 있소" 했다. 모인 사람들이 모두 웃었다. 이윽고 장성 현감 백수종이 쇠고기와 술을 가지고 와서 위로해 말하기를 "일찍이 호남은 충의의 고장이라 들었는데 지금 여러분을 보니 참으로 거짓말이 아님을 알았소"하고 쌀 15섬과 관군 40명을 보내 의병을 도왔다.

장성 오산창의사. 장성군 북이면 모현리 모현마을에 있다.

오산창의사 묘정비 및 내삼문

7월 25일에는 백암승 처능, 수도승 계묵, 취서승 계한, 하정승 덕인 등이 백지와 새끼줄 등을 물건을 가지고 왔다. 승려들도 의병활동에 참여한 것이다. 7월 28일에는 정읍 류희진, 태인의 이수일, 무안의 윤황, 나주의 김부 · 김명 · 김경남 · 홍원 등이 오니 따르는 의병이 100여명에 이르렀다. 태인의 이수일은 호남의 큰 선비 일재 이항의 아들이다. 이항의 제자들은 김천일, 김제민, 변사정, 기효간, 황진, 고종후 등으로 임진왜란 때 의병으로 참여한 사람이 많았다. 8월 3일에 무장지금의 고창군 지역의 김성진 · 김란 등이 왔다. 8월 4일에는 영광의 이응종이 두 아들과 같이 왔고, 8월 8일에는 나주의 전서, 광주의 이근이 왔다.

8월 10일에 모인 의병과 곡식을 점검해 보니 의병이 174인이고, 곡식이 72섬 7말이었다. 8월 14일 왕세자 광해군이 의병장을 유시하는 글이 내려

오자 여러 사람들이 받들어 읽는데 절반도 못 읽고 목이 메어 눈물이 옷깃에 적시었다. 8월 15일 함평의 정충량 · 정득량이 왔다. 8월 18일 전주의 이정란이 함께 힘을 합해 근왕하기를 청하므로 김경수는 곧 답장을 써서 이정란에게 보냈다. 이정란은 전주성을 기지로 구한 선비이다.

8월 19일에는 광주의 기효증이 박경과 함께 와서 의곡에 관한 일을 상의했고 기효증을 의곡장으로 위촉했다. 8월 20일 남평의 서정후가 김천일의 편지를 가지고 와서 전해 말하기를 "나라 위해 깃발을 들었으니 도내 동지들은 각기 병사와 군량을 모아 조금이라도 도와주시오" 했다. 태인의 김후진 · 김대립 등이 왔다. 8월 22일 대장장이 10여명을 모아 창검 등을 만들기 시작했다.

8월 23일 정운룡이 군량 20섬과 병기 등을 보내 왔다. 금구의 송정춘이 군량 10섬과 정예병 35인과 함께 합세했다. 8월 24일 병력과 군량을 점검하니 병사가 239명이고 군량은 190섬 2말이 됐다. 8월 10일에 비해 의병은 65명, 곡식은 118섬이 늘어난 것이다.

8월 26일에는 양산숙이 와서 선조임금을 만난 소식을 전했다. 8월 29일 김경수가 여러 고을 책임자들에게 말하기를 "외로운 군사로 왜적과 마주치는 것은 약한 고기를 호랑이에게 던져 주는 격이니, 각자 고을에 돌아가서 널리 의병과 의곡을 모집해 수 만 명, 수 만석이 되거든 그런 후에 왜적과 싸우는 것이 좋겠소"하니 그렇게 하기로 하고 각기 흩어져 돌아갔다.

9월 10일 김경수가 각 읍에 편지를 띄워 모집한 병사와 곡식이 얼마나 되는지를 알아봤다. 9월 30일에는 김경수가 여러 고을에 서신을 보내 "모든 의병과 의곡을 항상 점검하고 조련해 군오를 정비하시오" 했다. 10월

12일 김경수가 여러 고을에 서신을 보내 10월 20일에 장성 남문밖에 모이자고 했다. 10월 14일 이응종이 서신을 보내기를 "병사란 진퇴를 경솔히 해서는 안 되는 것이니 날짜를 조금 미루고 그 계획을 부족함이 없이 해야 합니다" 했다. 10월 16일 김경수가 다시 여러 고을에 서신을 보내 "남문에 모일 날짜를 11월 9일로 변경하니 원컨대 이 날 군사를 거느리고 군량을 운반하여 남문에 모여 그 날 밤에 국가 중흥책을 강구합시다" 했다.

11월 9일 웅치에서 왜적을 물리친 바 있는 순창현감 김제민이 두 아들 김엽과 김흔, 순창관군 70명 의병 120명 의곡 70석, 말 12필, 소 9마리 등을 가지고 왔다. 김제민이 말하기를 "여러 의사들은 모두 내 약속을 들으시오. 나라가 있은 연후에 가정이 있는 것이요, 임금이 있은 연후에 신하가 있는 것이니, 여러 의사들은 힘을 다해 일을 도모하여 우리의 절실한

오산창의사 사당. 여기에 김경수, 윤진, 기효간 등 72위의 신위가 모시어져 있다.

소원을 이룹시다" 하니 김경수 등이 크게 기뻐하며 "공이 왔으니 우리는 근심이 없소" 했다. 이어 9일부터 여러 지역의 선비들이 의병과 곡식을 가지고 장성으로 몰려 왔다.

11월 17일 드디어 단을 설치하고 여러 사람들이 의논해 김경수를 맹주로, 김제민을 의병장으로 추대했다. 11월 18일 백성들을 쉬게 하고 넉넉히 먹이는 것이 급선무라는 것과 인재를 얻어 백성들의 고통을 살펴야 한다는 뜻을 조목조목 적은 건의문을 도체찰사 정철에게 보냈다.

11월 22일 의병장 김제민이 군중에게 명하기를, "여기 모인 군졸 가운데 부모가 있는 데 형제가 없는 자는 돌아가고, 나이가 70살이 넘은 자도 돌아갈 것이며 또 스무 살이 안 된 자도 돌아가라. 나머지 의사들은 모두 내 말을 들으라. 대저 군법이란 행군할 때, 부모처자가 눈물 흘리며 서로 바라본다거나, 출입하면서 서로 만난다면 병사에 크게 불리한 것이니, 오늘 이후로는 이런 일을 일체 금할 것이다. 이를 따르지 않는 자는 군령에 따라 베리로다" 했다. 이에 군법이 크게 갖춰지고 사기가 높아졌다.

11월 24일, 비로소 의병장 김제민이 의병 1천651명을 이끌고 장성 남문을 출발해 북상했다. 부사에 기효간, 참모에 김홍우, 종사에 윤진, 도유사에 서연이 임명됐다.

● 답사할 곳 ●

* 장성 오산창의사 : 전남 장성군 북이면 모현리
* 천안독립기념관 : 충남 천안시 목천읍 남화리 전화번호 (041)560-0114
* 장성 남문 창의비각 : 전남 장성군 북이면 사가리

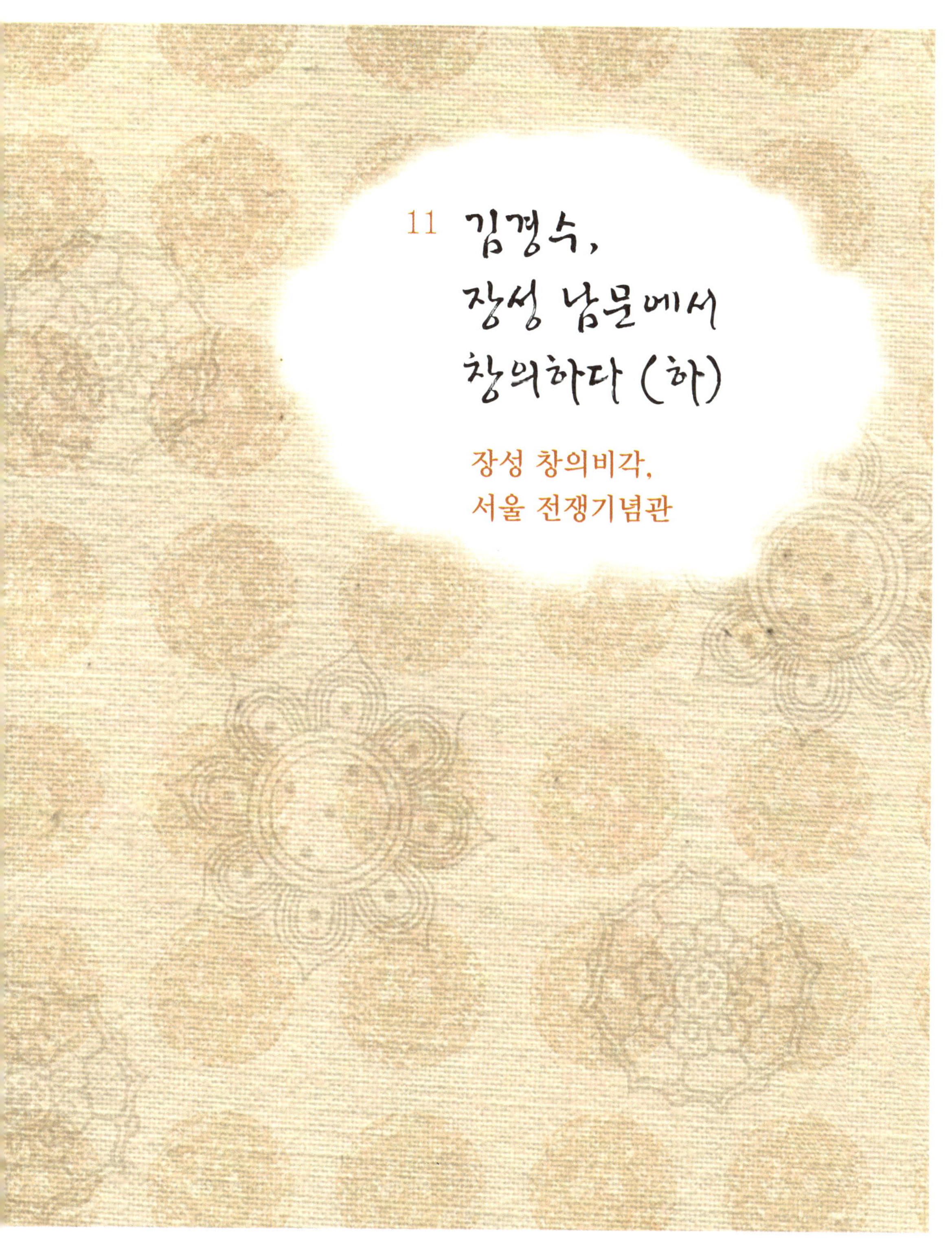

11 김경수, 장성 남문에서 창의하다 (하)

장성 창의비각,
서울 전쟁기념관

서울특별시 용산구에 있는 전쟁기념관을 구경하였다. 1층의 전쟁역사실의 '임진왜란에서의 의병활동' 판에서 남문창의비 탁본을 보았다. 안내문에는 "임진왜란 때 호남 각 고을의 70여 의사義士들이 전남 장성현 남문에서 의병을 일으켜 물리친 공적을 기리기 위해 정조 23년에 호남 오산 남문창의비를 세웠다."라고 적혀 있다. 오산鰲山은 장성의 옛 이름이다. 오鰲는 자라인데, 예전에도 황룡강변에는 자라가 많았나 보다.

다시 장성군 북이면 사거리에 있는 창의비각을 찾았다. 창의비문을 자세히 살펴본다. 〈호남 오산 남문창의비〉는 1799년정조23년에 홍문관 · 예문관 대제학인 홍양호1724-1802가 비문을 지었고 1802년순조 2년에 세웠다. 홍양호는 〈국조보감〉 · 〈동문휘고 同文彙考〉등을 편찬한 대학자이다.

〈국역 남문 창의록 · 오산사지〉에서 '호남 오산 남문 창의비명' 번역문

서울 용산 전쟁기념관에 있는 장성 남문 창의비 탁본

을 찾았다. 이 글의 대강을 읽어 보자.

내가 일찍이 호남에 왕명을 받들어 노령을 넘어 장성을 지나면서 남문에 올라가, 임진년 거의擧義의 사적을 가만히 상상해 보니 모든 의사義士가 피를 뿜고 주먹을 불끈 쥐며 머리를 북으로 돌려 난리에 달려가는 모양을 보는 듯 개연히 감개를 일으키고 능히 포상을 받지 못한 채 2백년이 지나도록 묻혀 드러나지 않은 것을 한스럽게 여겨졌다.

… 내가 받아 읽어 보매 옛적 1592년에 섬나라 오랑캐가 크게 쳐들어오고… 흉

장성 남문 창의비각

한 칼끝이 곧장 서울로 향하니 조헌이 맨 먼저 일어나 고경명, 김천일과 더불어 의기를 들었으나 선후해서 패하니 삼남이 와해되었다.

이에 장성인 김경수가 금산의 패전 소식을 듣고 장성의 기효간, 윤진과 함께 군郡의 남문에서 창의하여 격문을 띄워 여러 의사를 모았다. 정운룡이 장성에서, 이응종이 영광에서, 김홍우는 고창, 이수일은 태인, 김언욱은 담양에서, 김경남·김부·홍원은 나주, 정절은 함평, 김억일·김해·김홍원은 부안에서, 기효증·박경은 광주, 서연은 흥덕, 윤황은 무안에서, 유희진은 정읍, 김성진은 무장에서 다투어 일어나 자제와 집안 머슴들과 마을 젊은이들을 데리고 오니 모인 자가 거의 2천명이었다.

드디어 단을 만들고 무리에 맹세할 때 김경수를 추대하여 맹주로 삼았다. 김제민을 의병장으로 삼으니 군대를 통솔하여 서쪽으로 향할 적에 체찰사 정철에게 건의문을 올리고 직산稷山에 이르러 적을 만나 수십 급을 베고 진위振威에서 정탐하는 왜병 13급을 베고 용인으로 진군하였다.

명나라 장수 이여송이 평양을 수복하고 승승장구하여 벽제역에 이르러 왜장 소서행장에게 패하니 송응창이 화친을 주장하여 싸움을 금한다는 소식을 듣고 여러 의사들이 통곡하고 군대를 거두어 돌아와 여산을 지키며 남하하는 적을 막았다.

한편 기효증이 의곡 수 천석을 모아 바닷길로 의주 행재소로 보내니 왕이 가상히 여겨 말하기를 "엄동설한에 천리를 잘 왔으니 기이한 일이로다"하였고, 이응종은 영광군수가 친상을 당하여 사직하였다는 말을 듣고 영광을 비울 수 없다하여 돌아가 군성郡城을 지키니 무리들이 추대하여 장수로 삼았다.

1593년 5월에 명군이 다시 남하하니 여러 의병장이 격문을 내어 흩어진 병졸을 소집하고 이귀가 정예군을 가려 뽑아 그 이름을 담용군이라 하니 군세가 더욱 강했다. ... 전진하여 함양에 이르러 진주가 포위되었다는 소식을 듣고 여러 의사들이 복수장 고종후를 따라 진주성에 들어가 김천일과 더불어 힘을 다해 싸우다가 전사했다.

1597년 8월에 남원의 급보를 듣고 여러 의병장이 장사 1백 여 명을 뽑아 전주에 이르러 의병과 군량을 모집하고 전진하여 북상했다. 김홍우가 명나라 장수 해생을 따라 소사의 적을 대파하니 왜적들이 이웃 고을로 도망하자 추격하여 적 30여급을 베고 포로로 잡힌 우리나라 사람 17인을 구출하였다. 9월에 적을 파하고 돌아갔다.

아 아! 임진·정유의 난은 우리나라의 큰 액운이었다. 당시에 많은 군사를 이끌고 큰 진鎭을 지키는 자는 모두 쥐처럼 도망가 숨고 새처럼 흩어지지 않은 자가 없었다. 삼경三京이 함락되고 임금이 의주로 옮겼으나 오직 호남만이 전 강토를 온전히 보존하여 비로소 명령이 통하고 군에 대한 보급이 끊이지 않았다.

장성 남문 창의비각. 장성군 북이면 사거리에 있다.

… 조헌 · 고경명 같은 분이 순절하여 충의는 해와 달을 꿰뚫고 명성과 위엄은 산악을 흔들었다. 장성 남문의 의거는 그에 버금간다. 다만 한스러운 것은 큰 적을 만나 큰 공을 세우지는 못했으나 그 뜻과 절개는 죽음과 삶으로 다름이 있겠는가. … 그들이 평소에 간직한 바는 단지 한 때의 비분강개로 생을 버리는 일에 비할 바가 아닌 것이다. (후략)

이 비명을 읽어 보면 장성 남문 창의는 크게 두 가지 특징이 있다. 첫째는 의병의 참여가 장성 한 고을을 넘어 전라도 전역에 걸쳐 이루어진 점이다. 그 참여는 영광, 담양, 나주, 광주, 무안, 함평뿐만 아니라 고창, 태인, 부안, 흥덕, 정읍, 무장 등에 걸쳐 있다. 이들의 결속은 주로 혈연과 학연 그리고 지연으로 뭉쳐있다. 이항의 아들인 이수일이 태인에서 거의擧義하고 이항의 문인인 김제민이 의병장으로 참여한 것이라든지, 심인후의 문인 김경수, 기효간, 윤진이 참여한 것이 그 증거이다. 더욱이나 남문 창의는 관군과 승려의 협조도 이루어졌다.

둘째는 의병활동이 3차례에 걸쳐 이루어진 점이다. 1592년 11월 1차 의병은 충청도 직산까지 진출하였으나 명나라 이여송이 1593년 1월 말 백제관 전투에서 패전한 이후 화친 정책을 펴자 제대로 싸우지도 못하고 돌아온다. 두 번째는 1593년 5월에 의병을 일으키었으나 6월 하순에 진주성 싸움에서 모두 순절하고 만다. 순절한 이들은 바로 김경수의 두 아들 김극후와 김극순, 김인혼, 서홍도, 김언희였다. 세 번째는 1597년 정유재란 시 다시 의병에 나선 것이다.

한편, 장성 남문 창의는 호남 의병 모집 연구에 중요한 시사점을 제공한다. 창의 기간이 4개월에 걸친 점과 도체찰사 정철에게 10개조를 건의한 점이 그것이다.

장성 창의는 7월 21일에 시작하고 11월 24에 출병하여 4개월 이상 걸리었다. 임계영의 전라좌의병이 7월 20일에, 최경회의 전라우의병이 7월 26일에 거병한 것에 비하면 매우 오래 기간이다. 이렇게 창의 기간이 긴 이유는 의병과 의곡이 제대로 모이지 않았기 때문이다. 8월 10일에 모인 의병이 174인, 의곡이 72섬인데, 8월 24일에는 의병이 239명, 의곡이 190섬이었다. 실적이 저조하자 8월 29일에 김경수는 여러 고을 책임자들에게 각자 고을에 돌아가서 의병과 의곡을 모집하자고 하였다. 11월 24일 출병할 때에야 의병 1,651명, 의곡 496섬이 모였다.

왜 창의기간이 길었는지는 11월 18일 참모 서연이 작성하여 정철에게 올린 10개조의 건의문이 그 답을 준다. 당시에 전라도 사람들은 1, 2차 근왕병 모집과 거듭된 의병의 봉기로 매우 피로한 상태이었다. 강제징수와 노약자까지 동원되는 난맥상이 전개되었다. 호남이 국가의 보루라는 이름 아래 과잉 동원을 하다 보니 도망자가 속출하였고 창고는 텅텅 비었다.

장성 창의 지도부는 이런 전라도 백성들의 애로를 깨달은 것 같다. 건의문에는 백성을 쉬게 하고 넉넉히 먹이는 것이 급선무라는 것과 인재를 얻어 백성들의 고통을 살펴야 전쟁에서 이길 수 있음을 명백히 하고 있다. 구체적인 방안으로 (1) 양민, 천민, 승려를 막론하고 왜적을 죽이거나 사로잡은 자는 관직을 주어 우대하고, (2) 전사자의 유족에게는 부역, 공물

부과 등을 면제하여 충분히 보훈하며, (3) 도망병은 잡아서 참수하고 처자까지 노비로 삼고 (4) 각 관청에 보유하고 있는 불필요한 무기는 개조하여 전투 무기로 사용할 것 등이 포함되어 있다. 특기할 점은 영의정 류성룡도 (1)과 (2)의 건의문과 같은 정책을 널리 시행하여 국난을 극복하였고, 상당수 천민들이 벼슬을 얻은 점이다.

장성군 북이면에 있는 오산창의사를 간다. 사당을 들어가서 창의한 72분의 신위를 본다. 향로가 놓여 진 곳의 동쪽에는 김경수, 기효간, 윤진, 서연의 신위가 있고, 서쪽에는 이귀, 김제민, 김홍우, 박경의 신위가 있다. 무명전사의 신위도 있다. 나라를 지키기 위하여 몇 번이나 의병을 일으킨 호남의 의인들. 이들이야 말로 진정 대의를 위하여 나선 의사義士이다.

● 답사할 곳 ●

* 전쟁기념관 : 서울특별시 용산구 용산동 1가 8 　전화번호 (02) 709-3139

* 장성 남문 창의비각 : 전남 장성군 북이면 사가리

* 장성 오산창의사 : 전남 장성군 북이면 모현리

12 의곡장 기효증, 양곡 가지고 선조 임금을 의주에서 만나다

광주 칠송정

1592년 8월 19일, 광주의 선비 기효증은 박경과 함께 장성 남문 의병청에서 김경수, 기효간, 윤진 등을 만난다. 그들은 양곡을 모으고 운반하는 일에 대하여 상의한다. 이 자리에서 기효증은 의곡장으로 임명되고, 박경은 기효증의 종사관이 된다.

함재 기효증奇孝曾 1550-1616. 그는 청백리 기건의 후손이고 조선 성리학의 큰 별 고봉 기대승의 큰 아들이다. 기대승은 퇴계 이황과 8년간 사단칠정 논변을 한 유학자로 널리 알려져 있다. 기효증은 고봉 선생에게서 공부를 배웠는데 1572년에 기대승이 별세하자 광주광역시 광산구 임곡동 광곡마을 백우산 아래에 정자를 짓고 3년간 시묘살이를 하였다. 이후 그는 벼슬에는 큰 뜻이 없이 초야에 묻혀 살았다.

1592년 5월에 선조 임금이 한양을 버리고 서쪽으로 피난을 갔다는 소식을 듣고 그는 크게 실의한다. 기효증은 6월 10일에 의곡을 모으자는 통문

칠송정. 광주광역시 광산구 임곡동 광곡마을에 있다.

을 도내에 보낸다. 이어서 그는 8월 1일에 선조가 압록강 끝 의주로 피난하였다는 소식을 듣고 '근왕병모집격문'을 써서 각 고을에 돌린다. 선유사 윤승훈이 도내에 내려와서 선조의 전지傳旨를 가져온 것에 크게 고무되어 격문을 쓴 것이다. 이 격문에 들어있는 선조의 전지를 읽어 보자.

> 호남의 의사들이 의병들을 모으고 각처에서 봉기한 자들이 많다고 한다. 흩어진 병사를 불러 모아 크게 일어나기를 기하고, 그 정예를 뽑아 여러 길로 나누어 혹은 지름길로 곧장 행재소로 오거나, 아니면 남은 왜적을 공격하여 그 예기를 꺾거나 혹은 좌우가 함께 진격하여 길은 다르나 함께 와서 밤낮으로 바라고 있는 짐의 소망에 부응하여 주기 바란다.

이제 명나라 구원병 수만 명이 오고 있으니 본 도의 병력과 힘을 합하여 서로 호응한다면 큰 공을 이룰 수 있을 것이다.

당시 전라도 사람들은 수차례의 의병 모집과 양곡 송출에 매우 지쳐있었다. 따라서 기효증의 격문도 처음에는 큰 호응을 받지 못한 것 같다. 그런데 기효증이 의곡장이 되고 선조의 말씀이 전해진 이후에는 여러 고을 선비들이 참여하였다. 나주에 의곡도청이 설치되었고, 각 고을의 양곡 모집 책임자가 정해지는 등 의곡과 근왕병 모집이 이루어졌다.

'호남절의록' 에는 기효증과 함께 의곡을 모은 이는 영광의 이굉중 · 이용중 형제, 오귀영, 이희룡, 송약선, 이헌, 임수춘, 이안현, 최희윤, 이곤과 이분, 김재택이고, 광주의 이운홍, 남평의 송기원, 무장의 오희량, 순천의 이안현, 고창의 김홍우, 무안의 윤황 등이다. 특히 전 참봉 이굉중은 고봉 기대승의 문인이어서 기효증을 적극 지원하여 영광 도유사가 되었고 영광출신들의 많은 참여를 유도하였다. 송약선은 중종 때 청백리인 지지당 송흠의 4대손으로 영광에서 군관으로 근무하고 있었다.

기씨 문중에서 보관하고 있는 '함재근왕록' 에는 의곡을 모은 사람으로 이굉중, 민근, 이영립, 임업, 이운홍, 이천룡, 기효분, 기효민, 박경, 이한, 이녕 등의 이름이 나오고, 무안생원 김충수가 쌀 2백석, 순천 낙안 유생이 3백석, 태인 유생 안광주가 2백석을 보낸 것으로 적혀 있다. 여기에서 기효민은 기효증의 동생이고 기효분은 기효증의 사촌이다.

드디어 8월부터 9월 하순까지 나주 의곡도청에는 의곡 3,200석과 콩 50석, 좁쌀 50석, 옷감과 말 그리고 의병 460명이 모이었다. '남문창의록' 에 의하면 장성 의병청에서도 의곡 3백석과 세모시 14필을 보낸 것으로 기록되어 있다.

기효증은 의곡과 의병을 배에 싣고 서해안을 따라 의주로 향한다. 맨 먼저 9월 16일에 영광군 의곡도유사인 이굉중과 생원 이용중, 유학 이홍종, 생원 이극부 등이 함께 모은 의곡 1,200석이 영광 법성포에서 출발하였다. 9월 21일에는 나주에서 양곡을 실은 배 3척이 출항한다. 기효증은 이 나주 배를 타고 간 것으로 보인다. 배들은 서해안을 거치면서 점점 늘어났다.

함재근왕록에 의하면 의곡을 실은 배는 모두 24척으로서, 강진 1척, 영암 2척, 나주 3척, 무안 1, 임치 1척, 함평 1척, 영광 2, 무장 2, 흥덕 1, 고부 1, 금모포 1, 부안 2, 임피 1, 옥구 1, 태안 2, 근포 2척이다.

쌀과 의병을 실은 배들은 10월 15일에 고부에 도착하고, 11월 6일에는 군산포羣山浦, 11월 10일 충청도의 람포藍浦, 12월 3일에 태안泰安에 도착한다. 그리고 12월 6일에 근포진, 12월 10일 독진을 거쳐서 1593년 1월 19일 강화도에 도착한다. 포구에 이를 때마다 배가 안전 운항을 할 수 있도록 제문을 올리고 해신에게 제사를 드리었다. 이를테면 11월 6일 군산포에 도착하였을 때 수행원 임업이 제문을 지은 제서해신문이 '함재근왕록'에 실려있다.

1592년 겨울은 너무 추웠나 보다. 의병선 5척이 풍랑에 표류되기도 하였고 바다가 얼어서 제대로 운항을 못하였다. 의주의 행재소는 기효증이 의병과 의곡을 싣고 온다는 소식을 미리 들었던 것 같다. 1592년 12월 17

일 선조실록을 보면 윤두수가 임금에게 아뢰기를 “기효증이 정병 1백 명을 거느리고 올라오고 있는데 삼화도가 얼어붙어 건너지 못하고 있다 합니다. 그가 올라오기를 기다려서 또 이곳 정군을 뽑아 이빈李蘋에게 주어 싸움터로 보내면, 그는 그곳의 형세를 잘 알고 있고 또 전에 이미 오래 머물면서 공을 세우지 못했으니 이번에는 반드시 스스로 공을 세우려 할 것입니다” 라는 구절이 나온다.

배는 1593년 1월말 경에 평안도 의주에 도착한 것으로 보인다. 왜냐하면 기효증이 2월 1일에 벼슬을 사양하는 상소문을 썼기 때문이다. 기효증은 의주 거련관에서 선조 임금을 뵈었다. 임금께서 불러보시고 따뜻하게 말씀하시길 “고통을 무릅쓰고 먼 곳에서 이곳에 이르니 내가 매우 기쁘도다. 또한 풍랑이 심한 엄동설한에 천리 길을 무사히 도착한 것은 참으로 가상한 일이다”라고 위로하였다.

이 때 임금의 호위가 허술하였는데 호남에서 정예 근왕병 460명이 오자 비로소 호위병의 모양새를 갖추었으며, 양곡은 주로 명나라 군사들의 식량으로 쓰였다.

조정에서는 도체찰사가 포상을 청하는 보고서를 올려 기효증은 형조정랑 및 군기시 첨정 의 벼슬을 제수 받았다. 군기시는 병참 업무를 담당하는 기관이다. 그런데 그는 신하로서 할 도리를 다한 것이지 별다른 공로가 없으니 4품 벼슬을 사양한다는 사직상소를 올린다. 선조임금은 기효증의 사직 상소를 보고는 “천리 길을 달려와 임금을 도왔으니 그 충의정신이 장하다”고 하였다.

이 상소문에는 의병과 의곡의 내역과 각지에서 차출된 배, 그리고 종사

월봉서원. 고봉 기대승의 신위를 모신 서원이다.

자 명단이 상세히 나와 있다. 의곡종사 감수관 전몽성, 참모 최지남, 군량 선물 참모 강형, 주사장舟師將 김몽일, 해남의 의곡유사 윤광계, 백진남 이름 등이 나온다. 백진남은 삼당시인 중 한 사람인 옥봉 백광훈의 아들이다.

기효증은 나중에 동복현감에 제수되었으나 1593년 3월에 대간들의 논박을 받고 파직된다. 한편 종사관 박경朴璟 1559-1633은 평시서 직장에 제수하였으나 그 또한 벼슬을 사양하였다 이에 임금이 궤장과 죽림처사라는 호칭을 내리었다.

광주광역시 광산구 광곡마을에 있는 월봉서원을 간다. 서원 가는 길에 칠송정七松亭이 있다. 이곳이 바로 기효증이 선친 고봉 기대승의 시묘살이

기효증 묘소. 월봉서원 바로 뒷산에 있다.

를 하던 곳이다. 일설에는 일곱 소나무가 있는 정자라는 의미의 칠송정은 고봉 기대승과 큰 아들 효증 그리고 효민과 효맹 부부와 고봉의 딸 기씨 부인을 기리기 위하여 붙여진 이름이라 한다. 기효민과 효맹은 정유왜란 때 피난 가다가 길에서 왜적을 만나 죽었고, 고봉의 딸과 효민과 효맹의 부인 양씨 · 정씨는 겁박을 당하자 강물에 몸을 던져 자살하였다. 특히 고봉의 딸 기씨 부인은 김인후의 손자 남중의 부인으로 정유재란 때 죽었는데 시체를 찾지 못하고 팔뚝 하나만 남아있어 이를 묻었다 한다. 장성군 황룡면에 있는 하서 김인후 묘 아래에는 그녀의 팔뚝 무덤이 있다.

기효증의 묘소는 월봉서원 바로 뒤에 있다. 비석에 '군기시 첨정' 이라는 벼슬이 적혀 있다. 기효증. 그는 국난에 노블레스 오블리주를 실천한 선비이다.

● 답사할 곳 ●

* 월봉서원 : 광주광역시 광산구 광산동 452
* 칠송정 : 광주광역시 광산구 임곡동 광곡마을

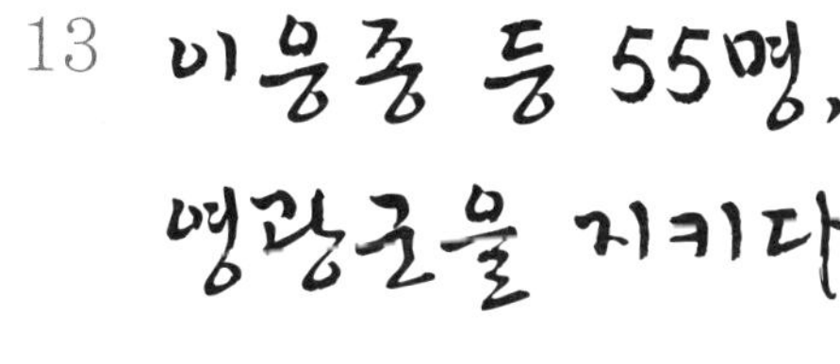

영광 임진수성사

1592년 4월 임진왜란이 일어나자 영광 사람들 역시 긴장한 모습이었다. 비록 왜적이 영광 땅에 쳐들어오지는 않았으나 나쁜 소식만 들려왔다. 선조 임금이 의주로 피난을 가고, 고경명과 조헌의 의병이 금산에서 순절하고, 임해군 · 순화군 두 왕자가 왜군에게 붙잡히는 등 온통 비관 일색이었다.

7월 하순에 영광의 선비 이응종1522-1605은 71세의 나이에 장성 창의 소식을 듣자, 두 아들 극부 · 극양과 함께 김경수를 찾아간다. 이응종은 개국공신이고 종친인 완산부원군 이천우의 6대 손으로서 일찍이 외삼촌 윤구에게서 공부를 배우고 덕망을 쌓은 선비였다. 그는 김경수와 함께 창의할 것을 맹세하고 의병 50인과 의곡 40여 섬, 말 17마리와 소 4마리를 모았다.

그런데 10월 2일에 영광군수 남궁현이 친상을 당하여 사직하자 영광 백

임진수성사의 숭의문. 영광군 영광읍에 있다.

성들은 불안을 감추지 못하였고 민심이 흉흉하였다. 체찰사는 이방주를 직무대리로 임명하였으나 불안한 민심을 가라앉히기에는 역부족이었다.

이런 상황에서 영광의 지도층들이 자발적으로 향토방위에 나선다. 10월 18일 오성관筽城館에서 26개 성씨의 문중, 55명의 사림들이 모인다. 그들은 "영광은 호남의 요충지이니 이곳을 지키지 못한다면 우리 군사의 양식을 운반하는 길은 끊어지고 만다. 죽음으로 우리 성을 지켜내자."고 결의한다. 그리고 삽혈동맹歃血同盟, 즉 산 짐승을 잡아 서로 피를 나눠 마시며 맹세하기를, "무릇 우리 동맹한 사람들은 맹세한 뒤에 약속을 이행하지 않으면 목을 벨 것이다."라고 하였다.

이 모임에서 사매당 이응종을 수성도별장으로 추대하고 성의 방위 체제를 24개 부서로 편성하여 55명의 책임자를 임명하였다.

24개 부서는 행정부서와 전투부대로 나누었다. 도별장 밑에 부장, 종사관 , 군정軍正, 참모관, 장문서掌文書, 폐막관弊瘼官, 도청都廳 서기 등의 직책은 주로 행정 부서이고, 수성장守城將과 종사관, 대장大將 군관, 부장副將 군관, 남 · 북 수문장, 중위장, 중부장, 유군장遊軍將, 동 · 서 · 남 외진장外陣將 , 동 · 남종사관, 군관, 수성군관은 전투부대에 해당한다. 행정부서는 영광군 일상 업무를 수행하였고 전투부대는 성을 지키었는데 편제는 남문과 북문을 수비하게 하고, 성외에도 동서남쪽에 진장을 배치하였으며, 기동타격대 형태의 유격대遊擊隊를 두어 전투 준비를 철저히 하였다.

참여한 의사義士 55명 명단은 다음과 같다. 도별장 이응종, 부장 강태, 종사관 이홍종, 이해, 신장길, 이용중, 임수춘, 정희열, 군정 이굉중, 정희맹, 참모관 이헌, 이안현, 이옥, 노석령, 류익겸, 김재택, 정희열, 봉단의, 임수춘, 장문서 김태복, 이분, 이극부, 강항, 폐막관 이용중, 이극부, 수성장 오귀영, 종사관 김남수, 정여기, 김경, 도청 서기 김구용, 정응벽, 오윤, 정구, 대장 군관 정경, 류영해, 이효안, 이극양, 이극수, 부장 군관 김운, 류집, 강윤, 남수문장 이희익, 강극효, 북수문장 김대성, 이거, 중위장 최희윤, 중부장 이희룡, 유군장 김찬원, 서외진장 이효민, 남외진장 김춘수, 동외진장 한여경, 남종사관 이유인, 동종사관 김광선, 군관 김정식, 송약선, 정여덕, 정념, 수성군관 강락, 김봉천이다. 직책으로는 59명이나 4명이 겸직하여 실제 참여인원은 55명이다 이들 55명중 이굉중, 이용중, 오귀영, 임수춘, 강항, 이헌, 이안현, 송약선 등 18명은 6월에 함께 창의하여 의병과 의곡 그리고 무기를 고경명 의병소에 보내기도 하였다. 또한 형제, 아들, 조카들이 함께 참여한 문중도 상당수 있다. 도별장 이응종의 경우는 아우 이홍종, 두 아들 이극부와 이극양, 그리고 조카 이극수가 참여하였고, 세종 때의 명신 강희맹의 집안에는 부장인 증손자 강태와 남수문장인 4대손 강극효, 강극효의 아들 강락 그리고 조카 강항강항은 정유재란 때 일본에 끌려가서 일본에 성리학을 전파한 유학자이다. 간양록을 썼고 영광 내산서원에 배향되어 있다과 강윤이 동참하였다. 군정 정희맹은 동생 정희열, 두 아들 정경과 정건이 함께 참여하였고, 참모관 류익겸은 아들 류집, 조카 류영해와 같이, 군정 이굉중은 아우 이용중과 함께 참여하였다. 아울러 송약선은 중종때 청백리 송흠의 4대손이고, 봉단의는 사육신 박팽년의 매제 봉여해의 4대손이었다.

영광 의병들은 자체적으로 수성법守城法을 만들어 성을 지켰다. 수성법은 성을 지키기 위한 전투수칙이다. 여기에는 "수성군이 먼저 공격하는 일이 없어야 하며 적이 성 밑까지 육박해 온다 할지라도 그들이 공격을 하지 않는 한 침묵을 지키다가 적이 공격을 할 때 대응을 한다."는 기본원칙 아래, "적이 와서 성을 핍박하더라도 조용하게 말없이 기다릴 것이요, 함부로 나서서 막을 것이 아니며 적의 실수를 기다렸다가 꾀로서 격파하여야 한다."고 구체적인 전술까지 언급하고 있다. 그리고 가장 최고의 수성 사례로 고구려 장수 양만춘의 안시성 수성을 예시하였다.

이 수성법에는 성을 지키는 데 있어 유념하여야 할 5전全과 5패敗가 설명되어 있다. 즉 5전全은 (1) 성과 못이 수리가 잘되어 있음 (2) 기구가 갖추어져 있음 (3) 사람이 적고 곡식이 많음 (4) 상하가 서로 친근함 (5) 형벌이 엄하고 상을 소중히 여김이고, 5패敗는 (1) 건강하고 씩씩한 자가 적고, 어리고 병약한 자가 많은 것 (2) 성城은 크지만 사람이 적은 것 (3) 양식은 적은데 사람이 많은 것 (4) 재물이 밖에 쌓여 있는 것 (5) 세력이 강한 자가 명령을 듣지 않는 것이다.

〈영광임진수성록〉에는 수성일지가 기록되어 있다. 10.18에 향토방위 의병을 조직한 이후 의병들은 각자 맡은 바 책임을 다하고 밤낮으로 게을리 하지 않고 오직 성을 지켰다. 그리하여 10월 하순 경에는 민심이 다시 예전과 같이 안정되었다.

11.3에는 영남 의병장 곽재우가 군량을 보내줄 것을 요청하는 격문을 보내와 12.15에 군량을 곽재우에게 보냈다. 장성의 남문 의병도 곽재우에게 쌀 100석을 보내었다. 11.6 신임 군수 이안계가 도착하였다. 다음 날인 7일에 도체찰사 정철의 명령문이 왔다. 이 공문은 분조를 맡고 있는 세자 광해군의 지시가 "관청에 있는 무신들은 비록 친상을 당했을지라도 관직을 그만두고 자리를 뜰 수 없다."라서 남궁현은 다시 영광에서 근무하라는 것이었다. 따라서 신임 군수는 북문으로 나갔고 직무대리 이방주도 돌아갔다. 11.13에는 도별장 이하 의병들이 오성관에 모두 모였다. 논의결과 이거와 류광형을 모군별장으로 삼아 의병을 더 많이 모집토록 하였다. 1593년 1월 8일 드디어 명나라 장수 이여송 등이 평양성을 탈환하여 전쟁이 유리한 국면에 접어들었다. 2.28 군수 남궁현이 복직되고 왜적이 영남

임진 수성사와 묘정비

으로 도망갔으므로 수성의병은 마침내 해산되었다. 이로써 1592년 10월 18일부터 영광 성을 지킨 의병들은 1593년 2월 28일에 임무를 완료하였다. 무릇 5개월 동안 향토방위 활동을 한 것이다.

영광 의병들의 수성은 비록 실제 왜군과의 전투는 없었으나 수성 조직을 치밀하게 구성하였고, 수성법에 의거 경비를 하여 만일의 사태에 철저히 대비한 점이 크게 돋보인다.

주말에 영광 임진수성사를 간다. 수성사는 영광군 영광읍 관람산觀覽山 기슭에 자리 잡고 있다. 이 사당은 2002년에 건립되었는데 영광 의사義士 55명의 신위가 모시어져 있다. 입구에는 임진수성비가 세워져 있다. 외삼문 이름은 숭의문崇義門이다. 의를 숭상하는 문. 영광 선비들의 정신이 문의 이름에도 잘 배어 있다.

수성사 안으로 들어갔다. 오른 편에는 수성사 묘정비가 있다. 이 비에는 한글과 한문 혼용으로 임진 수성의 내역이 기록되어 있다. 수성사 기둥에는 주련이 여러 개 있다. 이 글씨 중에는 구국, 정의, 수성 등 향토방위의 의지가 담긴 단어가 적혀 있다.

사당을 들어가니 55현의 위패가 디귿자 모양으로 봉안되어 있다. 향로가 있는 곳 바로 중앙에는 수성 도별장 이응종, 오른편에는 부장 강태, 왼편은 종사관 이홍종의 위패가 놓여 있다.

쉰다섯 분의 영광 수성 의병들. 그들은 스스로 자기 고장을 지킨 진정한 향토방위군이다. 호남정신

● 답사할 곳 ●

* 영광 임진수성사 : 전남 영광군 영광읍 무령리 315-55

무등일보 인터뷰

임진왜란 주요사건 연표

참고문헌

무등일보 인터뷰(2011.3.16)

'호남정신의 뿌리를 찾아서' 2부 집필 마친 김세곤씨

'호남정신의 뿌리를 찾아서' 2부 집필 마친 김세곤씨

"역사 속 묻힌 호남 민초들 이야기와 행적 전할 터"

호남 의병들 삶과 역사 총 33회 걸쳐 마무리

전남 곳곳 답사 스토리텔링 형태 풀어내 눈길

권율·김시민 등 민초와 여성 이야기 정리계획

"역사 속 묻힌 민초들의 이야기와 행적 전할 터"
호남 의병들 삶과 역사 총 33회 걸쳐 마무리
호남 곳곳 답사 스토리텔링 형태 풀어내 눈길

무등일보 기획특집 '호남정신의 뿌리를 찾아서' 를 연재 중인 김세곤씨(58 · 전남지방노동위원회 위원장)가 최근 2부 집필을 마무리했다.

이 연재물은 2010년 3월부터 지난주까지 1년 동안 33회에 걸쳐 호남 역사와 인물들의 흔적을 찾아 전라도 곳곳 등 각지를 답사하고, 역사 속에서 그들을 다시 만나 이를 스토리텔링 형식으로 풀어냈다.

김씨는 앞서 시 · 지 · 인 時 地 人 세 가지를 요소로 조선왕조 중 연산군, 중종, 인종, 명종을 거쳐 선조 임금이 집권한 시기인 15세기 말부터 16세기 중반까지 4대사화로 희생되었거나 시련을 겪은 사람들과 호남 사림 士林들의 삶과 역사를 25회에 걸쳐 담아냈다.

'임진왜란과 호남사람들' 을 부제로 지난해 3월부터 시작된 2부 연재는 역시 역사인물 기행 형태로 임진왜란 역사 현장을 찾아 호남의 의병장과 막료들, 수군들과 승병들 그리고 무명용사들의 이야기를 써냈다.

그는 곧 시작되는 3부에서는 1592년 10월 초 일어난 1차 진주성 싸움에서부터 1598년 11월 노량해전 전투까지 참여한 김시민, 권율, 이순신 장군 등과 호남을 지킨 민초들과 절개를 지킨 여인들 이야기도 쓸 것이라고 밝혔다.

특히 3부에서는 역사에 기록된 인물들 외에 논개와 이름 없는 여인, 정사 正史에서는 찾아보기 힘든 민중들을 찾아내 그들의 행적과 사연을 현장 중심 답사기 형식으로 엮어낼 계획이다.

다음은 김세곤씨와의 일문일답.

–지난해 3월부터 1년 여 동안 2부를 집필했는데 연재를 마친 느낌은 ?

▲ 호남인으로서 '나는 누구인지', '나는 어떤 원형질 인지', '나의 정신세계에 어떤 호남기질이 자리 잡고 있는지' 에 대한 궁금증이 이 연재를 하게 된 동기이다. 임진왜란의 실제 전쟁 기간은 7년이지만 굵직한 사건은 첫해인 1592년 대부분 일어난다. 2부는 여기에 초점을 맞춰 이야기를 펼쳐냈다. 다만 민초들의 이야기를 시작하지 못한 점이 아쉽다. 이 점은 3부에서 충분히 풀어낼 것이다.

– '호남정신의 뿌리를 찾아서 2부' 를 집필하며 힘들었던 점은?

▲ 호남(또는 전라도)을 의향, 예향, 문향이라고 한다. 이렇게 호남을 의향 등으로 지칭하는 중심에는 호남정신이 자리 잡고 있다. 항상 혼자 기록을 찾고 현장을 다니다 보니 애로가 많기도 하다.

그러나 역사현장 답사가 좋아서 즐기는 일이니 순간순간 행복했다.
곳곳의 역사현장이 묻혀지고 잊혀지는 점이 무엇보다 아쉽고 안타까웠다.
한편으로는 사명감도 생기고 책임감도 느껴진다. 이번 2부를 책으로 엮어 5월경에 출간할 예정이다.

-이번 3부 연재에서 다룰 주제는?

▲ 2부가 호남정신의 큰 맥은 의 義에 중점을 뒀다면 3부에서는 논개 등 알려지지 않고 일반인들은 잘 모르는 민중사를 다룰 생각이다. 그들이 임진왜란이라는 역사의 소용돌이 속에 어떻게 휘말렸는지 어떻게 절의를 지키고 대처했는지 등이다. 개인의 삶을 다룬다는 측면에서도 의미가 클 것이라고 확신한다.

-2부 연재 개요를 간단히 설명한다면?

▲ 임진왜란과 호남사람들은 주로 호남을 중심으로 한 의병장과 전쟁의 분수령이 된 해전을 다뤘다. 2부를 통해 밝히고자 했던 논지는 1592년이라는 전쟁 첫 해 호남을 중심으로 어떻게 의병들이 일어났으며 왜 개전한 이때가 중요한지를 알려주고자 하는 취지였다. 호남 뿐 아니라 다른 지역도 폭넓게 포함시켜 이해의 폭을 넓히고자 하는 측면도 있었다.

이 연재를 하면서 1592년 7월 금산전투에서 순절한 고경명, 고인후 부자와 유팽로, 안영을 만나러 충남 금산을 찾았고, 1593년 6월 제2차 진주성 전투에서 남강에 투신한 김천일, 최경회, 고종후, 양산숙, 그리고 왜장과 같이 목숨 바친 의기 논개를 만나러 경남 진주성을 갔다. 이순신 장군을 도운 전라도 사람들을 찾아서 여수 진남관과 충민사도 답사하였다.

-자료수집과 현장답사는 주로 어떻게 하고 있는가.

▲ 그동안 호남인물에 대하여 연구한 전문서적들과 책들을 본다. 소설이나 수필집도 챙겨 보고 있다. 특히 이야기 거리가 되는 흥미있는 야사나 야담집은 꼭 본다.

-한문 원전을 직접 보시는지?

▲ 한문 원전을 직접 보기는 어렵다. 국역본을 보고 있다. 예를 들면 일재 이항의 글을 쓸 때는 국역 일재집을 구하여 보았다. 다만 한글 번역 글이 조금 이상하고 이해하기 어려우면 한문 원전을 보면서 다시 재해석하여 정리를 한다.

-현장 답사를 하시는 이유는?

▲ 현장 답사에는 흔적이 있다. 그 흔적 속에 역사책에서만 본 것과는 다른 느낌인 역사적 성찰이 있다. 기록에는 한계가 있기 때문이다.

-사진도 직접 찍는지?

▲ 디카는 현장 답사 시 필수 휴대품이다. 사진을 여러 장 찍으면 좋은 사진 하나쯤을 건질 수 있다. 요즘은 글도 시각적이어야 더 독자가 많이 본다. 또한 사진을 보면서 글을 쓰면 훨씬 현장감이 있다.

- 김위원장께서는 이번의 호남 정신 연재 외에도 이미 '고봉, 퇴계를 그리워하다' '송강문학기행-전남담양' '남도문화의 향기에 취하여-정과 한의 역사기행' 등 책을 쓴 것으로 알고 있다. 이런 역사인물 기행에 관심을 가지는 이유는?

▲ 역사는 과거의 기록을 통하여 현재를 바라보고 미래를 모색하는 작업이다. 호남의 역사 인물들을 통하여 현재를 사는 호남인들이 무엇을 어떻게 하고 살아야 할지를 모색하고자 이 연재를 하게 된 것이다.

–앞으로도 호남 정신 연재를 계속할 것인지?

▲ 연재를 계속 할 것이다. 1592년 임진왜란은 조선 역사에 있어서 큰 분기점이다. 이 국난 극복을 위하여 호남인들은 무엇을 어떻게 하였는지를 알기 위해 연재를 계속하고자 한다. 다시 말하면 의리정신을 충의, 호국정신으로 승화시키는 작업이라고 할 수 있다.

–이 연재를 테마기행으로 관광 상품화하여도 좋다고 생각되는 데 이에 대한 구상은?

▲ 이 연재는 스토리 위주 글이다. 알기 쉽고, 재미있고, 느낌이 있도록(또는 울림이 있는) 글을 쓰고자 노력한 대중을 위한 글이다. 이것은 또한 광주 나아가 호남의 역사와 문화를 다른 지역 사람들에게 보여주고 알리는 소중한 작업이다.

또한 답사기행도 주제가 있어야 한다. 길이라는 테마기행은 유학에 관심이 많은 나이 드신 분들이나 역사에 관심을 가지는 사람들 그리고 지도자가 되려는 분들에게 성철과 느낌을 부여하는 품격 높은 테마기행이 될 수 있을 것으로 판단된다.

아울러 호남 지역의 초등학교 학생, 중 · 고등학교 학생들이 토요일 자율학습 시간에 호남 역사 문화에 대한 강의 듣기와 현장 답사가 있었으면 한다.

지역의 역사와 문화를 후세에 전하는 일은 기성세대가 나서야 한다. 여기에는 누가 언제냐가 중요하지 않다. 5 · 18 역사교육도 마찬가지 맥락이라고 본다. 치밀한 답사와 고증, 현장감 있는 생생한 글로 독자들과 만나고 싶다.

김세곤 전남지방노동위원회 위원장은 전남 여수 출생으로 광주 살레시오고와 전남대학교 법과대학을 나와, 행정고등고시에 합격, 노동부 고용관리과장, 주미한국대사관 노무관, 서울지방노동위원회 사무국장 등을 지냈다. 저서로 역사기행 책 외에 '알기쉬운 근로자파견제도' '유럽의 노사관계와 고용' 수필집 '국화처럼 향기롭게' 등을 펴냈다. 현재 무등일보에 '호남정신의 뿌리를 찾아서…' 를 연재 중이다.

무등일보 최민석 기자

임진왜란 주요사건 연표

■ 1592년 (선조 25년)

4.13 일본군 병선 700여척이 조선 침략 개시
4.14 왜군 제1군, 부산진 함락
4.15 동래성 함락 (송상현 전사)
4.25 상주성 함락 (순변사 이일 패전)
4.28 신립, 충주 전투에서 패전하여 자살하다
4.30 선조, 한양 도성을 떠나 서천.

5.1 선조, 개성에 도착
5.2 한성 왜군에 점령됨
5.7 전라좌수사 이순신, 옥포 해전 승리
5.8 선조, 평양 도착
5.27 왜군, 개성 진입
5.29 전라좌수군 2차 출전, 사천 해전 승리 거북선 처음 등장
5.29 고경명 담양 추성관에서 모임

6.3 김천일, 나주에서 거병

6.11 고경명, 담양에서 거병

6.11 선조, 평양을 출발하여 북행

6.14 왜군 평양 입성

6.22 선조, 의주에 도착

7.7 전라좌수군 제3차 출전

7.8 이순신, 한산도 해전 승리

7.8 웅치 전투 패배

7.8 권율과 황진, 이치 전투 승리

7.9 이순신, 안골포 해전 승리

7.10 고경명, 유팽로, 안영, 고인후 등, 금산전투에서 순절 금산전투에서 순절

7.17 조승훈, 1차 평양성 전투 패배

7.20 임계영, 전라좌의병 창의

7.21 김경수, 장성 남문 창의

7.24 임해군 · 순화군 왜군에 사로잡힘

7.26 최경회, 전라우의병 창의

7.27 권응수, 영천성 전투 승리

8.1 이원익, 제2차 평양성 전투 패배

8.18 조헌 · 영규, 금산 전투에서 순절

8.25 조선 수군 부산포 해전 출진

8.27 해남현감 변응정, 황당촌 전투에서 순절

9.1 이순신, 부산포 해전 승리 (정운 전사)

9.2 이정암, 연안성 전투 승리

9.8 박진, 경주성 전투 승리

9.16 정문부, 경성 탈환

10.6 김시민 제1차 진주성 전투 승리
10.6 최경회 · 임계영, 진주성 전투 지원
10.18 이응종 등 55명, 영광군성 수성
11.12 정문부, 길주성 공격
12.25 명나라 제독 이여송, 대군을 이끌고 압록강을 건너 조선에 입국

■ 1593년 (선조 26년)

1.6 조선군과 명군이 평양성 전투 승리
1.13 성주성 수복
1.19 조 · 명 연합군 개성 무혈 탈환
1.27 명군 이여송, 백제관 전투에서 패배

2.12 권율, 행주산성 전투 승리
2.12 변이중, 정걸, 김천일, 행주산성 전투 지원
2.18 명군 이여송, 평양으로 퇴각

3.4 이순신, 제2차 당항포 해전 승리

4.6 송응창이 교전 금지령을 내림
4월 심유경, 고니시와 회담
4.18 왜군, 한성 철수 개시
4.20 조 · 명 연합군, 한성 입성
5.3 송응창, 다시 교전 명령

5.10 윤근수, 전투 의지가 없는 명군 실태 보고

5월 명나라 사신 일본에 들어가 도요토미를 만남

6.6 권율, 도원수가 됨

6.22 – 6.29 제2차 진주성 전투에서 진주성 함락 (김천일, 황진, 최경회 등 전사)

7.15 이순신, 한산도로 본영을 옮김

8.1 이순신, 삼도 수군통제사에 임명됨

8.10 이여송 군 한성 출발, 요동 귀환을 시작.

9.13 송응창 · 이여송, 요동으로 돌아감

10.1 선조, 한성에 도착

10.27 유성룡, 영의정에 임명됨

12.30 김덕령에게 충용군호를 부여

■ 1594년 (선조 27년)

1.11 송유진 역모 사건(25일 처형)

2월 훈련도감을 설치하다

3.4 제2차 당항포 해전 승리

3.29 영의정 유성룡, 군제를 진관체제로 복구할 것을 청함

4.6 한산도에서 무과 실시

4.13 가토와 승 僧 유정의 제1차 서생포 회담

7.3 이정암, 전주부윤으로 임명됨

7.26 이항복, 병조판서가 됨

8.6 좌의정 윤두수, 전라체찰사에 임명

8.27 고니시 등이 우병사 김응서를 통해 수교 요청해 옴

11.12 이순신과 원균과의 갈등 문제 논의됨
11월 김응서, 고니사와 만나 강화를 논의
12.1 원균을 충청병사로, 선거이를 충청수사로 임명
12.29 곽재우, 진주목사 겸 우도조방장으로 임명됨
12.30 명나라, 일본에 책봉사 파견키로 결정

■ 1595년 (선조 28년)

7.17 적중의 황신이 일본군의 철수동향을 보고하다
10.27 비변사에서 거북선을 더 만들 것을 건의하다

■ 1596년 (선조 29년)

1.4 심유경이 고니사와 함께 일본으로 건너가다
1.15 일본 잔류 병력 철수준비 착수
2월 안골포 김해 거제도에서 외군 철수
2.15 곽재우를 경상우도 방어사로 임명하다
7.7 이몽학의 홍산 (부여) 모반 사건이 발생 (11일 처형)

8.4 선조, 김덕령을 직접 국문 (8.23 김덕령 옥중에서 사망)
8.18 통신사 황신 일행이 일본에 갔다 오다
9.2 명나라 책봉사와 토요토미 오사카성에서 회담 (강화 파기)
10.10 책봉사와 통신사, 나고야에서 고니시로부터 재침을 통고받음
12.8 비변사, 왜군에 대한 수비책을 아뢰다. 고니시 부산 도착
12.21 통신사 황신 일본에서 돌아와 왜군 재침을 아뢰다.

■ 1597년 (선조 30년)

1.14 20여만의 왜군 조선 재침하여 정유재란이 일어남
1.27 이순신 구속됨. 원균 삼도수군통제사에 임명
4.13 승 유정, 왜군의 침략목적 출병과 토벌에 대하여 상소
5.9 조선의 원수 이하 장수들 모두가 양총병의 지휘를 따르게 하다 (작전통제권)
6.14 비변사가 수군으로 왜군을 견제할 것을 아뢰다.

7.11 도원수 권율이 통제사 원균을 장살
7.15 조선수군 칠천량 해전 패배 (원균 · 이억기 전사)
7.22 이순신을 다시 삼도수군통제사로, 권준을 충청수사로 임명하다.
8.3 왜군이 진주를 점령하다
8.18 남원성 함락, 황석산성 전투 패배
8.18 이복남 임현 이춘원 김경로 명나라 장수 정기원 등이 남원성에서 전사
8월 김경수, 장성남문 의병 다시 일어남
8월 박광전 · 안방준, 보성에서 의병을 일으킴. 화순 동복에서 의병활동
8.29 이순신, 진도에 도착

9.7 직산 전투
9.18 이순신, 명량해전 승리
9.20 정기룡, 보은전투 승리
12.23 - 1.3 명나라 장수 양호와 마귀 등이 울산의 왜군을 포위하다가 경주로 퇴각
(1598.1.3 명나라 군대가 울산성을 총 공격하였으나 패전)
12.30 이순신, 목포 고하도 주둔

■ 1598년(선조 31년)

1.27 왜군 총대장 고바야카와 일본으로 건너감
2.17 이순신, 목포 고하도에서 완도 고금도로 본영 이동
4.8 전라병사 이광악, 무주전투에서 승리
5.16 진린 군사 9천명 요동 도착, 유정 1만3천명 의주도착

7.6 정기룡, 덕산 전투
7.16 이순신, 고금도 부근 해전
8.5 전라병사 이광악, 도요토미 사망설 보고
8.18 도요토미 사망, 일본 4로군 남하 시작
9월 순천 왜교성 전투

11월 울산, 사천, 순천의 왜군이 철수
11.18 조 · 명 연합군, 사천왜성을 접수
11.19 노량해전 승리 (이순신 전사)
11.20 고니시, 순천 왜교성 탈출
11.24 왜군, 3진으로 나누어 부산에서 철수
12.21 전라감사 황신, 비변사에 대마도 정벌 건의

참고문헌

○ 건국대사학과 편, 역사와 이야기가 있는 답사기행–경상우도 편, 새문사, 2010
○ 고씨중앙종문회 · 충렬공 제봉 고경명 선생 기념사업회, 임란의병장 고경명의 재조명, 2007
○ 고재필 편집, 국역 정기록, 천풍인쇄사, 1978
○ 고진숙, 이순신을 만든 사람들, 한겨레아이들, 2004
○ 곽의진, 민, 솔과학, 2009
○ 국립광주박물관, 광주 – 유구한 문화의 도시, 도서출판 라인, 2008
○ 국립진주박물관, 싸워 죽기는 쉬어도 길을 빌려주기는 어렵다, 혜안, 1999
○ 국립진주박물관, 임진왜란과 도요토미 히데요시, 부키, 2003
○ 국립진주박물관, 임진왜란과 진주성 전투, 국립진주박물관, 2010
○ 국립진주박물관, 임진왜란 조선인 포로의 기억, 국립진주박물관, 2010
○ 국사편찬위원회 인터넷 사이트, 조선왕조실록
○ 기효증, 함재근왕록, 기성근 소장
○ 김권섭, 선비의 탄생, 다산초당, 2008
○ 김대중 편역, 도산에 사는 즐거움 – 이황 선집, 돌베개, 2008
○ 김동수 교감 · 역주, 호남 절의록, 경인문화사, 2010
○ 김동욱 옮김, 새벽강가에 해오라기 우는 소리(국역 기문총화) 상 중 하, 아세아

문화사, 2008
○ 김만선, 유배, 갤리온, 2008
○ 김명준, 임진왜란과 김성일, 백산서당, 2006
○ 김선기, 호남정신 뿌리 깃든 전라도 정자기행, 보림, 2003
○ 김세곤, 고봉, 퇴계를 그리워하다, 보림출판, 2009
○ 김세곤, 호남정신의 뿌리를 찾아서, 온새미로, 2010
○ 김수업, 논개, 지식산업사, 2001
○ 김영헌, 김덕령 평전, 향지사, 2006
○ 김인숙, 조선 4대 사화, 느낌이 있는 책, 2009
○ 김종대, 여해 이순신, 예담, 2008
○ 김탁환, 불멸의 이순신 3, 4권, 황금가지, 2004
○ 김현식, 이순신의 일상에서 리더십을 읽다, 평민사, 2009
○ 김훈, 칼의 노래, 생각의 나무, 2001
○ 김희영, 이야기 일본사, 청아출판사, 2006
○ 남성숙, 호남 사람 이야기, 광주 매스컴, 2009
○ 노기욱, 임진의병장 노인의 금계집 국역본, 전남대학교 출판부, 2008
○ 도현신, 임진왜란, 잘못 알려진 상식 깨부수기, 역사넷, 2008
○ 동양학 연구원, 국역 회재집, 호남문화사,1994
○ 문화재청 엮음, 수난의 문화재, 눌와, 2009
○ 문화재청 칠백의총관리소, 칠백의총, 문화재청, 2010
○ 박광전 저, 안동교 역주, 국역 죽천집, 신조사, 2003
○ 박경식, 이순신과 원균, 행림출판, 2005
○ 박기봉 편역, 충무공 이순신 전서 1,2,3,4권, 2006
○ 박덕규 편저, 중국 역사 이야기,명나라 (상)(하), 일송북, 2005
○ 박상하, 진주성 전쟁기, 어문학사, 2007
○ 박석무, 조선의 의인들, 한길사, 2010

○ 박성봉 편저, 박죽천연구논총, 백산자료원, 2004
○ 박영규, 한권으로 읽는 조선왕조실록, 웅진지식하우스, 2004
○ 백지원, 조일전쟁, 진명출판사, 2009
○ 봉암서원, 봉암서원지, 봉암서원, 2001
○ 서강대학교 국제한국학센터 기획, 임진왜란 동아시아 삼국전쟁, 휴머니스트, 2007
○ 송복, 위대한 만남 서애 류성룡, 지식마당, 2007
○ 신광재 지음, 나주목사 이야기, 나주역사문화연구소, 2006
○ 신경, 제조번방지, 한국고전번역원 DB
○ 신병주, 조선을 움직인 사건들, 새문사, 2009
○ 신봉승, 문묘 18현, 청아출판사, 2010
○ 심경호, 내면기행, 이가서, 2009.
○ 심경호, 나는 어떤 사람인가, 이가서, 2010
○ 안방준 저, 안동교 역주, 국역 은봉전서, 신조사, 2001
○ 안종일, 정진백 편, 정의로운 역사 멋스러운 문화, 사회문화원, 2007
○ 안진오, 호남 유학의 탐구, 심미안, 2007
○ 압해정씨 병사공파종중회 편, 송정 정걸장군 일대기, 도민문화사, 2002
○ 연민수 편저, 일본 역사, 보고사, 1998
○ 오항녕, 조선의 힘, 역사비평사, 2010
○ 유몽인 지음, 신익철 등 옮김, 어우야담, 돌베개, 2006
○ 유성룡 저, 김문수 엮음, 징비록, 돋을새김, 2009
○ 이긍익, 연려실기술, 한국고전번역원 DB
○ 이덕일, 사화로 보는 조선역사, 석필, 1998
○ 이덕일, 유성룡, 역사의 아침, 2007
○ 이덕일, 조선 왕을 말하다. 역사의 아침. 2010
○ 이민웅, 임진왜란 해전사, 청어람 미디어, 2004

○ 이상각, 조선왕조실록, 들녘, 2009
○ 이선근 발행, 제봉전서(상 · 중 · 하), 한국정신문화연구원, 1980
○ 이수광 저 · 남만성 역, 지봉유설, 을유문화사, 1975
○ 이순신 역사연구회 저, 이순신과 임진왜란 1,2,3,4권,비봉출판사, 2005
○ 이순신 지음, 노승석 옮김, 교감 완역 난중일기, 민음사, 2010
○ 이순신 지음, 송찬섭 엮어 옮김, 난중일기, 서해문집, 2004
○ 이우상, 조선왕릉 – 잠들지 못하는 역사 1, 2 , 다알미디어, 2009
○ 이은식 지음, 정홍준 옮김, 조선명인전 2, 일빛, 2005
○ 이을호, 총 설, 전라남도임란사료편찬위원회 편, 호남지방임진왜란사료집 I, 삼일정판사, 1990
○ 이이화, 한국사 이야기 11, 조선과 일본의 7년 전쟁, 한길사, 2000
○ 이장희 외,망암 변이중 연구, 삼우사, 2003
○ 이종묵, 조선의 문화공간 2, 휴머니스트, 2006
○ 이진이, 이순신을 찾아 떠난 여행, 책과 함께, 2008
○ 이치백, 무민공 황진장군, 사단법인 전북향토문화연구회, 2008
○ 이치백, 정충록, 사단법인 전북향토문화연구회, 2008
○ 이한우, 선조, 조선의 난세를 넘다, 해냄, 2007
○ 이항 저, 권오영 역, 국역 일재선생 문집, 일재선생문집국역추진위원회, 2002
○ 이해영 지음, 학봉 김성일의 생각과 삶, 한국국학진흥원, 2006
○ 임기봉 역주해, 이충무공 진중일기, 범우, 2007
○ 임원빈, 이순신 승리의 리더십, 한국경제신문, 2008
○ 임진왜란 연구회 편, 고경명의 의병운동, 국립진주박물관, 2008
○ 전남대학교 이순신해양문화연구소, 여수의 역사와 문화를 찾아서, 심미안, 2008
○ 전대신문 엮음, 전라도를 다시 본다, 전남대학교 출판부, 2005
○ 전라남도임란사료편찬위원회 편, 호남지방임진왜란사료집 I, 삼일정판사, 1990
○ 전라남도임란사료편찬위원회 편, 호남지방임진왜란사료집 II III, 삼일정판사,

1992
○ 전라남도임란사료편찬위원회 편, 호남지방임진왜란사료집(호남절의록) IV, 삼일정판사, 1990
○ 전쟁기념관 편, 임진왜란과 권율장군, 전쟁기념관, 1999
○ 제장명, 이순신 파워인맥, 행복한 나무, 2008
○ 제장명, 이순신 백의종군, 행복한 나무, 2011
○ 조경남, 난중잡록, 한국고전번역원 DB
○ 조관희 엮음, 이야기 중국사, 청아출판사, 2003
○ 조성욱, 충무공 이순신, 연경문화사, 2004
○ 조성욱 역, 임진장초, 연경문화사, 1984
○ 조원래, 임진왜란과 호남지방의 의병항쟁, 아세아문화사, 2001
○ 조용헌, 500년 내력의 명문가 이야기, 푸른 역사, 2002
○ 최관 · 김시덕, 임진왜란 – 관련 일본 문헌 해제, 도서출판 문, 2010
○ 최경회 등, 일휴당실기 · 육의록, 낭주인쇄사, 1987
○ 최영희, 임진왜란, 세종대왕 기념사업회, 1974
○ 최영희 등, 임진왜란과 이치대첩, 충남대학교 백제연구소 · 금산군, 1999
○ 최효식, 임진왜란기 영남의병 연구, 국학자료원, 2003
○ 한국사상문화원, 호남학의 세계, 한국사상문화원, 2006
○ 한국족보학연구소, 국역 해광집, 화동기획, 2002
○ 한정주, 한국사 전쟁의 기술, 다산초당, 2010
○ 허남오, 진주성 – 용사일기, 지구문화사, 2004
○ 허승일, 다시, 역사란 무엇인가?, 서울대학교 출판문화원, 2009
○ 황원갑, 부활하는 이순신, 마야, 2006
○ 호사카 유지, 조선 선비와 일본 사무라이, 김영사, 2007
○ 한국고전번역원 인터넷 사이트, 대동야승 · 난중잡록 · 연려실 기술 등
○ E. H. 카, 김택현 옮김, 역사란 무엇인가, 까치, 1997

찾아보기

찾아보기

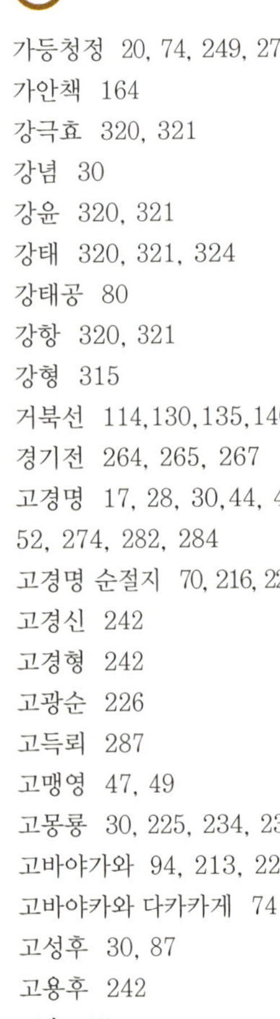

ㄱ

ㅈ